낚시춘추 무크지 7
원투낚시
낭만과 힐링의 바다낚시

황금시간
Golden Time

낚시춘추 무크지 7
원투낚시
낭만과 힐링의 바다낚시

CONTENTS

Chapter 1
원투낚시의 세계
- 12 원투낚시의 매력
- 14 대상어종과 시즌
- 18 원투낚시 사계절

Chapter 2
원투낚시 장비
- 28 낚싯대
- 34 원투낚싯대 주요 제품
- 38 릴
- 42 받침대
- 44 낚싯줄
- 48 기타 필수 장비들

Chapter 3
원투낚시 채비
- 52 채비의 분류
- 56 구멍봉돌채비
- 58 편대채비
- 62 낚싯바늘
- 64 봉돌
- 68 자작채비 만들기

Chapter 4
원투낚시 실전
- 76 오버헤드 캐스팅
- 78 쓰리쿼터 캐스팅
- 80 방파제 원투낚시
- 84 백사장 원투낚시
- 88 갯바위 원투낚시
- 92 미끼의 종류
- 96 미끼 사용법
- 100 물때의 이해

Chapter 5
어종별 강의
- 106 보리멸 원투낚시
- 112 가자미(도다리) 루어낚시
- 118 강도다리 원투낚시
- 122 돌가자미 원투낚시
- 126 감성돔 원투낚시
- 132 참돔 원투낚시
- 136 망둥어 원투낚시
- 142 붕장어 원투낚시
- 146 민어 원투낚시
- 150 숭어 원투낚시
- 153 다금바리 원투낚시

Chapter 6
원투낚시터
- 158 동해 원투낚시터 10
- 168 서해 원투낚시터 10
- 178 남해 원투낚시터 10

Chapter 7
Cooking
- 192 감성돔 바지락 맑은탕
- 193 우럭 커틀릿
- 194 참돔 숙회
- 195 도다리 쑥국
- 196 쏨뱅이 된장국
- 197 가자미 뼈회 된장무침
- 198 붕장어 대나무통찜
- 199 성대 고추장 양념꼬치
- 200 망둥어 양념조림
- 201 쥐노래미 매운탕
- 202 광어 보양탕

동해 백사장의 감성돔 원투낚시. 차가운 겨울바다에서 파도처럼 자유로운 영혼이 된다.

Chapter 1

원투낚시의 세계

서해 백사장에서 원투낚시를 즐기는 사람들. 호쾌한 캐스팅이 원투낚시의 가장 큰 매력이다

1 원투낚시의 매력
와일드한 캐스팅, 기다림의 힐링

모든 바다낚시의 기초
바다낚시의 기초는 릴낚시이자 캐스팅낚시다. 민물에서는 릴이 없는 민장대를 사용하기도 하지만, 바다는 민물보다 훨씬 넓기 때문에 미끼를 멀리 던지거나 흘려보낼 수 있는 릴낚시를 한다. 원투낚시는 릴과 낚싯대를 다루는 요령, 채비를 멀리 그리고 정확하게 던지는 투척 능력을 기를 수 있도록 도와준다. 따라서 원투낚시에 숙달되면 다른 바다낚시, 즉 루어낚시나 릴찌낚시도 쉽게 익힐 수 있다.

호쾌한 스포츠피싱
원투낚시는 캐스팅(투척)을 즐기는 낚시 장르다. 물고기를 낚는 것은 어쩌면 부차적 즐거움일지도 모른다. 초원투는 드넓은 바다를 향한 비상의 표현이다. 혼신의 힘으로 낚싯대를 휘둘러 수평선 너머로 날아가는 채비를 바라보노라면 그동안 쌓인 스트레스까지 함께 날아간다. 넓고 깊은 바다, 그 속에 살고 있는 물고기, 내가 닿을 수 없는 세계에 대한 동경을 표현하는 것이 원투낚시다. 원투낚시는 전문 장비를 갖추면 150~200m 까지도 던질 수 있는데 이 호쾌한 캐스팅만으로도 낚시인들은 희열을 느낀다.

여유로운 기다림, 힐링의 낚시
원투낚시는 미끼를 던진 후에는 입질이 올 때까지 의자에 앉아 편안하게 쉴 수 있는 여유가 있다. 찌낚시와 배낚시, 루어낚시는 낚싯대를 손에 들고 계속 조작을 해야 하므로 쉴 틈이 없다. 그러나 원투낚시는 느긋하게 앉아서 입질을 기다리는 낚시이므로 휴식이 가능하다.

캠핑과 찰떡궁합
원투낚시는 백사장이나 방파제에서 주로 즐기기 때문에 캠핑과도 잘 맞는다. 찌낚시나 루어낚시는 물가에 바짝 접근해야 낚시가 가능하므로 텐트 자리에서 떨어질 수밖에 없고, 그래서 낚시를 하면서 가족과 함께하는 시간을 가지기가 어렵지만, 원투낚시는 텐트 바로 앞에 낚싯대를 펼쳐놓고 멀리 있는 고기를 낚을 수 있기 때문에 가족낚시로는 더할 나위가 없다. 동해안과 서해안 백사장에 가보면 캠핑 사이트를 구축해 놓고 가족과 함께 원투낚시를 즐기는 사람들이 많아졌다.

누구나 쉽게 입문하고 즐기는 낚시
원투낚시의 장점은 쉽다는 것이다. 낚시를 전혀 모르는 사람도 야구공을 던질 수 있을 정도의 힘만 있으면 이 낚시로 물고기를 낚을 수 있다. 낚시의 난이도를 최대 10으로 본다면, 미끼를 수중에 띄워서 흘려야 하는 릴찌낚시는 8~9, 루어를 던지고 감으며 계속 액션을 줘야 하는 루어낚시는 6~7, 배 위에 바닥을 느껴가며 채비를 잡아주는 배낚시는 4~5 정도의 난이도를 가지고 있다. 그런데 원투낚시의 난이도는 2~3에 불과하

1 해수욕장을 찾은 낚시인 가족. 원투낚시로 낚은 가자미를 들고 기념사진을 찍고 있다.
2 개를 데리고 방파제로 나온 낚시인. 해안 도시에 사는 사람들은 산책삼아 즐길 수 있는 것이 원투낚시다.

다. 물론 100m 이상 던지는 초원투낚시는 전문가의 영역에 속하지만, 초보자들은 거기까지 가지 않더라도 충분히 물고기를 낚을 수 있다.

싼 낚시장비로 시작할 수 있다

부담 없는 장비 가격도 메리트다. 원투낚시는 장비가 약간 투박해도 투척만 가능하면 물고기를 낚을 수 있기 때문에, 작은 크기에 내구성과 정밀 기능을 담아야 하는 릴찌낚시용 장비보다 싸게 제작할 수 있다. 그래서 엔트리급 장비는 30~40만원에 풀세트를 구입할 수도 있다. 초원투낚시 장비는 릴대 하나만 100만원을 호가하기도 하지만, 방파제에서 망둥어, 도다리, 우럭 등을 낚는 데는 그렇게 비싼 장비가 필요하지 않다.

다양한 어종을 노릴 수 있다

원투낚시는 어떤 장르보다 많은 종류의 물고기를 낚을 수 있다. 미끼를 바닥에 떨어뜨리기 때문에 떠다니며 먹이활동을 하는 학공치, 고등어, 전갱이 등 상층 회유어는 못 낚지만, 가자미, 도다리, 보리멸, 쥐노래미, 우럭, 망둥어, 놀래기, 양태, 성대, 붕장어 등 작은 물고기부터 농어, 감성돔, 참돔, 민어, 돌돔, 다금바리 같은 큰 고기까지 노릴 수 있다.
이처럼 어종이 다양하기 때문에 낚시시즌도 길다. 봄에는 도다리와 돌가자미, 여름에는 붕장어와 보리멸, 가을에는 보구치와 민어, 겨울에는 감성돔을 주 어종으로 삼아 즐기다 보면 1년이 금세 가버린다.

전문가가 말하는 원투낚시의 매력
"가족낚시와 캠핑에 최적화된 장르"

김시만 전 갯바위원투낚시 카페 운영자

Q 원투낚시에서 주로 낚이는 고기는 무엇인가요?
"쥐노래미, 가자미, 붕장어, 숭어, 우럭 등과 같이 바닥층에서 먹이활동을 하는 물고기입니다. 연중 잘 낚이는 고기는 쥐노래미인데 조과의 50퍼센트라 할 정도로 많습니다. 서해안에선 광어도 종종 낚입니다."

Q 원투낚시를 가면 매번 고기를 잡습니까?
"아니요. 꽝을 칠 때도 많아요. 그러나 쿨러에 어떤 물고기든 담아 오는 것으로 꽝의 기준을 삼는다면 반반 정도라고 볼 수 있습니다. 가자미나 붕장어를 낚으러 갔는데 낚으려는 고기는 안 올라오고 노래미가 몇 마리 낚이는 경우죠."

Q 원투낚시는 연중 즐길 수 있습니까?
"조황이 좋고 나쁘다뿐이지 사계절 낚시를 할 수 있습니다. 겨울이 가장 조황이 떨어지는 시기인데 봄부터 초겨울까지가 낚시 시즌이라 보면 맞습니다."

Q 인천 부둣가에서도 원투낚시를 하는 사람을 본 적이 있습니다. 수도권에도 낚시터가 많이 있나요?
"인천 부둣가에서는 원투낚시를 해서 낚을 수 있는 고기가 별로 없습니다. 인천과 경기도는 연안이 갯벌이라서 배를 타고 섬으로 들어가서 낚시를 많이 합니다. 충청도 이남의 서해, 그리고 동해안, 남해안에서 낚시를 합니다."

Q 원투낚시를 배우기 어렵지 않습니까?
"원투낚시는 채비를 멀리 던져서 물고기가 물어주기를 기다리는 낚시입니다. 원투 요령만 익히면 되죠. 그래서 쉽게 따라할 수 있어요. 갯바위원투바다낚시 회원들 중 30퍼센트가 여성 회원들이란 사실이 이걸 증명합니다. 입문 과정이 쉽긴 하지만 좀 더 파고들면 어려워지는 게 원투낚시입니다. 처음에 아무 거나 낚이면 좋다고 생각할 때는 쉽지만 나중에 대상어종을 정하고 그에 맞는 채비를 연구하고 포인트나 기법을 따지게 되면 어려워집니다."

Q 일본의 원투낚시는 우리와 많이 다릅니까?
"낚는 어종만 다를 뿐 비슷합니다. 일본의 방파제나 해안가는 모래바닥이 많아서 가자미나 보리멸이 주로 낚이고 우리나라는 암초지대가 많아서 노래미나 우럭이 주로 낚입니다."

Q 수도권 낚시인들이 가장 많이 가는 낚시터는 어디입니까?
"경기도 해안은 어자원이 많지 않아서 충남 지역을 많이 찾습니다. 충남 서산의 삼길포, 태안의 학암포, 구름포, 보령 대천해수욕장 등이 인기가 높은 낚시터입니다. 충남 지역은 서해안고속도로가 뚫려 있기 때문에 오히려 경기도보다 가기 편하고 출조 시간도 오래 걸리지 않습니다."

Q 요즘 원투낚시의 트렌드는 무엇인가요?
"낚시장비의 고급화와 가족낚시입니다. 원투낚시는 멀리 캐스팅하는 원투 기능이 중요하기 때문에 장비들이 고급화되는 추세입니다. 그리고 가족과 함께 가서 입질을 기다리는 동안 가족과 시간을 보내는 분들이 많습니다. 해수욕장 소나무숲에 캠프를 차리고 낚시를 즐기는 캠핑족들도 늘어나고 있습니다."

Chapter 1 원투낚시의 세계

2 대상어종과 시즌
원투낚시에는 어떤 물고기들이 낚이나?

원투낚시는 겨울에 잠시 낚시가 어려운 서해를 제외하고는 동해와 남해 전역에서 연중 낚시가 가능하다.
계절마다 다양한 어종이 낚이기 때문에 시즌과 낚시터만 제대로 알면 사철 내내 언제든지 낚시를 즐길 수 있는 장르다.

동해 | 가자미류 연중, 감성돔은 3~5월과 10~12월

백사장이 많은 동해는 전통적으로 원투낚시가 성행해 온 지역이다. 백사장이나 밋밋하게 얕은 암초대가 많은 지역특성상 깊은 곳까지 채비를 보내려면 원투낚시가 가장 좋은 방법이기 때문이다. 과거에는 보리멸, 도다리, 황어가 주요 원투낚시 대상어였으나 최근에는 감성돔이 원투낚시 대상어로 큰 인기를 끌고 있다.

● 가자미
동해의 대표적인 원투낚시 어종은 가자미류다. 강도다리, 참가자미, 문치가자미(도다리)가 연중 올라오고 마릿수 조과도 뛰어나다. 가자미는 일년 내내 낚이지만 맛이 좋은 시기는 가을인 9~10월이다. 봄에 낚이는 녀석들은 산란 후라 살이 없고 육질도 질겨 맛이 떨어진다. 반면 기름이 차고 살이 오른 9~10월 가자미는 살점이 두툼하고 육질이 쫀득해 맛이 좋다.

● 감성돔
동해 원투낚시의 유행을 리드하고 있는 고기가 감성돔이다. 동해의 감성돔낚시는 백사장을 중심으로 이루어지기 때문에 원투낚시에 적합하며 캠핑을 겸해 즐기는 인구가 빠르게 늘고 있다. 시즌은 가을과 봄으로 나뉜다. 가을은 10~12월, 봄은 3~5월이 감성돔 시즌이다. 마릿수는 가을과 초겨울, 씨알은 산란기인 봄이 앞선다. 씨알은 30~40cm가 주종이나 봄에는 5짜도 심심치 않게 올라온다.

● 보리멸
동해안의 대표적인 원투낚시 대상어다. 5월부터 10월 사이에 낚이며 최고의 피크 시즌은 피서철인 7~8월이다. 씨알과 마릿수 모두 한여름 피서철에 최고 수준을 자랑한다.

● 황어
겨울철 동해안의 인기 대상어 중 하나다. 맛이 썩 좋지는 않지만 몸에 기름이 차는 겨울에는 회맛이 좋아 인기를 끈다. 12월 초~2월까지가 피크 시즌. 산란을 위해 강 하구로 몰려드는 3~5월에는 맛이 떨어져 인기가 없다.

● 복어(복섬)
흔히 졸복으로 불리는 복섬은 동해안에서 인기 있는 대상어다. 12~3월 사이에 가장 잘 잡히는데 산란 전이라 씨알도 15~20cm로 연중 가장 굵게 낚인다.

서해 | 3월 돌가자미로 시작, 12월 망둥어로 마감

서해의 원투낚시 대표 어종은 돌가자미, 우럭, 쥐노래미를 꼽을 수 있다. 이 중 우럭은 근해에서 낚이는 녀석들은 씨알이 너무 작아 본격적인 원투낚시 대상어로 보기는 어렵다. 반면 쥐노래미는 의외로 굵은 씨알이 잘 낚이고 서식처도 우럭과 비슷해 원투낚시 대상어로 각광받는다. 돌가자미는 3월부터 5월 사이에 잠시 낚이는데 맛이 좋아 서해에서는 귀한 대접을 받는다.

해역별 어종과 원투낚시 시즌

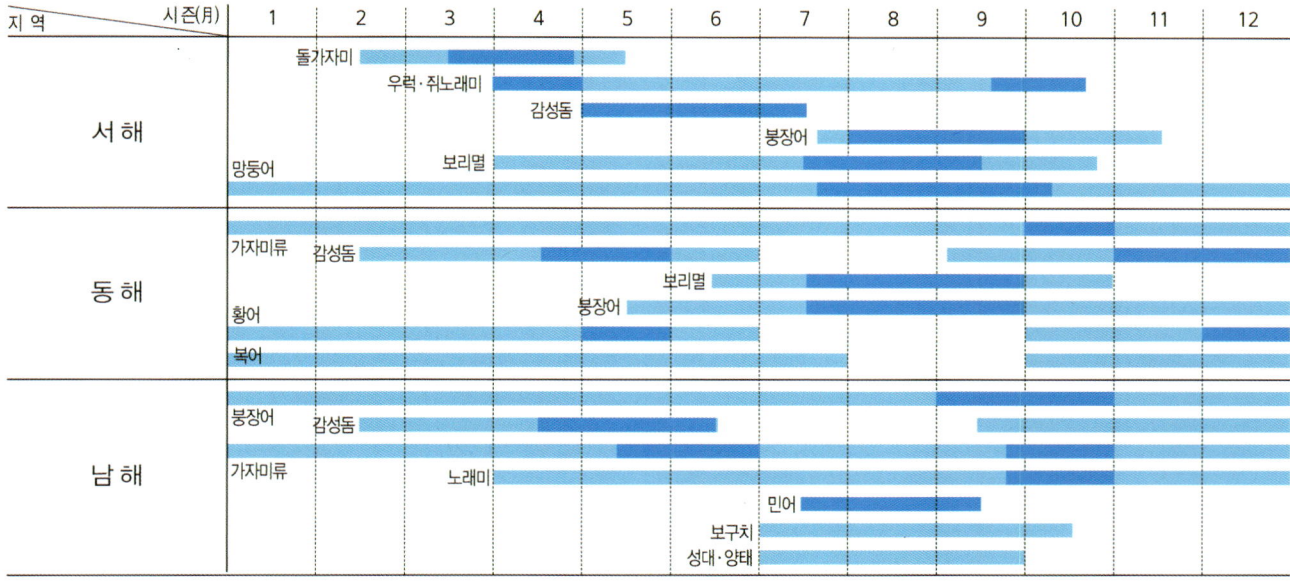

● **돌가자미**

돌가자미 원투낚시는 2011년경부터 서해에서 인기를 끌기 시작했다. 마릿수가 많고 백사장에서 주로 낚시하기 때문에 서해 원투낚시 인구를 늘리는 데 큰 역할을 한 어종이다. 서해 돌가자미 낚시가 뒤늦게 유행한 것은 원투낚시의 유행이 늦었기 때문이다. 돌가자미는 원래 서해에 많이 서식하고 있었으나 봄에, 그것도 백사장에서 원투로 노리는 낚시는 예전에는 하지 않았다. 2010년대 초부터 제대로 된 원투낚시 장비를 갖춘 낚시인들이 돌가자미를 본격 대상어로 지목하고 시즌에 맞춰 공략하면서 많은 자원이 확인됐다고 볼 수 있다. 빠르면 3월에 태안, 보령, 군산 등지에서 손바닥 씨알의 돌가자미가 낚이다가 4월에 25cm 전후, 5월로 접어들면 30cm에 육박하는 씨알도 낚인다. 씨알이 커지면서 마릿수는 점점 줄어든다. 6월 이후에는 깊은 바다로 돌아가는지 원투낚시에는 잘 걸려들지 않는다.

● **감성돔**

서해에서 봄에 노릴 수 있는 대형 어종이다. 봄이 되면 산란을 위해 수심 얕은 근해로 접근하는데 이때 원투낚시로 50cm 이상급 대형을 만날 수 있다. 충남 보령의 대천해수욕장, 무창포해수욕장, 오천항 일대, 서산 천수만 일대, 태안의 안면대교 일대가 대표적인 감성돔 원투낚시터다. 빠르면 4월 중순부터 시즌이 시작돼 6월 말까지 이어진다.

● **보리멸**

동해안 고기라는 이미지가 강한 보리멸은 서해에도 자원이 많다. 보리멸 역시 서해 백사장 원투낚시가 늦게 활성화된 탓에 뒤늦게 인기를 끌게 된 어종이다. 배낚시에서는 6월부터 보리멸이 낚이다가 피서철인 7월부터 본격적으로 백사장 원투낚시에 올라온다. 8~9월 마릿수 전성기를 거쳐 10월까지 시즌이 이어진다. 주요 낚시터는 부안, 군산, 서천, 보령, 태안 등지의 백사장이며 경기도 안산시 백사장에서도 보리멸이 확인됐다.

● **붕장어**

여름부터 인기를 끄는 어종이다. 맛도 좋고 어자원도 풍부해 여름철 원투낚시 대상어로 인기를 끈다. 특히 밤에 잘 낚여 시원한 밤낚시를 즐길 수 있다는 매력이 있다. 보통 7월부터 11월까지 시즌이 이어지며 방파제와 갯바위에서 고른 조과를 거둘 수 있다.

● **망둥어**

서해를 대표하는 망둥어는 갯벌이 있는 방파제와 갯바위 어디서나 잘 낚이는 고기이다. 단년생인 망둥어는 봄에 태어나 겨울까지 빠르게 성장한다. 보통 피서철인 7월부터 20cm 전후로 씨알이 커져 10월에는 25cm급까지 성장하고, 12월 초순에는 흔히 동태망둥어로 불리는 40cm급까지 출현한다. 씨알이 가장 굵은 달은 11~12월인데 이때 서해안은 춥고 매서운 북서풍을 바로 받다보니 가을만큼 망둥어낚시를 즐기는 낚시인들을 찾아보기 어렵다. 겨울~봄 사이에 새끼를 낳은 망둥어는 대부분 죽고 살아남은 일부 대형급들이 이듬해 1~2월까지도 낚시에 올라온다.

● **우럭&쥐노래미**

우럭과 쥐노래미는 서해에 가장 많은 대상어이나 연안 원투낚시에서는 큰 씨알을 만나기 어렵다. 특히 우럭의 경우 배낚시나 섬 갯바위 찌낚시에는 30cm 전후급이 잘 낚이지만 원투낚시에서는 20cm 미만이 주종을 이루는 게 아쉽다. 그나마 가을인 9~10월에 섬 갯바위나 방파제를 찾으면 30cm급을 만날 수 있다. 쥐노래미는 우럭보다 약간 굵게 낚인다. 특히 산란철인 봄에는 30~40cm급도 종종 올라오기 때문에 원투낚시 대상어로 각광 받는다. 이후 여름에 잘아졌다가 9~10월에 다시 씨알이 굵어진다.

남해 붕장어 연중, 민어 6~8월

남해는 가장 다양한 어종이 살고 있으며 원투낚시터도 많다. 반면 도미 같은 고급 어종보다는 노래미, 도다리, 붕장어 같은 생활낚시 어종을 노리는 원투낚시가 주류를 이루고 있다. 감성돔, 참돔 같은 고급 어종들은 섬 갯바위에서 원투낚시로 노리면 확률이 높다.

● 붕장어
남해 원투낚시에서 가장 대중적으로 인기가 높은 어종은 붕장어다. 시즌은 6~10월로 긴데 그중에서도 수온이 높은 여름이 최고 피크. 8~9월에 가장 많이 잡히고 씨알도 굵게 낚인다. 경남에서 흔히 '하모'라는 일본명으로 불리는 갯장어도 이맘때 가장 자주 출현한다.

● 노래미, 쥐노래미, 용치놀래기
노래미와 쥐노래미, 용치놀래기는 봄부터 가을까지 꾸준하게 낚인다. 특히 9~10월 가을에 낚이는 노래미는 20cm급으로 씨알도 굵고 마릿수도 좋다.

● 보리멸
여름이면 백사장을 낀 남해안 어디서나 만날 수 있다. 6~11월까지 낚이며 7~9월 사이에 피크를 맞는다.

● 성대, 양태, 쏨뱅이
6~9월 사이에 마릿수 재미가 좋은 어종이다. 과거에는 어부들이 주로 좋아했으나 생김새에 비해 맛이 좋고 마릿수도 뛰어나 해가 갈수록 인기가 높아가고 있다.

● 민어, 보구치
남해서부 해역인 해남이나 진도권에서는 근해 갯바위나 방파제 원투낚시에 민어가 올라온다. 산란을 앞둔 민어가 얕은 곳으로 나오는 시기를 노리는 것이다. 보통 6월 중순~8월 초가 민어 원투낚시 시즌이다. 민어 낚시를 하다 보면 보구치가 함께 낚이는데, 마릿수는 오히려 보구치가 더 많다.

● 감성돔, 참돔, 돌돔
남해 해안도로나 갯바위, 방파제에서는 원투낚시에 감성돔이 곧잘 올라온다. 감성돔은 연중 낚이지만 마릿수 피크시즌은 9~11월이며 굵은 씨알은 12월과 3~5월에 낚인다. 감성돔보다 먼 섬의 갯바위에서는 참돔을 낚을 수 있다. 국도, 좌사리도, 거문도, 추자도, 가거도 같은 원도가 참돔 원투낚시의 명당이다.
한편 제주도에서는 8~10월에 수심이 깊은 섬 갯바위나 방파제에서 다금바리를 낚을 수 있다.

Chapter 1 원투낚시의 세계

3 원투낚시 사계절
SPRING

해마다 3월이면 서해 보령 대천해수욕장에서 돌가자미 원투낚시가 시작된다. 그리고 강원도 백사장에서는 강도다리가 활기찬 입질을 보여준다. 아이러니하게도 가장 차가운 바다에서 가장 먼저 봄의 어신이 찾아온다.
4월과 5월은 남해와 동해의 원투낚시 황금시즌이다. 남해안의 각 포구마다 살찐 도다리들이 무리지어 들어온다.
도다리가 가장 잘 낚이고 또 맛있을 때다. 5월 중순을 지나면 서해안에서 감성돔 원투낚시의 막이 오르면서 여름의 열기로 이어진다.

◆봄에 잘 낚이는 원투낚시 대상어 : 도다리, 돌가자미, 강도다리, 감성돔(서해와 동해)

봄을 맞은 보령 대천해수욕장. 해마다 3~4월이면 백사장 얕은 곳으로 돌가자미가 떼를 지어 들어온다.

1 원투낚싯대를 휘두르는 여성 낚시인. 2 봄의 전령, 도다리를 낚은 어린이. 3 "봄도다리 구경하세요." 4 동해안 방파제에선 봄에 이면수어가 잘 낚인다. 5 봄의 미각, 도다리 회. 6 매년 5월에 열리는 영덕군수배 원투낚시대회 현장. 캐스팅 자세를 잡은 미모의 여성 낚시인이 눈길을 사로잡는다.

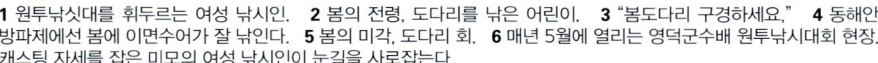

SUMMER

여름은 백사장 원투낚시의 계절이다. 가족과 함께 해수욕장을 찾아 물놀이와 낚시를 동시에 즐길 수 있다.
5월부터 서서히 입질을 시작한 '백사장의 미녀' 보리멸이 6~8월에 절정의 호황을 보여준다.
여름 백사장에선 가자미, 성대, 양태도 잘 낚인다.
뜨거운 여름바다엔 야행성의 붕장어가 있어서 시원한 밤낚시를 즐길 수 있다.
7월부터 10월까지 피크시즌을 이루는 붕장어는 자원이 풍부하여 초보자도 쉽게 낚을 수 있다.
전라남도 해남에선 값비싼 민어가 원투낚시에 올라오는 계절이기도 하다.

◆여름에 잘 낚이는 원투낚시 대상어 : 보리멸, 붕장어, 성대, 양태, 민어, 보구치

바캉스철을 맞아 동해 울진 해수욕장을 찾은 낚시인 가족이 여름휴가를 즐기고 있다.

1

2

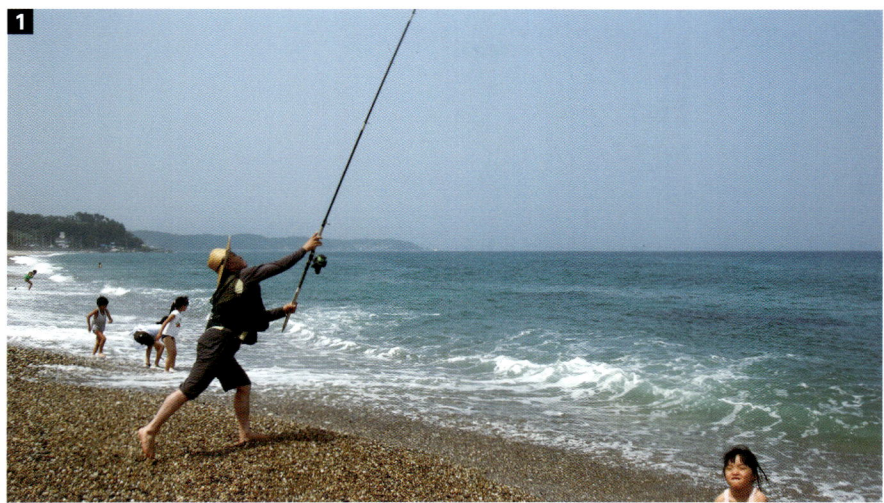

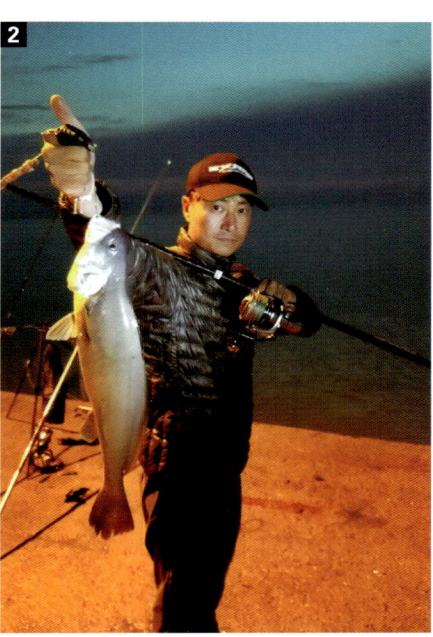

1 “싱싱한 횟감을 낚아주마!” 아이들이 해수욕을 즐기는 동안 아빠가 낚시 솜씨를 발휘하고 있다. **2** 전남 해남군의 방파제에서 굵은 민어를 낚은 초원투클럽의 박경원씨. 민어는 여름철 원투낚시에서 가장 인기 있는 고급 어종이다. **3** 아빠와 아들의 바다낚시여행. **4** 시간이 멈춘 듯한 어촌 해변. 파라솔 그늘 아래 어신을 기다리고 있다. **5** 민어 야간 원투낚시. 무더운 여름에는 시원한 밤낚시를 많이 즐긴다. **6** “큰 고기 낚았어요!” 굵은 붕장어를 낚아 든 초원투클럽의 여성 낚시인 이현주씨. 젊은 여름날의 활력이 느껴진다.

3

4

5

6

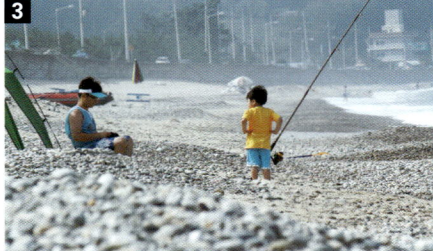

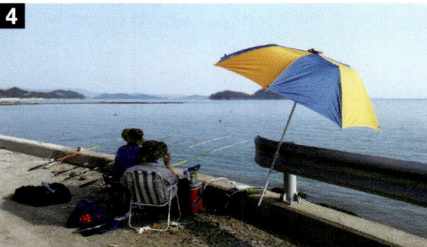

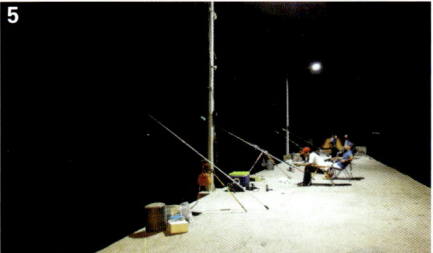

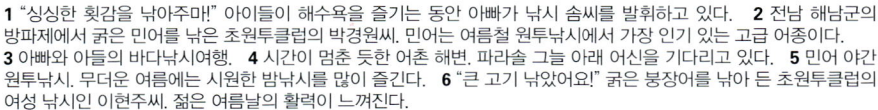

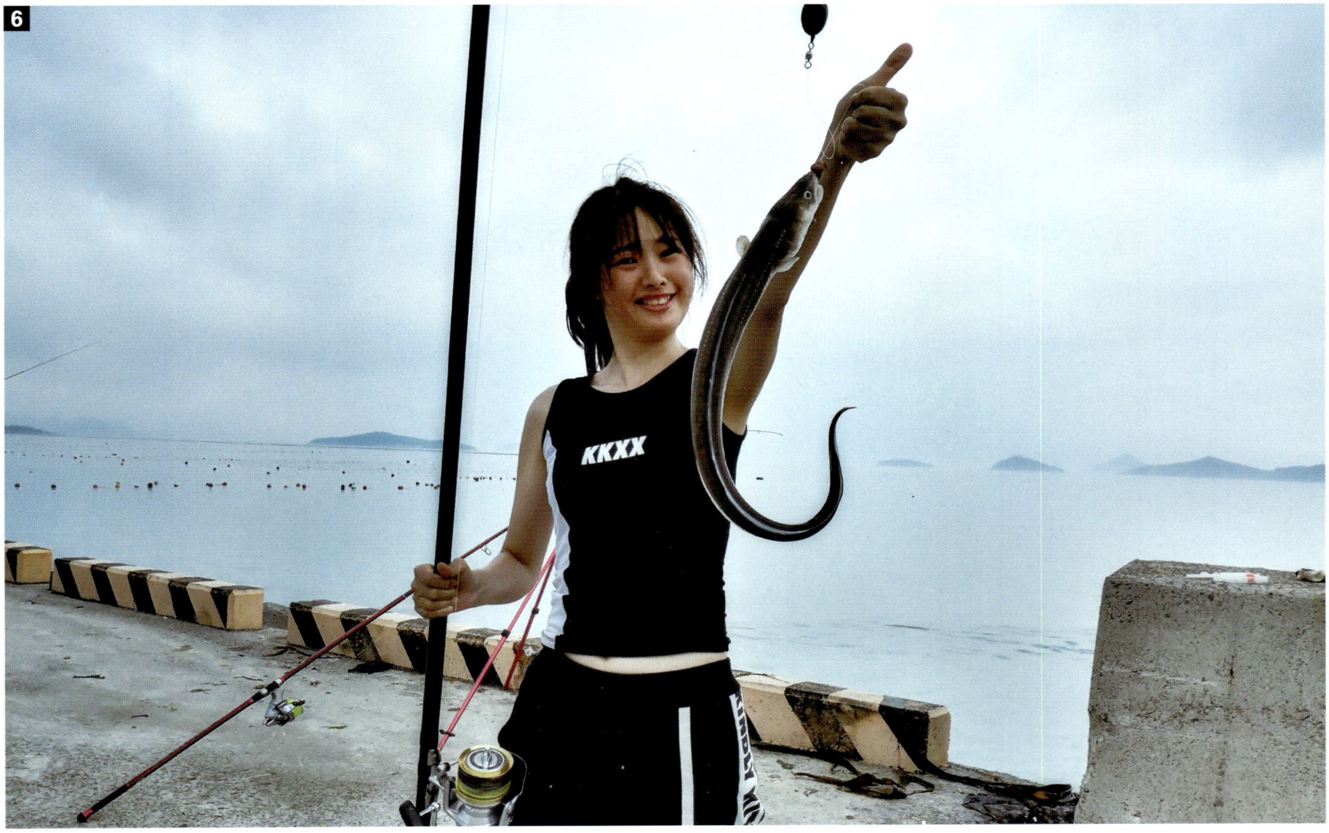

FALL

가을은 바다낚시의 황금시즌이다. 연중 가장 다양한 어종이 낚이는 계절이며, 연안 수온이 안정되면서 큰 고기들이 해안 가까이 접근한다.
날씨도 청량하여 낚시를 떠나기에 더없이 좋다. 특히 서울에서 가까운 서해바다의 물고기가 가장 잘 낚이는 계절이 가을이다.
동해안에선 가자미, 남해안에선 감성돔, 서해안에선 우럭이 마릿수 입질을 보여준다.
갯바위 원투낚시에는 쥐노래미가 굵게 낚인다. 그러나 가을의 주인공은 누가 뭐래도 '갯벌의 귀염둥이' 망둥어다.
인천, 시흥, 안산, 평택, 당진으로 이어지는 수도권 서해바다에는 망둥어낚시를 즐기는 나들이객들로 10월 말까지 붐빈다.

◆가을에 잘 낚이는 원투낚시 대상어 : 쥐노래미, 망둥어, 우럭, 가자미, 붕장어, 감성돔(남해, 동해)

휴일을 맞아 서산 삼길포 방조제를 찾은 낚시인들. 서해바다는 가을이 낚시의 절정기다.

1 밀물을 타고 들어오는 망둥어를 낚기 위해 늘어선 낚싯대의 긴 행렬. **2** 충남 서산시 먹어섬 갯바위를 찾은 갯투클럽 회원들. **3** 갯바위에 오른 낚시인들이 대어를 소망하며 낚싯대를 휘두르고 있다. **4** 삼길포방조제 하구의 낚시풍경.
5 "맛있는 쥐노래미 대령이요~" **6** "내 줄 엉켰나 좀 봐줘." 협동작전으로 성공적인 조과를 노리는 부부 조사.
7 가을바다의 망둥어 형제.

WINTER

차가운 계절풍이 북쪽에서 불어오기 시작하면 사람들이 떠나간 텅 빈 백사장에는 파도를 타고 감성돔이 찾아든다.
진짜 낚시가 좋아서 겨울바다를 찾는 꾼들의 계절이 시작되는 것이다.
겨울이 되면 서해바다는 출조가 스톱된다.
북서풍을 바로 받는 서해는 겨울 수온이 5도 밑으로 떨어지고 바람이 몰고 온 짙은 뻘물 탓에 낚시가 거의 불가능하기 때문이다.
대신 동해 백사장의 감성돔낚시가 12월에 피크시즌을 맞이하고,
남해에선 근해에서 빠져나간 큰 고기들이 배를 타고 가야 하는 섬 갯바위와 방파제에서 중량감 있는 입질을 보여준다.

◆ 겨울에 잘 낚이는 원투낚시 대상어 : 감성돔(동해), 황어, 복어, 강도다리

파도를 뚫고 채비를 날리는 원투낚시인. 겨울 백사장은 꾼과 감성돔의 한판승부처다.

1 대어를 기다리는 낚시인의 집념 앞에 파도마저 한풀 꺾이고. **2** 겨울 백사장의 원투낚시 대상어종인 황어. **3** 눈 덮인 미시령 너머 속초의 겨울바다. 낚싯대 드리우고 생각에 잠겼다. **4** "드디어 한 마리 했습니다!" 목표를 이룬 성취감에 도취된 낚시인이 감성돔을 자랑스레 들어 보이고 있다. **5** 겨울밤, 파도소리 적막한 백사장에서 캠핑을 하면서 감성돔의 입질을 기다리고 있다. **7** 모래사장에서 캔 백합 조개탕. **7** 거친 파도 속에서 먹이를 사냥하는 감성돔과 그 감성돔을 사냥하는 낚시인들.

Chapter 2
원투낚시 장비

1 낚싯대
Surf Rod

원투낚싯대는 릴찌낚싯대와는 특성이 크게 다르다. 릴찌낚싯대는 섬세한 채비 조작과 입질 감지에 중점을 두고 가늘고 부드럽게 만들지만, 원투낚싯대는 무거운 채비를 멀리 던질 수 있는 원투력에 중점을 두고 굵고 빳빳하게 설계한 낚싯대다.

원투 전용 낚싯대, 서프 로드

우리나라에선 원투낚시가 한창 보급 단계에 있어서 '원투낚싯대'라고 딱 정의할 만한 구체적 사양이 확립되어 있지 않다. 생활낚시용 근투낚싯대부터 백사장낚시용 초원투낚싯대까지 뭉뚱그려 다 원투낚싯대라 부르고 있는 실정이다.

그러나 이 책에서 소개하는 장르로 구분할 만한 원투낚시는 롱캐스팅에 중점을 둔 초원투낚시이며, 그에 맞게 설계된 낚싯대는 영어로는 서프(surf) 로드, 일본어로는 나게쯔리(ナゲつり) 로드로 불린다. 특히 일본은 나게쯔리가 대중적 인기를 누리고 있고 관련 용품도 많이 개발 시판되고 있다. 우리나라의 원투낚시도 초기에는 일본 나게쯔리 낚싯대와 용품을 도입하여 사용하였고 차츰 한국 지형에 맞는 낚싯대들을 개발하고 있는 중이다. 이 책에서 소개하는 원투낚싯대들은 일본과 한국의 조구업체에서 생산한 서프 로드라고 이해하면 되겠다.

서프대와 일반 원투대의 차이

■ 서프대

원투낚시 전용대. 중량급 봉돌을 달아 아주 먼 거리까지 채비를 던지기 위한 릴대를 말한다. 봉돌 호수에 맞춰 15호대부터 40호대까지 규격이 표기된다.

서프대는 허리와 초리가 굵고 튼튼하며 정교한 채비 조작이나 어신 캐치보다는 멀리 던지기 위한 원투성에 초점을 두고 제작한 릴대다. 서프대를 처음 접하는 사람은 전체적으로 빳빳한 액션 때문에 과연 입질을 잘 받아낼 수 있을까 하는 의문을 갖게 된다. 그러나 100m 이상 길게 늘어진 원줄을 통해 어신을 받을 때는 부드러운 초리보다 빳빳한 초리가 물고기의 입질 여부를 간파하기에 유리한 부분도 있다.

■ 일반 원투대(경량급)

다용도 원투낚싯대. 경량급 봉돌을 달아 던지기 위한 릴대다. 봉돌 호수로 볼 때 10~20호 봉돌을 사용하며 낚싯대 호수는 3호대부터 7호대까지 표기된다. 원투력은 약하지만 초리가 가늘고 허리도 유연해 예민한 입질도 쉽게 파악할 수 있다. 3~4호대는 감성돔과 중소형 어종을 노릴 때 주로 쓰고 5~7호대는 참돔이나 부시리 같은 대형 어종을 노릴 때 쓴다. 원투보다 근투에 적합한 낚싯대이며 대형어 찌낚시, 카고낚시, 선상 찌낚시 등에도 다용도로 사용된다.

원투대의 표준 사양은 27-4.25

원투대는 추부하(적합한 봉돌 호수)에 따라 크게 세 가지 종류로 나뉜다. 그중 가장 많이 사용하는 것은 25~30호 추부하를 가진 서프 낚싯대들이다.

■ 10~20호(경량급 원투대)

15호는 민물의 강이나 댐에서 장어, 잉어를 노릴 때 적합하다. 민물은 물 흐름이 바다보다 약하고 수심도 얕기 때문에 가벼운 봉돌로도 충분히 낚시가 가능하다.

20호로 올라가면 본격적으로 바다낚시 대상어를 노릴 수 있는 낚싯대다. 바다 어종 중에서도 힘이 아주 세지 않은 붕장어, 도다리, 가자미, 쥐노래미, 우럭 등 쉽게 낚을 수 있는 근해 어종을 노릴 때 적합한 낚싯대다.

■ 25~30호(서프대)

크고 힘이 센 중형급 바다 어종을 노릴 때 적합한 규격으로 민어, 감성돔 등을 노릴 때 가장 많이 사용하는 호수이다. 현재 우리나라에서 가장 많

리더낚시의 어비스 헌터 투 원투대. 민물, 바다, 방파제, 백사장을 가리지 않고 활용할 수 있는 전천후 낚싯대다.

샌드폴로 불리는 외받침대에 원투낚싯대를 꽂아 놓은 모습. 백사장은 수심이 얕기 때문에 초원투가 잘 되는 서프대를 사용한다.

원투낚싯대는 캐스팅 순간의 회전 반발력을 높이기 위해 일반 릴대보다 릴 시트가 위쪽에 달려있다. 사진은 영규산업의 썬더볼트 33-425.

이 쓰이는 바다용 원투대의 표준이 여기 포함되는데, 가장 널리 애용되는 사양은 27-4.25다. 27-4.25란 적합한 봉돌이 27호이고, 낚싯대 길이는 4.25m임을 뜻한다.

그런데 왜 하필 27호일까? 일단 봉돌 호수는 연안 원투낚시에 가장 많이 쓰이는 100g짜리 봉돌을 기준한 것인데 이 무게를 봉돌의 호수로 계산하면 약 27호에 해당한다. 그리고 4.25m는 한국 남성의 보통 키인 170cm 전후 체구의 남성이 가장 수월하게 휘두를 수 있는 낚싯대 길이다. 따라서 원투대를 처음 구입할 때는 표준 사양인 27-4.25를 선택하는 것이 좋다.

그러나 표준 봉돌 무게가 27호로 자리 잡은 것은 2010년경부터다. 이전까지의 낚싯대 호수는 5호 단위 즉 15호, 20호, 25호, 30호 식이 대부분이었다. 그러다가 100g짜리 봉돌의 실제 무게가 30호가 아니라 27호라는 사실이 밝혀지면서 27호로 표준화됐다.(2010년 무렵부터 납봉돌 규제가 강화되면서 바다낚시용 납봉돌이 쇠봉돌로 교체됐다. 이 과정에서 납봉돌에 표시된 봉돌 호수가 실제 무게보다 덜 나간다는 사실이 밝혀졌다.)

■ 33~35~40호(중량급 서프대)

대형어인 참돔, 다금바리 등을 노릴 때 적합하다. 이런 대형 어종들은 수심이 깊고 조류가 빠른 곳에 서식하기 때문에 그만큼 낚싯대도 경질이어야 끌어내기에 유리하다. 이런 포인트에서는 무거운 봉돌을 이용해 채비를 안정적으로 바닥에 안착시켜야 하므로 그만큼 낚싯대도 뻣뻣하고 강한 게 필요하다.

진출식이냐 꽂기식이냐?

낚싯대는 마디의 결합방식에 따라 진출식(振出)과 꽂기식(竝繼)이 있다. 진출식(뽑기식)은 안테나처럼 뽑아내는 일반적인 릴대 형식이며, 꽂기식은 분리된 마디를 차례로 꽂아서 연결하는 형식이다. 원투낚싯대의 경우 진출식은 4절, 꽂기식은 3절이 많다.

진출식은 휴대와 세팅이 편리하고, 꽂기식은 각 토막의 길이가 길어 휴대와 세팅이 불편하지만 일단 펼쳐놓으면 힘과 탄성은 진출식보다 앞선다. 대부분의 원투낚시인들이 선호하는 낚싯대는 진출식이다. 그러나 초원투를 즐기는 전문낚시인들은 꽂기식을 더 선호하고 있다. 같은 추부하라도 꽂기식의 원투력이 진출식보다 20%가량 좋기 때문이다.

우리나라에서 생산하는 원투낚싯대는 90% 진출식이지만, 일본에선 꽂기식이 꽤 많이 쓰이고 있다. 우리나라에서도 NS와 유정피싱 등에서 꽂기식 원투낚싯대를 출시하고 있으며, 원투낚시 전문 인터넷 카페에서도 OEM 방식으로 꽂기식 낚싯대를 만들어 판매하고 있다.

범용성은 진출식이 낫고 원투력은 꽂기식이 낫기 때문에, 70~100m 거리 이내를 노린다면 진출식 낚싯대를 쓰는 게 좋고, 150m 이상 던지려

동해 백사장에서 감성돔 원투낚시를 즐기는 낚시인들. 추부하 20~30호의 서프대를 사용하고 있다.

면 꽂기식 낚싯대를 쓰는 게 좋다. 입문자라면 진출식 낚싯대를 구입할 것을 권한다. 실제 낚시터 현장에서도 90%가 진출식을 사용하고 있다.

진출식과 꽂기식의 장점 비교

■ 진출식
- 접은 길이가 짧아서 휴대가 간편하다.
- 쭉쭉 뽑아서 빠르게 펼 수 있고 접을 때도 빠르게 접을 수 있다.
- 연질부터 경질까지 다양한 액션이 있어서 선택의 폭이 넓다.

■ 꽂기식
- 원투가 잘 된다.
- 대 전체가 빳빳하고 가벼워서 바닥을 끌며 입질을 파악하는 낚시에 적합하다.
- 가이드가 대에 고정돼 있어 힘껏 원투해도 가이드가 돌아가는 일이 없다.

초원투에는 진출식보다 꽂기식 유리

일본의 초원투낚싯대는 꽂기식 낚싯대가 많으며 대개 보리멸 전용대로 특화돼 있다. 보리멸은 예측하기 어려운 군집성을 보이는데, 수온, 날씨, 물속 지형에 따라 모여 있는 포인트가 그때그때 달라진다.
가깝게는 40m부터 멀게는 200m 거리의 모래밭에 떼 지어 있어 원투낚시로 어군을 찾아낼 필요가 있다.
그래서 원투력이 좋은 낚싯대로 채비를 멀리 던져 광범위한 탐색을 하는 게 제1의 과제이며, 그래서 막대기처럼 빳빳하고 탄성 좋은 경질대를 사용한다.
일본의 초원투낚시=보리멸낚시라고 해도 과언이 아닐 만큼 일본인들의 보리멸 사랑은 각별하다. 보리멸은 체구는 작지만 입심이 강해 강력한 진동이 손끝에 전달되므로 빳빳한 서프대로도 쉽게 입질을 감지할 수 있다. 그러나 우리 나라에선 보리멸보다 가자미류가 더 인기 있기 때문에 동해안에선 초원투낚싯대로 가자미, 도다리와 보리멸을 함께 낚고 있다. 서해에선 돌가자미, 남해에선 민어를 초원투대로 노린다.
일본의 보리멸용 서프대는 초경질의 특성을 보이며 길이도 3.6~3.8m로 짧게 제작된다. 그리고 진출식이 아니라 3절 꽂기식이 많다. 가격은 대체로 진출식보다 꽂기식이 비싸다.

동해 감성돔낚시엔 경량급 원투대 인기

현재 우리나라 원투낚시인들이 쓰는 낚싯대를 보면 대부분 서프대를 쓰지만, 동해 감성돔 원투낚시에서는 보다 연질인 경량급 원투대를 쓴다. 길이는 5.3m, 호수는 5~7호(추부하는 10~20호)로 표기돼 있다. 백사장 감성돔 원투낚시에서 서프대보다 유연한 원투대가 유리한 이유로 세 가지를 꼽는다.

①채비의 안정성 유지 : 겨울에 동해안에서 낚시하다보면 먼 바다에서 밀려오는 높은 파도가 원줄을 연안으로 계속 밀어 붙이게 된다. 이러면 바닥에 닿아있던 봉돌(채비)이 끌리면서 포인트를 벗어나게 되고, 그때 바늘이 암초나 해초 등에 걸리면서 감성돔의 입질을 받기가 어렵게 된다. 이때 허리가 유연한 갯바위 릴대를 써주면 파도가 원줄을 덮칠 때마다 충분히 휘어졌다 원상복귀하므로 채비가 끌려오는 단점을 극복할 수 있다.

②파도 높이 극복 : 갯바위용 경량급 원투대는 길이가 5.3m여서 일반 서프대보다 1m가량 길다. 그만큼 낚싯대를 높이 세울 수 있어 원줄과 파도가 닿는 부위를 줄일 수 있다. 그만큼 채비가 앞쪽으로 끌리는 단점을 줄일 수 있는 것이다.

③입질 시 이물감 완화 : 이빨을 갖고 있는 감성돔은 미끼를 천천히 씹어 먹는 습성을 갖고 있다. 이 과정에서 낚싯대가 너무 빳빳하면 감성돔이 쉽게 이물감을 느껴 입질을 멈출 수 있다. 반면 유연한 갯바위 릴대는 입질 때마다 적당히 휘어지므로 이물감을 줄여준다.

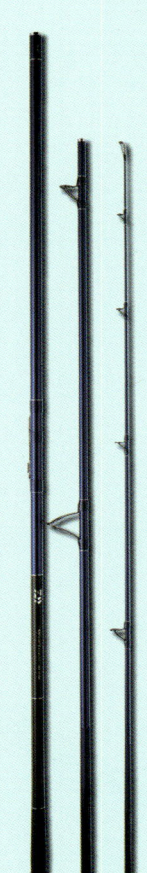

원투와 초원투
우찌코미(打ち込み)와 나게쯔리(ナゲつり)의 차이

김종필 한국다이와 마케팅부 차장

요즘 바다낚시인들 사이에서 '원투'와 '나게'라는 용어가 혼용되고 있다. 일본어 나게(ナゲ)는 '던지다'는 뜻을 갖고 있어 '나게쯔리'는 뜻 그대로 풀이하면 우리나라의 원투낚시와 같지만 일본에서 나게쯔리라고 하면 일반적인 원투낚시가 아닌 전문적 초원투낚시를 말한다. 그리고 중근거리를 노리는 일반 원투낚시는 '우찌코미'라는 말로 따로 부른다.
나게쯔리는 보리멸과 가자미 원투낚시처럼 채비를 아주 멀리 던진 후 릴을 조금씩 감아주며 손 감각으로 입질을 파악하는 낚시를 말하며, 우찌코미는 받침대에 낚싯대를 거치해 놓고 입질이 올 때까지 기다리는 일반 원투낚시를 말한다.
우찌코미와 나게쯔리는 사용하는 낚싯대도 다르다. 초원투가 요구되는 나게쯔리는 릴 시트가 손잡이 끝에서 약 80cm 지점에 멀리 달려있는 반면(그래야 캐스팅 때 강한 회전 반동을 얻을 수 있다.) 원투낚싯대는 60cm 정도로 짧은데, 원투 보다는 정투를 목적으로 한 설계인 셈이다. 초릿대도 나게쯔리용은 빳빳해서 원투력을 높이고, 우찌코미용은 부드러워 대상어가 미끼를 먹을 때 이물감을 줄여주는 게 주력한다. 가이드 수도 나게쯔리용은 캐스팅 때 원줄과의 마찰 저항을 줄이기 위해 4개로 줄인 반면 원투낚싯대는 6~7개로 많다.

다이와의 3절 꽂기식 원투대 스카이 캐스터.

원투낚싯대의 각부 명칭

가이드
4.5m 길이의 원투낚싯대에는 총 7개의 가이드가 달려있다. 12~14개의 가이드가 달려있는 릴찌낚싯대보다 개수가 적은 이유는 원줄과 가이드의 마찰을 줄여 원투력을 최대한 높이기 위해서다. 가이드 구경도 릴찌낚싯대보다 훨씬 크다.

릴시트
릴 다리를 고정하는 부위다. 릴 시트는 '딸깍'하고 젖혀서 열고 닫는 원터치 시트와 나사식으로 돌려 조이고 푸는 스크루 시트로 나뉜다. 원투낚싯대는 릴이 무겁고 크기 때문에 안정되게 릴을 고정할 수 있는 스크루 시트 제품도 많다.

뒷마개(버트 캡)
낚싯대의 맨밑에 달린 마개다. 낚싯대를 수리할 때 이 뒷마개를 열고 마디를 빼낸다. 길쭉한 홈이 파여 있어 동전으로 돌려서 열 수 있다. 낚시 도중 저절로 마개가 풀리는 것을 방지하기 위해 마개의 맨 아래 부위가 독립적으로 회전하는 방식도 있다.

그립
낚싯대를 쥐는 부위이다. 캐스팅 시 한 손은 릴시트에, 다른 한 손은 낚싯대의 손잡이 하단을 잡도록 돼 있는데 캐스팅 때 미끄러짐을 방지하기 위해 고무 또는 다양한 소재로 만들어져 있다.

제원 표시
릴대의 길이와 호수 등을 표기한 수치. 20-450이면 적합 봉돌의 무게가 20호, 길이는 4.5m를 의미한다.

가이드캡
낚싯대를 접어서 보관할 때 가이드나 초릿대가 손상 받는 것을 방지하기 위한 캡이다. 릴찌낚싯대는 가이드캡 안쪽에 가이드를 관통하여 쉽게 줄을 꿰고 또 초릿대가 부러지는 걸 방지할 수 있는 긴 플라스틱 침이 있지만 원투낚시용 가이캡에는 침이 없다. 원투낚싯대는 가이드 수가 적고 초릿대도 굵어서 잘 부러지지 않기 때문이다.

가이드 포인트(가이드 라인)
가이드를 일렬로 배치할 수 있도록 낚싯대에 마디마다 그어져 있는 기준점이다. 낚싯대를 펼 때 가이드 포인트에 맞춰 가이드를 일렬로 고정한다. 선으로 그어져 있는 제품도 있다.

회전방지 가이드 홀더 시스템
원투낚시는 캐스팅 때 큰 힘이 가이드에 전달되는 과정에서 종종 유동 가이드가 돌아 버리는 현상이 생긴다. 이런 문제를 방지하기 위해 가이드가 고정되는 부위를 빗살무늬 등으로 특수 가공해 가이드가 헛도는 것을 방지한다.

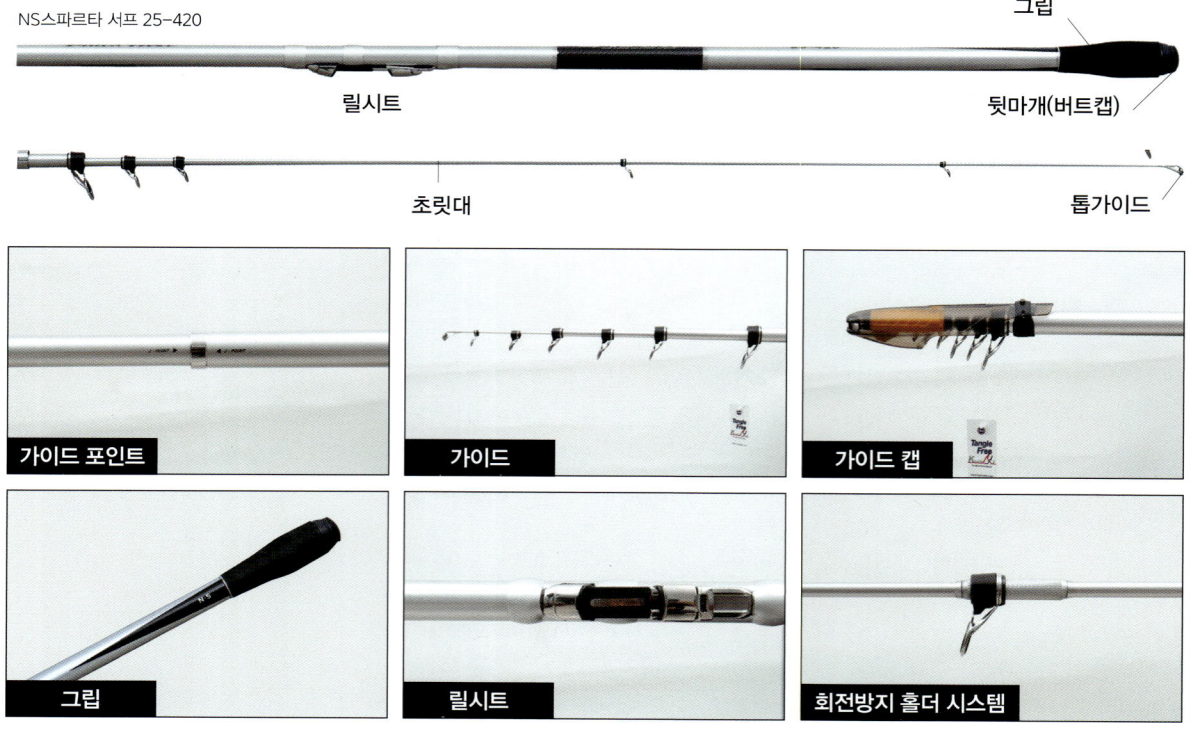

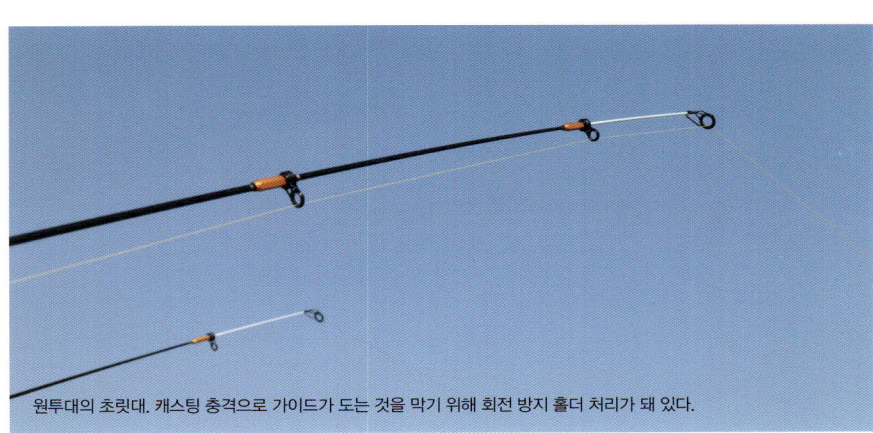

원투대의 초릿대. 캐스팅 충격으로 가이드가 도는 것을 막기 위해 회전 방지 홀더 처리가 돼 있다.

이런 추세에 맞추어 한국다이와에선 동해 백사장 원투낚시 전용 5호대를 출시하기도 했다. 한국다이와에서 2017년부터 필드테스트를 거쳐 만든 T500이 주인공. 그동안 동해안에서 써온 갯바위용 5호 릴대는 가이드가 불필요하게 많고, 릴시트와 대끝의 간격이 좁아서 원투를 하기에 불편했다. 그래서 길이는 종전의 5호 릴대보다 짧은 5m로 줄이고, 릴시트는 손잡이 끝에서 70cm 지점으로 높여 원투력을 높였다. 그리고 초리도 더 유연하게 설계해 겨울 감성돔의 약한 입질 캐치에 유리하게끔 했다. 이 낚싯대는 20호 봉돌을 달아 100m까지는 거뜬히 원투할 수 있다. 이 낚싯대가 인기를 끌면서 타사에서도 비슷한 사양의 감성돔 전용 원투낚싯대들을 개발하고 있다.

 CHECK POINT

원투낚싯대로 얼마나 멀리 던질 수 있나?
2013년 일본에서 열린 국제캐스팅대회에 참가해 우승했던 한국 초원투낚시클럽의 김용태 선수는 248m의 기록을 세웠다. 이것은 봉돌만 달아 던졌을 때의 기록이고 실제 낚시현장에서 미끼를 달고 던질 경우 최고 150m에서 180m까지 던질 수 있다. 대체로 100m까지는 원투, 그 밑으로는 근투로 분류한다.

추부하란?
추부하는 '낚싯대가 견딜 수 있는 추의 무게'를 뜻한다. 낚싯대 손잡이에 25-420이라고 적혀 있다면 적합한 추부하가 25호이며 길이는 4.2m라는 뜻이다. 표기상으로 25호이면 20호부터 30호까지 추를 쓸 수 있다. 대체로 추부하가 낮으면 연질, 높으면 경질의 특징을 띠지만, 싼 낚싯대는 고탄성 카본을 소재로 쓰지 않기 때문에 추부하가 높아도 연질의 특성을 띠며 낚싯대도 무겁다. 보리멸 전용 꽂기식 낚싯대의 추부하는 25~45호인데, 같은 25호 추부하라도 꽂기식 대가 진출식 대보다 경질이다.

원투낚시에선 경질대가 유리한가?
원투낚싯대는 멀리 던질 수 있는 경질대가 유리할 것 같지만 반드시 그렇지는 않다. 예를 들어 조류가 빠른 곳에서 낚시한다면 뻣뻣한 경질대보다 연질대가 유리하다. 빠른 조류에서 뻣뻣한 낚싯대를 쓰면 봉돌이 바닥에서 때굴때굴 구르지만 유연한 진출식을 쓰면 조류 저항만큼 낚싯대가 수그러들면서 봉돌이 한 자리에 머물 수 있도록 도와주기 때문이다.

'카페 로드'란?
카페 로드는 인터넷 원투낚시 카페에서 OEM 방식으로 주문 생산해 판매하는 낚싯대를 말한다. 2010년대 초만 해도 국내 조구업체에선 소비자들의 취향을 만족시킬만한 원투대를 생산하지 못했다. 원투낚싯대를 표방한 낚싯대가 생산되기는 했으나 길이, 예민성, 밸런스 등에서 전문가들의 구미를 만족시키지는 못했다. 이에 몇몇 카페에서 일본 원투낚싯대와 유사한 사양의 로드를 주문 생산(OEM)해 카페 내에서 판매 했고 의외의 높은 호응을 받았다.

원투낚싯대 중 가장 비싼 것은?
일본에서 키스 스페셜(キス SPECIAL)로 불리는 보리멸 전용대가 가장 비싸다. 그중에서도 특별히 주문제작하는 수제 보리멸 낚싯대는 더 비싼데 이런 수제 특작 낚싯대를 '커스텀 로드'라고 한다. 원투대로서는 최고 수준인 100~160만원을 호가한다.
커스텀 로드는 대부분 꽂기식이다. 몸체에 릴시트, 가이드가 없이 블랭크만 출시되는 낚싯대도 있는데, 사용자가 체형에 맞춰 원하는 가이드와 릴시트를 골라 튜닝할 수 있도록 한 제품이다. 필드에서 초원투낚시를 즐기는 선수들도 커스텀 보리멸대를 경기용으로 튜닝해 쓰고 있다.

유정피싱의 꽂기식 원투대인 비어Ⅱ 서프 캐스트(우)와 진출식 원투대인 비어Ⅱ 텔레 서프(좌). 원투력은 꽂기식이 앞서지만 휴대 및 범용성은 진출식이 앞선다.

Chapter 2-2 원투낚시 장비

2 원투낚싯대 주요 제품

원투낚싯대는 10만원 안쪽의 입문자용 제품부터 100만원이 넘는 전문가용 제품까지 다양한 성능과 스펙의 낚싯대들이 출시되고 있다. 원투낚시 인구가 증가하면서 낚싯대의 성능은 더 좋아지면서도 가격은 다운되고 있으며, 어종별 낚시패턴별로 적합한 제품의 종류가 다양해지면서 쇼핑의 즐거움을 더해주고 있다. 최근 출시된 원투낚싯대 중에서 인기 있는 제품들을 소개한다.
(게재 순서는 업체명 가나다순)

다솔낚시마트 **스윙 서프 II**

가격 대비 뛰어난 품질을 자랑하는 원투낚싯대다. 각 요소가 흠잡을 데 없이 제작되었다. 경질대이면서 가볍다는 게 장점이다. 매우 빳빳한 70% 카본 소재의 원투대로 탄력성, 디자인 면에서 고급 제품의 사양이 부럽지 않은 제품이다. 세련된 메탈 컬러에 적절한 사권과 무늬로 단조롭지 않으면서 깔끔한 이미지를 갖추고 있다. 릴시트는 파이프 타입으로 부드럽고 강력하게 릴을 고정해 준다. 물빠짐 구멍이 있는 뒷마개는 정교한 알루미늄 암수 마개로 제작했다. 가이드캡은 투명도가 높은 재질을 사용했고 앞부분은 가이드 장착 위치에 따라 약간 벌어지는 제품이라 가이드 보호에 최적이다. 천 케이스가 포함돼 있다.

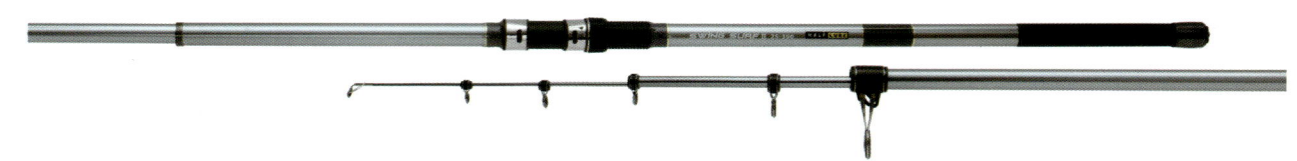

규격	전장(m)	접은 길이(m)	절수	자중(g)	선경(mm)	원경(mm)	소재	추부하량(호)	가격
25-390	3.9	1.12	4	365	2	23.5	카본 70%	20~27	4만9천원
30-420	4.2	1.19	4	400	2.2	23.5	카본75%	25~30	5만2천원
30-450	4.5	1.27	4	420	2.2	24.0	카본75%	25~30	5만5천원

리더낚시 **어비스 헌터 투(投)**

폭발적인 허리힘으로 채비와 미끼를 원하는 포인트까지 투척하는 밸런스를 자랑하며, 바다의 대물 어종은 물론 호수에서 대형 잉어와의 싸움에도 뒤지지 않는 파괴적인 제어력을 가지고 있다. 방파제, 백사장, 강, 저수지 등에서 멀리 던지길 원하는 낚시에 사용 가능한 올라운드형 낚싯대다. 우럭, 농어, 숭어, 장어 등 다양한 어종에 사용되며 초보자도 쉽게 캐스팅하여 정확한 포인트 공략이 가능하다.

규격	전장(m)	절수(본)	접은 길이(cm)	선경/원경(mm)	PE라인(호)	추 부하(g)	가이드 수	소비자가격
25-360	3.6	4	103	2.2/21.3	4~8	15~25	6	6만8천원
25-390	3.9	4	109	2.2/21.5	4~10	15~25	6	7만5천원
25-420	4.2	4	120	2.2/21.9	4~10	20~30	7	7만9천원
25-450	4.5	4	120	2.2/21.9	4~10	20~30	7	8만5천원
25-530	5.3	4	125	2.2/21.7	4~10	25~40	8	9만3천원

레벤톤

장어 전용 릴낚싯대로 출시된 제품인데, 바다 원투낚시에서도 폭넓게 사용할 수 있다. 장어낚시 특성상 정확한 포인트 투척이 이루어져야 하는 것에 중점을 두고 제작된 낚싯대다. 마이크로 극세사 원단 채용으로 파워와 정교함까지 만끽할 수 있다.

규격	전장(m)	절수(본)	접은 길이(cm)	중량(g)	선경/원경(mm)	소비자가격
300	3	4	89	220	1.6/23	6만원
330	3.3	4	94	235	1.6/23	6만5천원
360	3.6	5	87	365	1.6/23.5	7만원
390	3.9	5	92	275	1.6/23.5	7만5천원
420	4.2	5	87	325	1.6/23.5	9만원
450	4.5	5	92	335	1.6/23.5	9만5천원

YGF영규산업 썬더볼트

YGF의 2018년 신제품 원투낚싯대로, 강력한 파워와 예민한 감도를 갖추었다. 초원투낚시에 최적화된 릴시트 포지션과 우수한 파지감의 러버그립 채용으로 파워풀한 캐스팅에도 손에 착 감기는 쾌감을 선사한다. 고탄성 C3카본 구조 설계로 파워와 비거리를 높였다. 후지 NPS 스크루 타입 릴시트 및 Sic 티탄 고강도 가이드 채용. 대구경 가이드를 달아 라인 마찰을 최소화했다. 초원투에 적합한 릴시트 포지션으로 낚싯대 하단에서 릴시트 고정 후드까지의 길이가 83cm다.

품번	전장(m)	마디(절)	접은 길이(cm)	무게(g)	선경/원경(mm)	추부하(호)	카본(%)	소비자가격
33-405	4.05	4	114	505	2.5/24.5	27~40	99	22만원
33-425	4.25	4	119	540	2.5/24.5	27~40	99	24만원
33-450	4.50	4	125	595	2.5/24.5	27~40	99	26만원

메가트레이스

메쉬(Mesh) 카본 공법으로 강도가 향상된 본격 서프캐스팅 로드다. 고감도 팁과 강한 허리 힘으로 보리멸, 감성돔 등 백사장 원투낚시 주요 어종의 예민한 입질을 쉽게 파악할 수 있다. 특히 릴시트와 가장 가까운 쪽에 접이식 대구경 가이드를 채용하여 원투낚시용 대형 스피닝 릴에서도 줄빠짐이 원활하여 향상된 비거리를 자랑한다.

품번	전장(m)	마디(절)	접은 길이(cm)	무게(g)	선경/원경(mm)	추부하(호)	카본(%)	소비자가격
540	5.4	5	122	627	2.0/26.5	30~50	99	17만원
580	5.8	5	130	658	2.0/26.5	30~50	99	18만5천원

NS 스파르타 서프

낚시인의 스윙력이 그대로 로드에 전달된 후 다시 한 번 로드에서 탄력을 발휘하는 더블 슈팅(Double Shooting) 밸런스를 구현한 전문 원투 낚싯대로서 캐스터의 힘이 블랭크에 그대로 전달돼 비거리를 30% 이상 향상시킨다. 중심 블랭크는 고탄성 카본 페이퍼에 나노레진이 결합되어 사방으로 구현되는 휨새에 부자연스러움이 없다. 회전 방지 가이드 홀더 시스템을 적용, 강력한 캐스팅에도 유동가이드가 회전하는 것을 억제한다.

규격	전체 길이	마디 수	접은 길이	무게	선경(mm)	원경(mm)	추부하(호)	PE라인(호)	가이드 수	그립 지름(mm)	소비자가격
25-420	4.20	4	120.0	372	2.2	23.3	20~30	1.5~3	6	670	25만원
25-520	5.20	5	120.0	550	2.2	25.8	20~30	1.5~3	7	670	29만원
27-435	4.35	4	124.0	415	2.5	24.3	20~30	1.5~3	6	680	27만원
30-405	4.05	4	117.0	397	2.7	24.7	25~35	2~4	6	700	28만원
33-450	4.50	5	108.0	523	3.0	26.2	30~40	2~4	7	720	29만원

스파르타 서프 마스터

하이카본 원단을 콤플렉스 블라인딩 공법으로 설계했다. 원투낚싯대의 길이가 길기 때문에 발생하는 백핸드 스트로크 상태에서의 뒤틀림 현상, 스윙 동작 마무리 후에 생기는 블랭크의 상하 바운스 증상으로 비거리를 감소시키는 원인을 최소화했다. 풀스윙 전체 구간을 완벽하게 피니시 동작까지 흔들림 없도록 잡아준다.

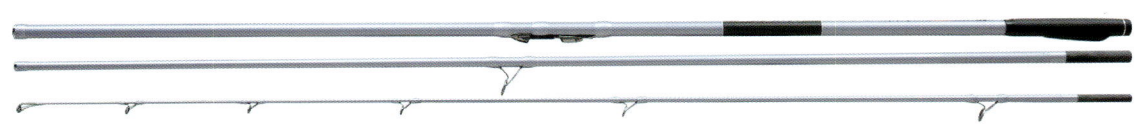

규격	전체 길이	마디 수	접은 길이	무게	선경(mm)	원경(mm)	추부하(호)	PE라인(호)	가이드 수	그립 지름(mm)	소비자가격
30-415	4.15	3	144	485	2.3	24	25~35	1.6~4	7	690	37만원
35-430	4.30	3	149	490	2.5	24	30~40	1.8~4	7	720	38만원
40-445	4.45	3	155	540	2.7	24	35~45	2.0~4	7	740	39만원

용성 라피드 서프

바다의 저격수로 불리는 라피드 서프는 비틀림에 강하고 복원력이 좋은 초고밀도 카본을 사용하여 파워의 손실 없이 낚싯대의 캐스팅 파워를 극한까지 높일 수 있는 최상의 원투낚싯대다. 먼 곳의 입질 감도를 잡아내는 센서티브 팁과 Sic 가이드, 안정감이 높은 파이프 릴시트 장착으로 어떠한 낚시터에서도 높은 성능을 발휘한다. 편리성이 더한 홀딩 Sic가이드와 원투 시 피로감을 감소시키는 센스그립을 채용했다.

품명	표준 전장	마디수(本)	접은 길이(cm)	표준 중량(g)	선경(mm)	원경(mm)	추부하(호)	소비자가격
25-420	4.20	5	96.0	392	2.2	23.4	10~25	11만3천원
25-450	4.50	5	102.0	410	2.2	23.4	10~25	12만1천원
30-530	5.30	5	118.0	554	2.6	26.5	10~25	14만1천원

씨파크 3.5호

고탄성 카본의 파워 설계로 강력한 허리 액션을 유지하면서 탄성과 강도가 뛰어나 대상어를 손쉽게 제압한다. 갯바위 원투낚시뿐 아니라 대물을 대상으로 한 릴찌낚시와 선상 원투낚시에도 탁월한 위력을 발휘한다. 고감도 팁을 장착하여 바닥 찍기 감도와 어신 전달 감도의 미세한 차이도 구분이 용이하여 참돔, 농어, 민어낚시에도 최적이다.

품명	표준 전장	마디수(本)	접은 길이(cm)	표준 중량(g)	선경(mm)	원경(mm)	추부하(호)	소비자가격
3.5-450	4.50	5	105.0	316	1.40	22.0	10~30	14만원
3.5-500	5.00	5	118.0	357	1.40	23.0	10~30	16만원
3.5-530	5.20	5	125.0	385	1.40	23.2	10~30	17만9천원

유양 카고마스터

무거운 카고를 달고도 발군의 능력을 발휘해 원하는 지점을 공략할 수 있게 만든 제품이다. 견고한 국산 가이드캡, 스크루 방식 릴시트, 미끄럼 방지용 페인팅, 1번대 엉킴 방지 꺾임 가이드를 적용했다. 접은 길이가 94, 100, 108cm로 짧아 수납과 이동이 편리한 낚싯대다.

품번	표준 전장(m)	마디 수	접은 길이	표준 무게(g)	선경/원경(mm)	카본 함유율(%)	판매가
390	3.9	5	94	210	1.4/24	카본99	14만5천원
420	4.2	5	100	230	1.4/25	카본99	16만원
450	4.5	5	108	240	1.4/2.6	카본99	17만6천원
480	4.8					카본99	19만5천원
510	5.1					카본99	21만5천원

메가 원투

대물 전용 대구경 가이드를 장착한 원투 릴낚싯대다. 쉽게 풀리지 않는 스크루형 릴시트를 장착했다. 폴딩 가이드 사용으로 원투력이 향상되었고 미약한 입질도 파악하기 좋은 예민도를 지녀 카고낚시에도 부족함이 없다. 초심자가 민물과 바다에서 두루 쓸 수 있는 최강의 하이브리드 원투낚싯대다.

품번	표준 전장(m)	마디 수	접은 길이	표준 무게(g)	선경/원경(mm)	카본 함유율(%)	판매가
30	3.0	5	72	240	1.5/25	카본99	7만원
33	3.3	5	77	286	1.5/26	카본99	8만원
36	3.6	5	88	327	1.5/27	카본99	9만원
39	3.9	5	94	360	1.5/27	카본99	10만원
42	4.2	5	102	401	1.5/28	카본99	11만원
45	4.5	5	108	440	1.5/28	카본99	12만원

유정피싱 비어(飛魚)II 텔레 서프

30H-420은 단단한 허리힘과 더불어 캐스팅과 동시에 끝까지 탄력을 잃지 않는 고강도 초릿대로 인해 비거리가 월등히 향상되어 낚는 재미와 더불어 던지는 재미를 동시에 잡을 수 있도록 했다. 30H-380A는 여성 원투낚시 마니아들이 좀 더 쉽게 조작할 수 있도록 개발된 제품이다. 30H-380B 모델의 경우 릴시트를 아래로 내려(60cm) 팔의 리치가 짧은 여성들에게 최적화되어 있다. 좁게 잡고 가볍게 던지고자 할 때 가장 적합한 모델이다.

규격	전장(m)	접은 길이(cm)	절수	무게	선경/원경(mm)	추부하(호)	적합 원줄 Mono/PE(호)		시트위치	가이드	판매가
30H-420	4.2	118	4	450	3.0	23.2	20~50	5~10 3~6	610	7	13만3천원
30H-380A	3.8	110	4	390	2.6	23.3	20~40	5~10 3~6	580	6	10만원
30H-380B	3.8	110	4	390	2.6	23.3	20~40	5~10 3~6	520	6	10만원

비어 III 텔레 서프

초원투를 지향하는 강력한 파워 블랭크를 채용, 비어 1의 예민함과 비어 2의 비거리 두 마리 토끼를 모두 잡은 유정피싱의 플래그십 제품이다. 각 절마다 차별화된 보강 처리 및 섹션의 엑스 래핑을 통해 블랭크 강도를 최대로 끌어올렸으며 가이드 스토퍼 장착으로 유동 가이드의 회전 및 줄꼬임을 최소화시킬 수 있다.

규격	전장(m)	접은 길이(cm)	절수	무게	선경/원경(mm)	추부하(호)	적합 원줄 Mono/PE(호)		시트위치	가이드	판매가
31H-434DX	4.3	126	4	469	2.8	22	20~40	5~10 3~5	600	6	18만5천원
31H-434DXA	4.3	135	4	439	2.8	22	20~40	5~10 3~5	610	6	21만원

한국다이와 토너먼트 마스터라이즈 키스 SMT

보리멸을 대상으로 하는 토너먼트 마스터라이즈 키스 SMT는 슈퍼메탈 톱을 탑재해 보리멸의 먹이 탐색 모습을 리얼하게 감지하는 로드이다. 개인의 신체적 특징과 캐스팅 특성에 맞게 가이드와 릴시트를 커스텀해 사용하는 전문가용 모델. 손잡잇대를 길게 설정해 장력이 뛰어나며 비거리를 늘렸다. 다이와 독자 ESS까지 채용한 하이엔드급 모델이다.

품명	전장(m)	마디 수	접은 길이(cm)	무게	선경/원경(mm)	추 부하(호)	릴시트 위치(cm)	카본 함유율(%)	가격	JAN 코드
25호-405S-SMT	4.05	3	155	315	2.7(2.7)/22.0	20~30	-	99	13만엔	787246
27호-405S-SMT	4.05	3	155	325	2.7(2.7)/22.0	23~30	-	99	14만엔	787253
30호-405S-SMT	4.05	3	155	345	3.1(3.1)/22.0	25~35	-	99	15만엔	787260
33호-405S-SMT	4.05	3	155	370	3.1(3.1)/22.0	27~35	-	99	16만엔	787277
35호-405S-SMT	4.05	3	155	415	3.5(3.5)/22.0	30~40	-	99	17만엔	787284

프라임 서프 T

원투낚시의 묘미를 충분히 맛볼 수 있는 본격 사양의 제품이다. 27호, 25호, 30호로 감성돔, 참돔 등의 어종을 갯바위 혹은 모래사장에서 낚기에 적합한 모델. 부담 없는 가격에 비해 기본적으로 갖고 있는 성능은 모두 갖춘 가성비 높은 모델이다.

품명	전장(m)	마디 수	접은 길이(cm)	무게	선경/원경(mm)	추 부하(호)	릴시트 위치(cm)	카본 함유율(%)	가격	JAN 코드
25호-405·W	4.05	4	112	370	-(2.1)/23.7	20~30	78	92	1만2천엔	938136
425·W	4.25	4	117	395	-(2.1)/23.7	20~30	80	92	1만2천5백엔	938143
450·W	4.50	5	104	405	-(2.0)/23.7	20~30	80	92	1만3천1백엔	938150
27호-405·W	4.05	4	112	390	-(2.3)/23.7	23~30	80	92	1만2천5백엔	938167
425·W	4.25	4	117	410	-(2.3)/23.7	23~30	82	92	1만3천엔	938174
450·W	4.50	5	104	445	-(2.1)/24.7	23~30	82	92	1만3천6백엔	938181
30호-405·W	4.05	4	112	420	-(2.5)/23.7	25~35	82	92	1만3천엔	938198
425·W	4.25	4	117	445	-(2.5)/24.7	25~35	84	92	1만3천5백엔	938204
450·W	4.50	5	104	475	-(2.3)/24.7	27~35	84	92	1만4천1백엔	938228
33호-405·W	4.05	4	112	455	-(2.7)/24.7	27~35	84	92	1만3천5백엔	938235
425·W	4.25	4	117	485	-(2.7)/24.7	27~35	86	92	1만4천엔	938235
25호-450L·W	4.50	5	104	405	-(2.0)/23.7	20~30	59	92	1만3천1백엔	938242
27호-450L·W	4.50	5	104	445	-(2.1)/24.7	23~30	59	92	1만3천6백엔	938259
30호-450L·W	4.50	5	104	475	-(2.3)/24.7	25~35	59	92	1만4천1백엔	938266

Chapter 2
원투낚시 장비

3 릴
Surf Reel

원투낚시용 릴은 몸체와 스풀이 일반 릴보다 크고 길다. 그 이유는 롱캐스팅을 위해서다. 스풀에서 원줄이 빠르게 풀려나가도록 스풀을 크고 얕게 만든다. 또 멀리 풀려나간 낚싯줄을 빨리 감아 들일 수 있도록 큰 몸체에 대형 기어를 내장하여 제작한다.

일반 스피닝릴보다 몸체와 스풀이 큰 원투용 서프릴. 순간적으로 드랙을 풀거나 조일 수 있는 퀵드랙이 달려있다. 다이와의 파워서프 SS 4000QD.

왜 원투낚시에는 대형 릴을 사용할까?

원투낚시에 쓰는 릴은 몸체가 크다. 원투낚시 대상어들은 중소형 어종이 대부분이라 소형 릴로도 충분히 제압할 수 있는데 왜 큰 릴을 사용할까? 그 이유는 멀리 던지고 빨리 감아 들이기 위해서다.

채비를 수십 미터 이상 멀리 던진 상태에서 감아 들이려면 물고기의 크기와 상관없이 감는 속도가 빠르고 파워가 좋은 대형 릴을 사용해야 힘이 들지 않는다. 다만 대형 릴은 무거운 것이 단점인데, 원투낚시에선 낚싯대를 손에 들지 않고 평소에는 받침대에 거치하기 때문에 릴이 무거워도 큰 불편이 없다.

릴의 크기는 보통 번호로 표시하는데 1000번과 2000번은 소형(루어낚시용), 3000번과 4000번은 중소형(릴찌낚시용), 5000번과 6000번은 중형, 10000번과 200000번은 대형 릴이다. 그중 원투낚시에는 5000번 이상의 중대형 릴이 사용된다.

한편 원투 전용 서프릴은 일반 릴 10000번의 크기와 비슷한데, 번호를 붙이지 않고 제품명에 投, Surf라는 단어들을 붙여서 서프릴임을 나타내고 있다.

서프릴의 특징 : 일반 스피닝릴과 차이

서프릴은 일반 대형 스피닝릴과 크기는 같지만 다른 점이 많다. 가장 큰 차이는 스풀의 모양과 무게다.

■ 스풀이 얕고 길다

얕고 긴 섈로우 스풀(shallow spool)은 서프릴의 가장 큰 특징으로, 캐스팅 순간 원줄이 스풀에서 풀리는 저항을 최소화하기 위한 설계다. 스풀이 얕아야만 풀려나가는 원줄이 스풀 모서리를 치고 나갈 때 발생하는 마찰이 줄기 때문이다. 특히 보리멸 전용은 스풀이 앞쪽으로 갈수록 많이 경사져 있어 줄 풀림을 더 좋게 만들었다.

딥 스풀을 가진 일반 스피닝릴로 던져도 60~70m까지는 던질 수 있지만 100m 이상 날리려면 섈로우 스풀을 가진 서프릴이 필요하다.

스풀의 차이만으로 원투 거리는 30~40m 가까이 차이가 난다. 스풀 깊이가 얕지만 가느다란 PE라인을 원줄로 쓰므로 충분히 넉넉하게 감을 수 있다. 예를 들어 보리멸, 도다리 원투낚시에 사용하는 '극세사양 스풀'은 깊이가 1cm 이내로 얕지만 PE라인 0.6호가 300m, 1호가 200m 정도 감긴다.

다양한 크기와 디자인의 서프릴들. 스풀이 고깔 형태이면서 길쭉한(앞줄 가운데) 제품은 가는 합사 원줄을 사용하는 초원투용이다.

■ 무게가 가볍다

서프 릴은 크기에 비해 무게는 가볍다. 릴이 무겁다는 건 파이팅 때 강한 토크를 발휘하는 기어들과 베어링으로 꽉꽉 채웠거나(고급 릴), 값이 싼 금속으로 내외부를 제작했을 경우(저급 릴)인데, 고가의 초원투용 서프 릴은 주대상어들이 작아서 강한 토크가 필요하지 않기 때문에 최소한의 기어와 베어링을 내장하고, 또 전문가용 장비인 만큼 고가의 가벼운 합금으로 내외부를 제작하기 때문에 무게가 가볍다.

특히 일본제 서프릴은 낚싯대를 거치하지 않고 손에 들고 계속 감으면서 어군을 탐색하는 보리멸낚시용으로 제작하기 때문에 상당히 가볍게 만들어낸다. 9만엔이 넘는 고급 서프릴의 무게는 300g대이며, 중급 서프릴은 400~500g, 저급 서프릴은 600g대다. 10000번 크기의 고급 스피닝릴의 무게가 600~700g이니 같은 가격대의 서프릴은 그 절반 무게밖에 안 나가는 셈이다. 그러나 우리나라에선 '들고 낚기'보다 두세 대 펼쳐놓고 기다리는 거치식 낚시를 많이 하기 때문에 굳이 초경량을 추구한 최고급 서프릴을 사용할 필요는 없다.

■ 드랙이 없는 논드랙릴도 있다

모든 릴에는 드랙 기능이 내장돼 있다. 드랙은 일종의 자동풀림장치인데, 스풀 한쪽 면에 워셔를 여러 장 겹쳐 놓은 것이다. 그리고 드랙 레버를 조이거나 풀어서 워셔가 스풀을 누르는 압착강도를 조절한다. 드랙을 풀어주면 물고기가 줄을 당길 때 스풀이 헛돌아서 줄이 끊어지는 것을 방지하고, 드랙을 많이 조이면 스풀이 헛돌지 않아서 빠르게 제압할 수 있다. 그런데 원투낚시용 서프릴 중 최고급품은 드랙이 없는 논드랙릴이다. 그 이유는 최고급 서프릴은 보리멸 전용인데 보리멸은 드랙이 필요 없는 작은 고기이기 때문에 릴 무게를 줄이기 위해 드랙 장치를 제거한 것이다. 그런데 보리멸용 논드랙릴로도 50cm가 넘는 감성돔을 제압할 수는 있다. 원투낚시는 아주 길게 늘어진 원줄이 상당한 쿠션 역할을 하기 때문에 드랙이 없어도 줄이 잘 끊어지지 않기 때문이다. 그러나 60cm가 넘는 참돔을 상대할 때는 논드랙릴을 쓰면 안 된다. 만약 논드랙릴로 아주 큰 고기를 상대할 때는 그만큼 굵은 줄을 사용해야 안전할 것이다. 가령 원투낚시의 한 갈래지만 극히 전문적 영역이라 할 수 있는 돌돔낚시에선 드랙을 안 쓰는 대신 나일론 20호 줄을 사용한다. 돌돔릴에는 드랙이 있지만 돌돔이 암초로 파고드는 것을 방지하기 위해 드랙을 완전히 잠가서 논드랙 스타일로 사용하고 있다.

서프릴에만 달린 퀵 드랙 기능

보리멸용 최고급 서프릴은 논드랙이지만 대다수 서프릴에는 드랙이 있다. 그런데 서프릴에는 다른 릴에서는 찾아볼 수 없는 퀵 드랙(Quick Drag)이라는 게 있다. 퀵 드랙이란, 드랙을 빠르게 조였다 풀었다 반복할 수 있는 기능이다. 드랙을 순차적으로 풀어 나가거나 조여 나가는 게 아

스풀이 얇고 긴 초원투용 서프릴. 0.6호 내외의 가는 합사를 감아 150m 이상 거리까지도 공략하는 보리멸, 도다리 낚시 등에 주로 사용한다. 사진은 다이와의 토너먼트 서프 35QD.

니라 릴에 봉돌의 무게가 크게 전해지는 캐스팅 때는 드랙을 10의 강도로 조였다가, 낚싯대를 받침대에 거치한 후에는 드랙 노브를 반 바퀴만 돌리면 2나 3의 강도로 바로 풀어지는 것이다. 즉 일반 릴은 드랙을 여러 바퀴 돌려야 꽉 조여지지만 원투낚시 전용릴은 한 바퀴 반만 돌려도 신속하게 조여지도록 설계한 것인데, 미끼를 바닥에 떨어뜨리는 특성상 걸려든 고기가 순식간에 드랙을 풀고 나가며 돌 틈으로 처박는 것을 방지하기 위해서다.

큰 어종, 가령 참돔을 낚을 때는 캐스팅 직후 드랙을 풀어두는데, 그 이유는 바늘에 걸린 대물이 빠르고 강하게 도주할 때 순간충격에 줄이 터지는 것을 방지하기 위함이다. 그리고 초기 입질 시 이물감을 줄여주는 역할도 한다. 그러나 챔질 후에는 드랙을 빨리 조여야 하는데, 워낙 많이 풀어 놓았기 때문에 일반 릴이라면 드랙을 조이다가 물고기에게 기선을 빼앗길 수 있다.

그러나 서프릴은 퀵 드랙 기능이 있으므로 노브를 반 바퀴만 돌려 10의 강도로 바로 조일 수 있다. 대여섯 바퀴 이상 노브를 돌려야 드랙이 조여지는 일반 스피닝릴보다 신속한 대응이 가능한 것이다.

한편 퀵 드랙보다 더 진화된 기능으로 '트윈 드랙'이 있다. 시마노 제품에만 있는 트윈 드랙은 별도의 미세 드랙 조절 노브가 중앙에 하나 더 달려 있어 노브를 돌려 드랙을 약하게 풀 때 낚시인이 원하는 수준으로 임의조절이 가능하다. 즉 퀵 드랙은 10에서 바로 2~3으로 떨어지지만 트윈 드랙은 10에서 6~7로 떨어지게 조절할 수도 있고, 4~5로 떨어지게 조절할 수도 있다. 챔질 후 드랙을 잠글 때는 퀵 드랙과 마찬가지로 메인 드랙 노브를 반 바퀴만 돌리면 드랙이 조여진다.

퀵 드랙 기능은 대형어 낚시에서만 필요할 것 같지만 일본에서는 보리멸 낚시에서도 사용한다. 보리멸도 25cm 이상 되면 30호 봉돌 채비를 5~10m 끌고 갈 정도로 우악스러워 한 번 정도 드랙을 차고 나간 뒤에 챔질을 한다는 것이다.

사용 원줄에 따라 스풀 규격 선택

서프릴의 특징은 스풀 규격이 세분화돼 출시된다는 점이다. 일본 제품의 경우, 과거에는 스풀 용량에 따라 표준사양(標準仕樣), 세사사양(細極細仕樣), 태사사양(太細仕樣)이란 표현으로 구분했었다. 예를 들어 표준사양 스풀은 3호 PE라인이 200m 감기고, 태사사양 스풀은 5호 PE라인이 200m, 세사스풀은 2호 PE라인이 200m 감긴다는 식이다.

그러나 요즘은 추상적인 표준, 세사, 태사라는 표현 대신 원줄 호수와 감기는 길이 등을 구체적으로 표기하는 방식이 유행하고 있다. 대상어종, 낚시인의 원줄 선택 성향 등이 너무 다르기 때문이다. 예를 들어 다이와의 서프 베이시아(SURF BASIA) 45 릴의 경우 06PE, 15PE, QD5호 식으로 릴 스풀 규격을 표기하고 있다.

원투낚시인들이 기본적으로 감아 갖고 다니는 250m를 기준할 경우 06PE 릴은 0.6호 PE라인이 250m, 15PE 릴은 1.5호 PE라인이 250m 감긴다는 얘기다. QD5(QD는 퀵드랙이란 뜻) 릴은 스풀이 깊은 나일론 전용릴로서 나일론 3호가 200m 감긴다. 따라서 자신이 어떤 대상어를 노릴 것인지, 몇 호 원줄을 쓸 것인지를 결정한 후 릴의 스풀 제원표를 살펴 제품을 선택하면 된다.

입문자들은 스풀이 적당히 깊은 릴을 사라

입문자들의 경우, 스풀이 얇은 전문가용 릴보다 스풀이 적당히 깊은 릴을 사는 것이 좋다. 그 이유는 입문자들은 전문가들보다 굵은 줄을 사용하는 것이 더 낫기 때문이다.

예를 들어 위에서 설명한 다이와의 SURF BASIA 45릴의 경우 0.8호 PE라인이 200m쯤 감긴다. 일반적인 원투낚시에선 2~3호 PE라인을 감

원투낚시용 서프릴의 제원 (다이와 서프 베이시아 45)

품명	권사량 (cm/핸들1회전)	기어비	표준중량(g)	실용 내력(kg)	표준권사량 나일론 (호-m)	표준권사량 PE (호-m)	베어링(볼/롤러)	가격(¥)
06PE	84	4.1	400	8	1.2-200	0.3-250, 0.8-200	8/1	56,700
15PE	82	4.1	395	8	3-200	1.5-250, 2-200	8/1	56,700
QD 5호용	88	4.1	465	15	5-200	3-250, 4-180	8/1	58,700

다양한 규격의 릴 스풀들. 자신이 즐겨하는 낚시에 맞는 원줄 사양에 맞춰 릴을 선택하는 게 좋다.

퀵 드랙이 달려있는 원투릴. 노브를 약간만 돌려도 드랙이 빨리 잠기고 풀어져 대물을 상대할 때 유리하다.

요가 많은 반면, 참돔, 민어, 우럭, 감성돔 등을 주로 노리는 우리나라에서는 2호 PE라인이 250m 이상 감기는 깊은 스풀 릴의 활용도가 높다. 2~3호 나일론사를 사용하는 동해안 감성돔낚시에서도 깊은 스풀 릴이 필요하다.

서프릴의 기어비는 왜 저속일까?

'기어비'란 릴 핸들을 한 바퀴 돌렸을 때 릴의 커버베일이 스풀 둘레를 도는 횟수를 말한다. 기어비가 5대1이라면 핸들을 한 바퀴 돌릴 때 릴줄은 다섯 바퀴 돈다는 뜻이다. 그래서 기어비가 높으면 줄이 빨리 감기고 기어비가 낮으면 줄이 천천히 감긴다.

대체로 기어비가 높은 고속릴은 힘이 약하고 기어비가 낮은 저속릴은 힘이 센 편인데, 그 이유는 고속릴일수록 더 작은 크기의 기어가 맞물려서 릴을 돌리기 때문이다. 자전거의 변속기어와 원리가 같다. 같은 값이면 빨리 감아 들일 수 있는 고속릴이 편리하고 인기가 높지만, 대물낚시에서는 힘이 센 저속릴을 선호하는 낚시인들도 있다. 하지만 요즘 출시되는 최신형 고속릴들은 강한 소재의 기어를 써서 힘이 좋기 때문에 저속릴의 인기는 점점 줄어들고 있다.

그런데도 원투낚시용 서프릴은 여전히 저속릴로 만들고 있다. 일본제 서프릴의 기어비는 평균 3.5대1~4대1이다. 기어비가 높은 제품은 4.7대1까지도 나오지만 대체로 3.5대1 수준을 유지한다. 그 이유는 기어비를 더 높이면 감아 들일 때 힘이 많이 들기 때문이다. 무거운 30~50호 봉돌을 달아서 100m 이상 던진 채비를 물속에서 회수할 때의 중량감은 상당하여 고속기어를 채용하면 낚시인의 팔목이나 손목에 무리가 갈 수 있다. 그래서 일반 스피닝릴보다 훨씬 느리게 회전하는 저속기어를 채택한다.(보리멸용 최고급 서프릴인 '키스 스페셜'의 기어비는 3.2:1에 불과하다.)

비록 기어비는 낮지만 서프릴은 스풀이 워낙 크고 더구나 샐로우 스풀이기 때문에 1회전에 감아 들이는 원줄의 양은 소형 스피닝릴의 2회전 권사량에 필적한다. 그래서 저속릴을 써도 답답할 정도로 느리게 감기지는 않는 것이다.

아 참돔, 민어, 감성돔 등을 노리는데 이 릴에 2~3호 PE라인을 감으면 70~80m밖에 감기지 않는다. SURF BASIA 45릴은 0.6~0.8호 PE라인을 감아 200~250m 거리를 노리는 보리멸낚시나 도다리낚시에 적합한 릴이라고 할 수 있다.

입문자가 서프릴을 구입할 때는 굵은 라인도 충분히 감을 수 있어서 다양한 낚시에 쓸 수 있는, 스풀이 적당히 깊은 릴을 구입하는 것이 좋다. 그런 다음 나중에 보리멸이나 도다리를 대상으로 한 초원투낚시용 얕은 스풀 릴을 구입하는 게 바람직하다.

보리멸의 인기가 높은 일본에서는 스풀이 얕은 초원투용 서프릴의 수

원투낚시용 릴, 너무 무겁지 않나?

원투낚시용 릴은 덩치가 큰 만큼 무게도 많이 나가 450~650g에 달한다. 갯바위 찌낚시용 릴의 무게가 250g 내외이므로 거의 두 배 이상 무거운 셈이다. 하지만 원투낚시용 릴은 캐스팅 후에는 받침대에 거치하기 때문에 무거워도 불편하지 않다. 반면 계속 손에 들고 낚시하는 보리멸낚시용은 가벼운 릴을 사용해야 한다.

서프릴에서 '경사 스풀'을 사용하는 이유는?

서프릴의 스풀은 앞쪽으로 좁아지는 고깔형이다. 스풀이 이렇게 경사가 지면 라인이 풀릴 때 발생하는 나선 형태의 원 모양이 커졌다 작아졌다를 반복해서 라인이 일정 크기의 나선 형태로 풀려 나가는 일반 릴보다 가이드와 마찰저항이 적다. 비거리로 볼 때 일반 스풀에 비해 20~30% 증대 효과가 있다.

4 받침대
삼각대 & 샌드폴

원투낚싯대는 무겁기 때문에 받침대를 설치하고 그 위에 거치한다. 미끼를 갈아줄 때, 채비를 교체할 때, 고기를 떼어낼 때도 받침대가 있어야 편리하다.

원투낚시에서 가장 대중적으로 사용되는 삼각 받침대. 장소에 구애받지 않고 휴대가 간편한 점이 장점이다.

삼각받침대

세 개의 다리로 낚싯대를 받치는 구조다. 안정성이 높고 어디에나 설치할 수 있어서 가장 보편적으로 쓰인다. 다만 크기, 무게, 재질, 가격대가 매우 다양하다. 삼각받침대는 다리 길이를 각각 조절할 수 있어 바닥이 평평하지 않은 지형에서도 설치가 가능하다.

보리멸이나 도다리 같은 고기를 노릴 때는 작고 가벼운 제품도 상관이 없으나 감성돔, 참돔, 민어 같은 큰 고기를 노릴 때는 받침대도 크고 튼튼한 제품이 좋다. 대형어를 노리는 원투낚싯대는 무거운 데다가 입질 시 큰 힘이 전달되면 자칫 받침대가 넘어갈 위험이 있기 때문이다. 소형은 1~2만원, 중형은 4~5만원, 대형은 12~15만원에 구입할 수 있다.

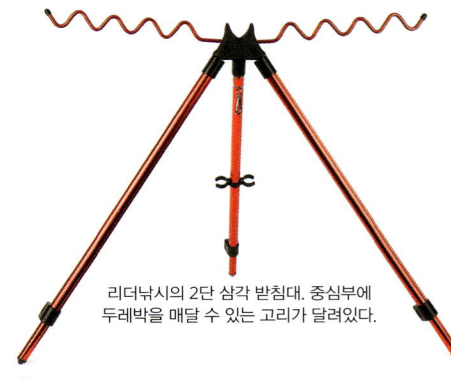

리더낚시의 2단 삼각 받침대. 중심부에 두레박을 매달 수 있는 고리가 달려있다.

Tip
삼각받침대 고정추는 두레박이 안성맞춤

삼각받침대는 휴대성을 높이기 위해 대부분 가벼운 소재로 제작된다. 그래서 바람이 불거나 큰 고기가 물면 받침대가 휘청하거나 넘어갈 수 있다. 그때는 받침대 중간에 무거운 물체를 달아 견고하게 고정해주는데 가장 좋은 방법이 두레박을 사용하는 것이다. 두레박에는 바닷물을 담아도 되고 모래나 돌멩이를 담아도 된다. 2~3kg짜리 고정용 쇠추도 판매 중이나 사용하는 사람은 많지 않다.

두레박을 매다는 고리에 물통(왼쪽)과 쇠추(오른쪽)를 매달기도 한다.

쿨러 부착형 받침대

쿨러에 부착해 사용하는 받침대인데 메인 받침대라기보다 보조 받침대로 많이 쓴다. 낚시할 때는 포인트에 세워 놓은 메인 받침대를 이용하다가 미끼를 갈거나 채비를 교체할 때는 쿨러 부착 받침대를 이용하는 것이다. 특히 베이스캠프와 포인트가 되는 백사장이 떨어져 있을 때는 낚싯대를 들고 캠프와 포인트를 오가는 경우가 많은데 이때 쿨러 부착형 받침대가 있으면 편리하다. 쿨러와 미끼통, 받침대가 일체형으로 나오는 고가 제품도 있으나 나사를 이용해 기존 쿨러에 간단하게 부착해 사용하는 별도 부착형 제품이 인기가 있다.

별도 부착형 외받침대는 1만7천원, 서너 대 이상 받칠 수 있고 메인 받침대를 겸하는 제품은 3만원선이다.

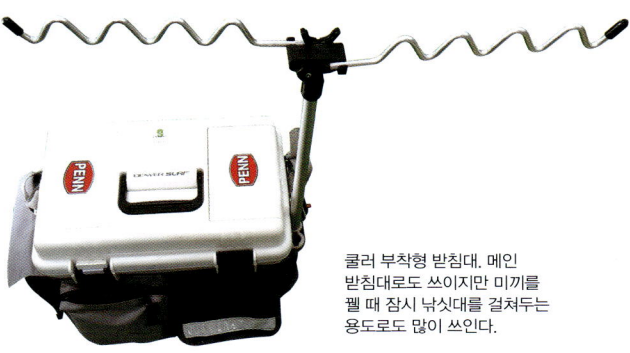

쿨러 부착형 받침대. 메인 받침대로도 쓰이지만 미끼를 뀔 때 잠시 낚싯대를 걸쳐두는 용도로도 많이 쓰인다.

테트라포드용 벨트 받침대

방파제 테트라포드 위에서 낚싯대를 고정할 수 있도록 고안된 받침대다. 길이 조절이 가능한 벨트를 테트라포드에 두른 후 받침대 몸통을 벨트에 연결하는 방식. 라쳇을 이용해 벨트를 꽉 조이면 흔들리지 않고 단단하게 받침대가 고정된다. 사진은 TTRPD 제품.

받침대를 박을 수 없는 테트라포드에서 요긴한 벨트 받침대.

외받침대

보리멸이나 도다리낚시처럼 넓은 범위를 부지런히 돌아다니며 탐색할 때는 외받침대가 편리하다. 외받침대는 삼각받침대와 달리 그 자체로는 세울 수 없으므로 주로 푹 꽂아서 세울 수 있는 백사장에서만 사용한다. 환봉형과 샌드폴로 나뉜다. 환봉형 받침대는 가늘고 긴 쇠막대기(폴대)에 낚싯대를 받치는 부위가 위, 아래에 달려있다. 사진에서 보듯 위쪽은 마치 붕어낚시용 받침대의 주걱대처럼 낚싯대의 손잡잇대를 받치고, 아래쪽은 낚싯대의 캡 부위를 걸쳐놓는다. 외받침대 중 가장 보편적인 디자인이다. 샌드폴은 2015년경부터 우리나라 동해안에서 유행하고 있는 외받침대로서 거의 국산 제품이다. 직경이 6~7cm에 달하는 속이 빈 둥근 금속 파이프의 하단을 죽창처럼 날카롭게 가공해 모래바닥에 깊이 박을 수 있다. 환봉형보다 굵고 안정적이어서 큰 감성돔이 낚싯대를 당겨도 받침대가 쓰러지는 경우가 적다. 길이가 대부분 1m에 달해 낚싯대를 높이 거치할 수 있으므로 원줄이 파도 영향을 덜 받는 것도 장점이다.

다만 샌드폴은 바닥에 자갈이 많은 곳에서는 잘 박히지 않는 단점이 있다. 그때는 굵기가 가는 환봉형 받침대가 유리하다. 금속제 환봉형 받침대는 2~3만원, 샌드폴은 재질에 따라 3~4만원선이다.

환봉형 받침대 / 샌드폴

샌드폴 외받침대에 낚싯대를 꽂고 채비를 하고 있다.

CHECK POINT

외받침대와 삼각받침대 중 어느 것이 좋을까?
외받침대는 백사장용이고, 삼각받침대는 방파제, 백사장, 갯바위 어디서든 사용할 수 있다. 범용으로 쓰려면 삼각받침대부터 구입하는 것이 좋다. 삼각받침대 사용 시 낚싯대는 2대가 표준이며 한 대는 가까이, 한 대는 멀리 던진다. 다만 백사장에선 삼각받침대 한 개보다 외받침대를 두 개 쓰면 간격을 자유로이 조정할 수 있다. 그리고 낚싯대를 세 대 쓰면 한 대는 멀찌감치 떨어뜨려 보는 게 좋다.

갯바위에서 외받침대를 쓰려면 어떻게 하나?
외받침대는 모래나 갯벌에 푹 박아서 고정하기 때문에 갯바위에서는 쓸 수 없다. 갯바위용 외받침대는 돌돔낚시용으로 시판되는 것이 있다. 스텐리스나 티탄 봉을 갯바위 틈에 때려서 박고 그 위에 받침뭉치를 얹어서 나사로 조여 쓰는 방식인데, 순간적인 입질에 장비를 빼앗길 수 있는 참돔낚시나 다금바리낚시를 하려면 이 '돌돔 받침대'를 써야 한다. 그러나 무게가 무겁고 가격이 5만~50만원으로 비싸서 일반 원투낚시에선 잘 쓰지 않는다.

5 낚싯줄
PE라인과 힘줄

원투낚시에서 낚싯줄은 대단히 중요하다. 줄의 재질과 성능에 따라 비거리가 20~30m 이상 차이 날 수 있기 때문이다. 원투낚시에 쓰는 줄은 단사(나일론)와 합사(PE)가 있는데, 70% 이상 PE 합사를 쓰고 동해안 감성돔낚시 등 몇몇 상황에선 나일론 단사를 사용한다. 낚시를 할 때는 원줄과 채비 사이에 캐스팅 순간의 충격을 완화해주는 힘줄을 연결한다.

스풀에 감긴 PE라인(안쪽 형광색 줄)과 힘줄(바깥쪽 붉은 줄). 가는 PE라인과 직결할 굵고 강한 힘줄이 캐스팅 때의 충격을 완화한다.

원투낚시용 줄이 갖춰야 할 조건

원투낚시는 모든 낚시장르를 통틀어 채비를 가장 멀리 던지는 낚시다. 따라서 원투낚시의 낚싯줄은 첫째 멀리 날아가야 하고, 둘째 바람과 파도에 적게 밀려야 하며, 셋째 원거리에서 오는 어신을 전달할 수 있어야 한다. 그런 점에서 볼 때 나일론줄보다 PE라인이 원투낚시에 더 적합하다.

PE라인은 나일론줄과 같은 강도일 경우 훨씬 가늘기 때문에 캐스팅 저항이 적어서 비거리가 길다. 또 연신율(늘어나는 비율)이 제로에 가까워 100m 거리에서 입질이 와도 낚싯대로 선명하게 전달해준다. 나일론줄 3호와 PE라인 0.8호가 약 5.5kg의 비슷한 인장강도를 보이는데, 3호 나일론줄의 굵기는 0.285mm, PE라인 0.8호의 굵기는 0.148mm 정도 된다. PE라인이 훨씬 더 가늘고 가볍기 때문에 채비를 멀리 던질 수 있고 파도에 밀리는 정도도 약하다.

그러나 PE라인보다 나일론줄이 나은 점도 있다. 나일론줄은 마찰강도가 높아서 수중암초에 긁혀도 잘 터지지 않는다. 그래서 대형 물고기와 파이팅을 벌이는 돌돔낚시와 다금바리낚시에선 나일론 원줄을 사용한다.

나일론줄과 PE라인

나일론은 1937년 미국에서 탄생했다. 미국 듀퐁사에서 최초의 합성섬유인 폴리아미드(polyamide) 섬유를 발명하고 나일론(Nylon)이란 상표명을 붙였는데 1960년대에 나일론이 낚싯줄의 소재로 쓰이기 시작했다.
PE라인은 그보다 한참 후인 1990년대에 개발되었다. 일본의 낚싯줄 업체들이 플라스틱 용기, 비닐봉투 등의 재료로 쓰이는 폴리에틸렌(PolyEthlene) 중 초고분자량 폴리에틸렌을 소재로 PE라인을 만들었고, 이후 미국에서도 PE라인을 생산하기 시작했다. PE라인의 생산은 낚시에 일대 혁명을 일으켰는데, 가장 큰 덕을 본 것이 지깅이다. 연신율 제로의 PE라인을 원줄로 쓰기 시작하면서 무거운 메탈지그를 심해에 가라앉혀 저킹으로 액션을 줄 수 있게 된 것이다. 오늘날 PE라인은 줄을 당겨서 액션을 주는 바다루어낚시의 표준 원줄이 되었다.

나일론줄은 단사(홑줄)로 가공하지만, PE라인은 합사(겹줄)로 제작한다는 것이 가장 큰 차이점이다. 얇은 폴리에틸렌 원사를 3가닥, 4가닥, 8가닥, 12가닥 등으로 꼬아서 만드는데 가닥수가 많을수록 강도가 높고 표면이 매끈하며 가격도 높다.

나일론사의 장점과 단점
▶ 장점
- 마찰강도가 높아 쓸림에 강하다. 밑걸림이 심한 곳에서 쓰기 좋고 암초대의 대형어와 겨루기 좋다.
- 엉킴이 적고 엉켜도 쉽게 풀 수 있다.
- 연신율이 높아서 순간충격에도 잘 끊어지지 않는다.
- 비중이 합사보다 무거워서 조류에 더 친숙하다. 방향성 없는 복잡한 조류에도 합사보다 더 잘 정렬된다.
- 재질이 부드러워 가공성이 좋다. 표면 가공은 물론 단면을 원형이 아니라 각이 지도록 할 수도 있고 속이 비어 공기가 들어있는 구조로도 가공할 수 있다. 또 다양한 색상으로 쉽게 염색할 수 있다.
- 값이 저렴하다.

▶ 단점
- PE라인에 비해 강도가 약하다.
- 릴에 오래 감아두면 파마현상이 발생하여 캐스팅 시 비거리 감소의 원인이 된다.

– 연신율이 높아서 멀리 던지면 어신 전달력이 떨어진다.
– 수명이 짧아서 자주 새 줄로 갈아주어야 한다.

PE라인의 장점과 단점
▶ 장점
– 동일 굵기의 나일론보다 3배 이상의 인장강도를 지닌다.
– 그만큼 가늘게 쓸 수 있어서 캐스팅할 때 바람의 영향을 적게 받아 비거리가 증가한다.
– 신축성이 제로에 가깝기 때문에 잘 늘어나는 나일론줄로는 느끼지 못하는 미약한 어신도 캐치할 수 있다.
– 신축성이 없어서 줄을 감아가며 입질을 유도하는 보리멸, 가자미 끌낚시에 최적.
– 원줄이 가늘어 조류 저항을 덜 받기 때문에 조류가 센 곳에서도 봉돌의 바닥 걸림이 적다.
– 물을 흡수하지 않아 장시간 사용에도 강도의 변화가 적다.
– 염분과 자외선에 강하여 수명이 길다.

▶ 단점
– 낮은 연신율로 인하여 순간적인 충격에는 약하다.
– 여러 가닥의 섬유가 꼬아져 만들어진 합사의 특성으로 한두 가닥이 끊어지면 전체 강도가 저하되다보니 여쓸림에 대한 강도가 나일론보다 떨어진다.
– 매듭강도가 낮다. 그래서 채비에 직결하지 않고 중간에 나일론줄을 힘줄로 연결해서 사용해야 한다.
– 가벼워서 바람과 파도에 많이 날린다.
– 라인의 엉킴이 잦고, 한번 엉키면 풀기 어렵다.
– 가격이 비싸다.

감성돔낚시에선 왜 나일론 원줄을 쓸까?
대부분의 원투낚시에서 PE라인이 유리하지만 나일론사가 유리한 장르도 있는데, 바로 동해안 감성돔낚시다. 동해안 감성돔낚시에서는 2~2.5호 나일론사를 사용한다. 가장 큰 이유는 파도 때문이다. 동해안에서는 파도가 쳐줘야 감성돔이 잘 낚이는데 파도가 늘어진 원줄을 덮치면 바닥에 안착해 있던 채비가 조금씩 끌려와 목적했던 포인트를 벗어나고 바늘

디럭스 테크놀로지의 아미고 원투 낚싯줄. 나일론사로서 마찰강도가 뛰어나 밑걸림 심한 곳에서의 대물 승부에 적합하다.

이 끌리면서 밑걸림도 발생한다. 나중에는 원줄이 완전히 축 늘어져 입질 파악도 어려워진다.
언뜻 생각하면 가는 PE라인이 굵은 나일론줄보다 파도를 잘 가를 것 같지만 실제로는 그렇지 않다. PE라인은 늘어나는 인장력이 거의 없기 때문에 파도와 맞닿으면 그 저항을 그대로 다 받는다. 그래서 파도밭에서 감성돔을 낚는 동해안의 특성상 파도가 많이 밀리는 합사보다 적게 밀리는 나일론 단사를 원줄로 사용하고 있다.

PE라인의 호수를 고르는 기준
▶ 0.6호, 0.8호, 1호
백사장에서 보리멸, 도다리, 복어를 낚을 때 적합한 호수다. 백사장에서는 밑걸림 걱정이 없어 굵은 줄을 쓸 필요가 없고 원투가 필요하므로 라인이 가늘수록 유리하다.
▶ 2호, 3호
여밭에서 민어, 우럭, 수조기, 보구치, 붕장어, 쥐노래미를 낚을 때 적합한 호수다. 험한 암초대를 주로 노리므로 강한 줄이 필요하다.
한편 최근에는 초원투의 발전과 더불어 25m씩 4가지 색으로 마킹이 되어 있는 4색 PE라인이 인기를 끌고 있다. 4색 합사의 장점은 캐스팅 거리의 계산 및 위치 파악이 용이하다는 것이다.

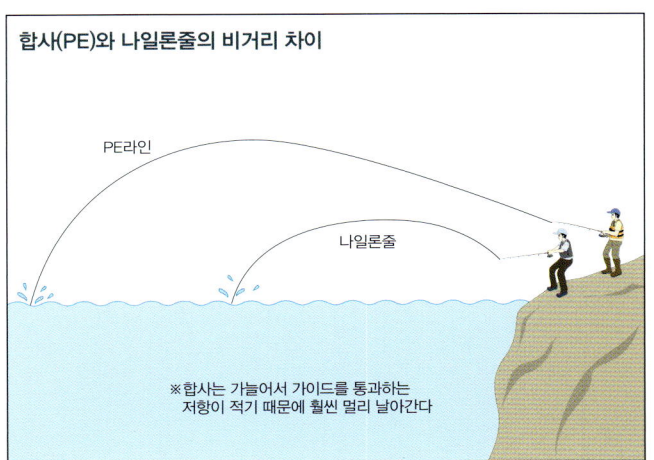

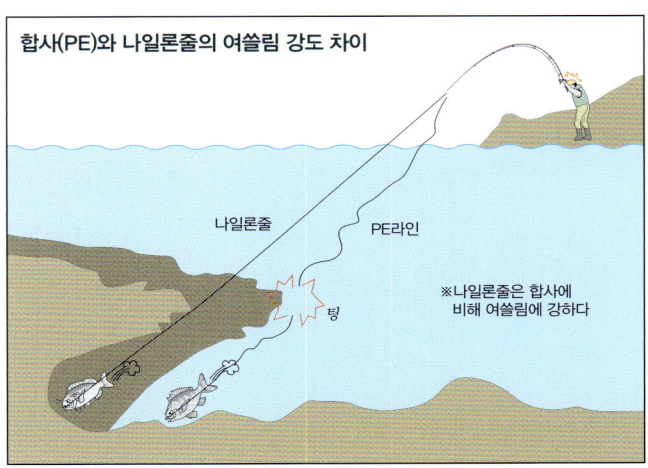

나일론줄의 선택과 구입

나일론줄은 자외선과 염분에 약하고 수명이 짧아서 한꺼번에 몇 년 치 줄을 사놓고 쓰는 것은 금물이다. 자주 출조하는 낚시인이라면 두세 번 감아서 쓸 수 있는 대용량 500~1000m 제품을 구입하는 것이 좋지만, 출조 횟수가 연간 10회 미만이라면 200~250m 제품을 구입하는 게 적당하다. 출조를 거의 하지 않더라도 1년 뒤에는 라인을 새 것으로 교체하는 것이 좋다.
동해안 감성돔낚시엔 2~3호 나일론줄, 아주 거친 암초대에서 감성돔, 참돔을 노릴 땐 5~6호 나일론줄을 주로 쓰고 있다.

힘줄이란?

원투낚시에만 사용하는 힘줄(힘사)은 캐스팅 순간 가는 원줄이 충격에 끊어지는 것을 방지하기 위해 채비와 연결부위에 13~15m 길이로 연결하는 굵은 줄을 말한다. 처음과 끝의 굵기가 달라 테이퍼라인이라고도 부른다. 보통 나일론 테이퍼라인은 3→12호로 굵어지며 합사 테이퍼라인은 3→6호로 굵어진다.
초원투낚시에서 육중한 30~50호 봉돌을 있는 힘껏 후려칠 때 원줄이 받는 충격은 대단히 크다. 그래서 가는 원줄을 그대로 쓰면 캐스팅 순간 "딱"하고 줄이 끊어지면서 채비만 허공을 날아가게 된다. 그것을 방지하기 위해 낚싯대 가이드를 통과하는 부분의 줄만 굵은 힘줄로 연결하고 있다. 물론 원줄을 아주 굵게 사용한다면 힘줄이 필요 없지만, 굵은 줄을 쓰면 비거리가 줄어든다.
힘줄은 캐스팅 충격 완화 기능 외에도 루어낚시의 쇼크리더와 같이 대형어와 파이팅할 때 수중암초에 쓸리는 것을 견디는 역할도 한다.

힘줄의 실제 사용 패턴

힘줄 역시 원줄처럼 나일론줄과 PE라인이 있는데, PE라인 힘줄은 '합사테이퍼힘사', 나일론 힘줄은 '모노테이퍼힘사'라고도 부른다. 나일론 힘줄은 힘 좋은 도미류를 제압하는 대물낚시에 주로 사용하며, 합사힘줄은 도다리, 보리멸 등 가는 합사 원줄을 사용하는 낚시에 많이 쓴다. 대물용인 모노테이퍼힘사에 비하여 합사테이퍼힘사는 어신 전달력이 매우 좋다.
그런데 실제 낚시에서는 테이퍼라인 힘줄의 사용 빈도가 적은 편이다. 보통 원줄을 합사 1~1.5호

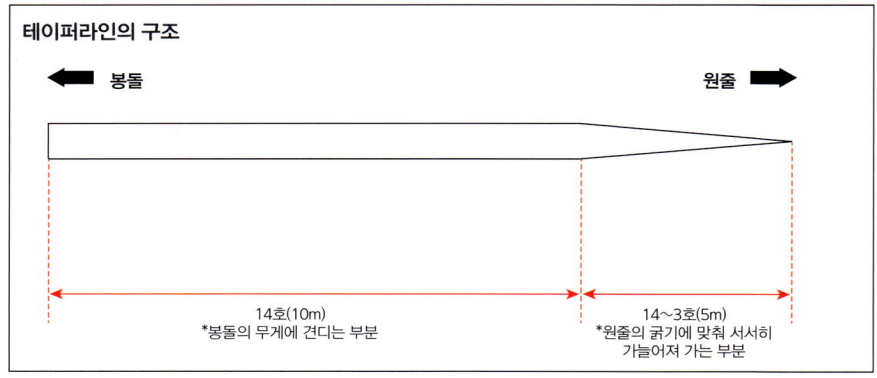

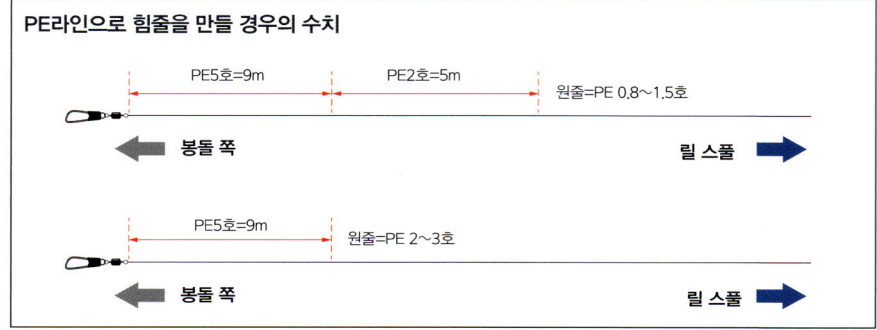

CHECK POINT

▶ **전문가를 제외한 일반 낚시인들의 원투 거리는 100미터 안쪽인데 릴에 원줄은 몇 미터나 감으면 좋을까?**
백사장 초원투낚시를 할 때는 250m를 릴에 감고, 그 외에 일반 낚시를 할 때는 200m를 감는다. 원투낚시 전용 합사는 주로 200m짜리 타래에 감아 판매하고 초원투가 가능한 1호 미만(0.3~0.8호)의 합사는 250m 제품이 주류를 이룬다. 나일론줄의 경우 기본 200m이며 500m 제품, 1000m, 2000~3000m 제품들도 있다.

▶ **유색 나일론줄은 강도가 떨어지는가?**
색상이 있는 줄보다 무색투명한 줄이 강하다고 알려져 있으나 사실이 아니다. 나일론줄은 염색이 쉬워서 온갖 색상으로 만들 수 있으며 염색과정에서 강도 저하가 일어나지 않는다. 무색투명한 원줄 중 강도가 높은 줄이 있을 수는 있으나, 그것은 염색과는 무관하다.

▶ **나일론줄과 모노줄은 같은 말인가?**
나일론사를 흔히 '모노줄'이라고 부르고 있다. 그런데 이는 잘못된 명칭이다. 모노(mono)의 의미는 '하나'라는 뜻으로 단사(單絲)를 뜻하는 '모노필라멘트'의 준말이다. 즉 합사(合絲 braided line)의 반대 의미일 뿐 나일론이라는 소재를 뜻하는 말이 아니다. 한 가닥의 줄이면 나일론줄이든 카본줄이든 모두 모노라인이다. 나일론사 타래에 모노필라멘트(mono-filament)라 표기되어 있는 것을 낚시인들이 보고 '모노라인'이라 부른 것이 마치 나일론줄의 명칭인 양 잘못 알려진 것이다.

▶ **힘줄을 쓰지 않고 낚시해도 되는가?**
힘줄을 쓰는 이유는 가는 줄로 원투를 하기 위해서다. 만약 굵은 원줄을 쓰거나 40~50m 이내 근거리만 노린다면 힘줄을 쓰지 않아도 된다. 힘줄을 쓰지 않고 좀 더 멀리 캐스팅을 하고 싶다면 단사보다 합사를 쓰는 게 유리하다. 나일론보다는 합사가 좀 더 가는 원줄(3호 정도)을 사용할 수 있기 때문이다. 합사 3~5호는 나일론줄 12~16호의 강도를 보인다.

길이별로 색상이 다른 PE라인. 색상별 스티커를 스풀에 붙여 원투 거리를 쉽게 가늠할 수 있도록 했다.

원투낚시용 힘줄들. 3~16호 식으로, 원줄과 직결하는 부위는 가늘게, 채비를 연결하는 부위는 굵게 제작된다. 합사와 나일론사 두 가지 재질이 있다.

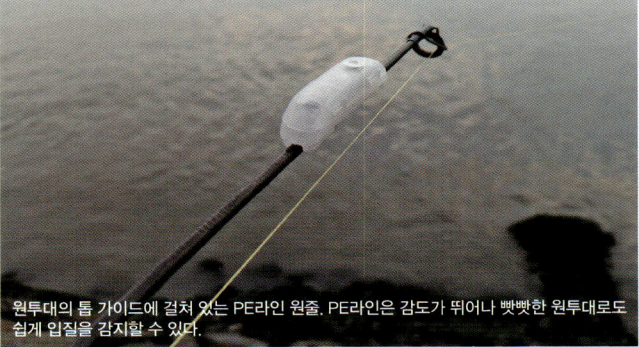

원투대의 톱 가이드에 걸쳐 있는 PE라인 원줄. PE라인은 감도가 뛰어나 빳빳한 원투대로도 쉽게 입질을 감지할 수 있다.

를 사용한다면 힘줄로 합사 5~6호를 11~12m로 잘라서 사용하는 경우가 대부분이다.

이유는 크게 두 가지이다. 합사 테이퍼라인은 15m 한 가닥에 1만원을 호가하기 때문에 밑걸림이 잦은 원투낚시에서는 비경제적이다. 또 4~5호 합사를 통줄로 사용했을 때와 테이퍼라인을 사용했을 때의 비거리 차이도 아주 크지 않기 때문에 경제성 측면에서 합사 통줄을 힘줄로 사용하고 있다. 다만 밑걸림이 적은 백사장 보리멸낚시가 보편화된 일본에서는 합사 테이퍼라인을 쓰는 경우가 많다고 한다.

나일론 테이퍼라인을 쓰는 경우는 한정적이다. 나일론줄은 합사에 비해 굵어서 힘줄로 쓸 경우 매듭이 굵어져 캐스팅 시 가이드를 통과하는 마찰 트러블이 많이 일어날 수 있기 때문이다. 보통 나일론줄 2호 정도를 원줄로 쓰는 동해안 감성돔낚시에서 주로 나일론 테이퍼라인을 쓰는데, 합사를 테이퍼라인으로 쓰면 원줄과 힘줄의 강도 차이가 많이 나서 밑걸림 때 매듭이 쉽게 터지기 때문이다. 또 여쓸림에는 4~5호 합사보다 나일론 12호가 더 잘 견디기 때문에 나일론 테이퍼라인을 선호하고 있다. 나일론 테이퍼라인의 가격은 3~12호 15m짜리 3개가 1만원선이다.

원줄과 힘줄의 연결법

원줄과 힘줄을 연결하는 매듭법은 여러 가지가 있는데, 가장 많이 쓰는 연결법은 전차매듭법과 이지블러드노트이다. 루어낚시에서 많이 쓰는 매듭법인 FG노트는 강하기는 하지만 묶기 까다롭고 시간이 많이 소요되기 때문에 원투낚시에서는 잘 쓰지 않는 편이다.

테이퍼라인은 시작부가 원줄 두께와 비슷하기 때문에 전차매듭만 하여도 무리가 없기에 전차매듭법을 가장 많이 사용한다. 전차매듭은 나일론줄과 나일론 힘줄을 연결할 때 좋지만, 나일론줄과 합사 힘줄을 연결할

신개념 합사 원줄

물빠짐, 변색 제로

선염합사

천상업 디럭스테크놀로지 관리부 부장

합사의 원료는 초고분자량 폴리에틸렌(Ultra High Molecular Weight Poly-Ethylene :UHMWPE)인데, 줄여서 PE합사라고 불린다. 그런데 UHMWPE사는 화학적 특성상 염색이 되지 않기 때문에 현재 전 세계의 모든 PE합사는 PE의 원색인 백색 원사를 가지고 합사 작업(Braiding)을 한 후에 표면에 원하는 색상을 덧입히는 컬러 코팅 작업을 한다. 따라서 이 표면의 코팅된 색상은 당연히 몇 차례 낚시를 하면 벗겨질 수밖에 없다. 하지만 디럭스테크놀로지에서는 세계 최초로 PE 원사의 염색기술을 확보하여 합사 공정 전에 원사에 착색을 할 수 있게 됨으로써, 합사의 물빠짐이나 변색 등이 발생하지 않는다. 이렇게 만든 제품이 아미고 파워-13과 아미고 프로다.

●**아미고 파워-13(Amigo power 13)**
선상갈치낚시, 대물 원투용 합사
특수 브레이딩 공법의 13합사 PE라인
완벽한 3중 코팅으로 쓸림에 강하다
세계최초 특허 선염합사 제품으로 변색이나 물빠짐이 없음
신율 '0'의 뛰어난 감도로 미약한 입질까지 파악 가능
호수 13호, 140파운드, 색상 블랙/다크그린
가격 200m 5만7천원/300m 7만5천원

●**아미고 프로(Amigo Pro)**
선상루어, 타이라바, 원투낚시용 합사
세계 최초 특허 선염합사 제품으로 탁월한 캐스팅 능력
전 사이즈 8합사 구조에 특수 표면처리를 추가하여 매끄럽고 부드럽다
호수 0.8호(16lb), 1호(20lb), 1.2호(23lb), 1.5호(25lb), 2호(30lb)
권사량 150m /200m/250m, 가격 3만원, 3만8천원, 4만7천원

구입문의 디럭스테크놀로지 055-973-7733

▲13합사로 제작한 아미고 파워13 PE라인.

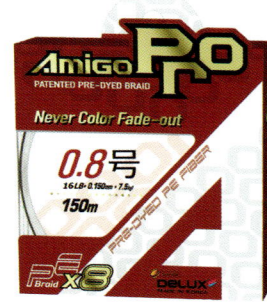

▲원투낚시 선상루어, 타이라바낚시에 적합한 아미고 프로 PE라인.

때도 사용 가능하다.

하지만 전문낚시인들은 이지블러드노트를 주로 사용한다. 이지블러드노트는 FG노트를 단순화시켜놓은 매듭법이다. 매듭의 강도가 전차매듭보다 강하고 묶은 부위 또한 굵지 않기 때문에 가이드의 마찰을 줄여 비거리 향상에 도움을 주기 때문에 많이 사용하고 있다.

※이지블러드노트와 FG노트 묶음법은 다음의 제3장 채비 자작편에 소개되어 있다.

6 기타 필수 용품들

●쿨러 겸용 태클박스
원투낚시 전용으로 출시된 쿨러는 태클박스를 겸할 수 있게 설계되어 있어 구입하면 낚시가 한결 편하다. 쿨러 안에는 간단한 음료수와 미끼를 냉장 보관할 수 있다. 쿨러의 좌우에는 별도의 수납공간을 부착할 수 있어서 다양한 소품과 채비 수납이 가능하다. 원투낚시 쿨러 중에는 낚싯대를 세워 놓는 전용 받침대가 부착된 제품도 있다. 좌우 수납공간까지 포함된 풀 세트의 가격은 25만원~30만원.

●핑거글러브
캐스팅 때 가는 합사로부터 손가락을 보호하는 역할을 한다. PE라인은 매우 가늘기 때문에 맨손으로 캐스팅하면 라인을 건 손가락을 베일 위험이 있다. 그래서 검지 부분만 가죽이나 두꺼운 천 재질로 만든 핑거글러브를 착용한다. 가는 라인을 쓰지 않더라도 지속적인 원투 동작이 이어지면 손가락이 아프기 때문에 핑거글러브는 필수품이다. 가격은 2만원~3만원.

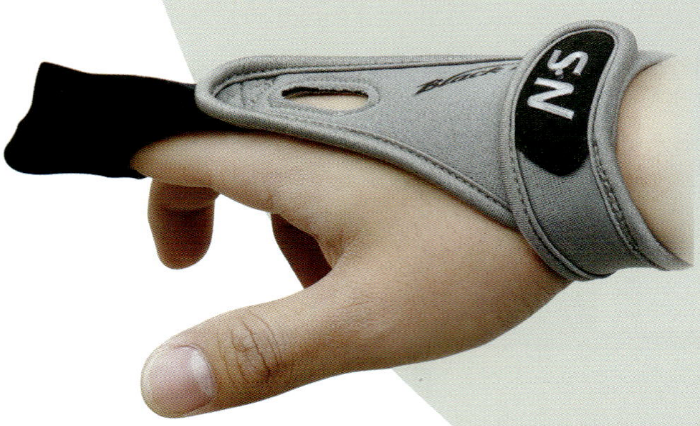

●포셉
물고기의 목구멍까지 삼킨 바늘을 빼낼 때 요긴하다. 원투낚시는 고기가 물고 달아날 때까지 기다리는 낚시라서 바늘을 깊이 삼키는 경우가 많고, 특히 보리멸, 도다리는 입이 작기 때문에 손으로는 목구멍까지 삼킨 바늘을 빼내기 어렵다. 이때 앞부분이 길고 가는 포셉을 이용하면 쉽게 바늘을 빼낼 수 있다. 5천원~1만원

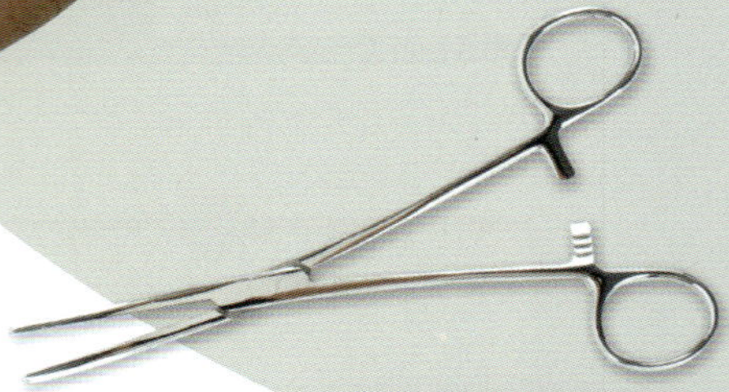

●라인커터&합사 가위
낚싯줄을 자를 때 꼭 필요하다. 나일론줄이나 카본줄 같은 경심줄을 자를 때는 커터기를 사용한다. 그리고 원줄로 많이 쓰는 합사는 커터기로 자르기 어렵기 때문에 합사 전용 가위를 써야 한다. 커터기와 합사 가위 가격은 각각 1만원~2만원.

쿨러 겸용 태클박스

핑거글러브

포셉

라인커터

합사가위

갯바위장화

▲속초 낚시인 신정식씨가 자작해 쓰는 미끼 보관통 겸 태클박스.

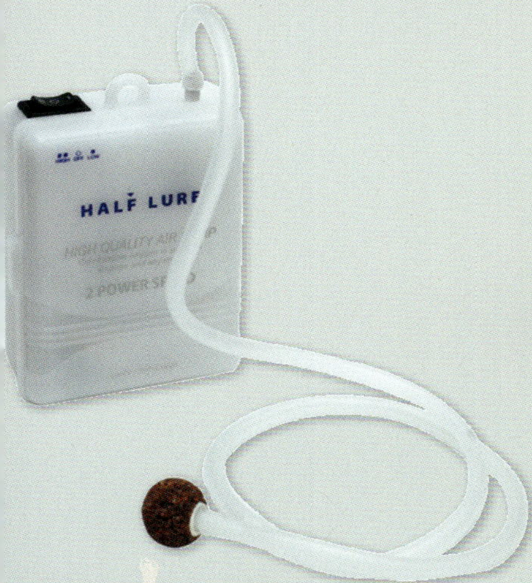

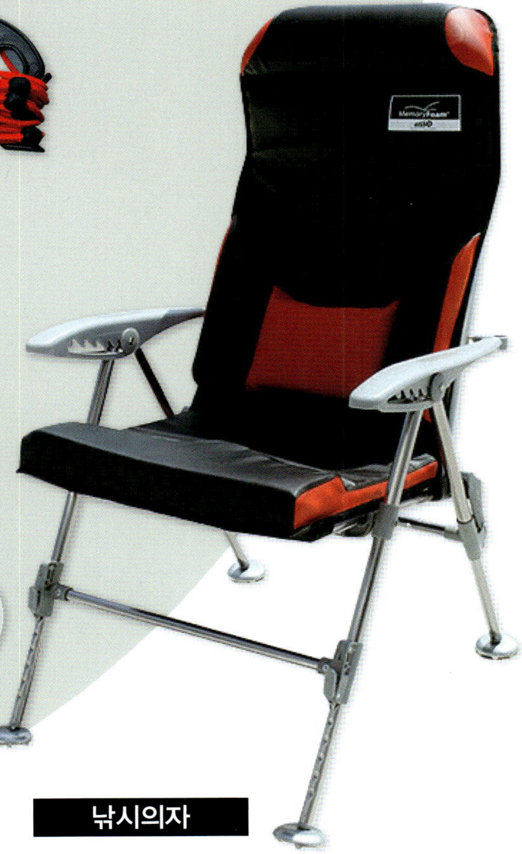

두레박

기포기

낚시의자

● 갯바위장화

갯바위나 방파제에서 미끄러짐을 방지하는 신발이다. 백사장에서는 모래에 발이 빠지는 것을 막아주며 간만조의 차가 큰 서해안의 갯벌에서도 갯바위장화를 신으면 이동하기 매우 편하다. 가격은 5만원~20만원.

● 두레박

끈이 달린 두레박 형태의 작은 물통이다. 방파제처럼 높은 곳에서 바닷물을 퍼 올릴 때 매우 요긴하다. 위쪽이 그물망 구조로 돼 있는 두레박은 작은 물고기를 담아 물속에 담가서 오래 살릴 수도 있다. 아울러 바람이 강하게 불 때 삼각받침대 중앙에 물을 담은 두레박을 매달아 놓으면 받침대가 잘 넘어지지 않는다. 가격은 5천원~1만원.

● 기포기

낚은 고기를 살릴 때도 사용하지만 개불, 새우 같은 생미끼를 살려서 보관할 때 꼭 필요하다. 가격은 9천원~3만원.

● 낚시의자

원투낚시는 한 포인트에서 장시간 대기하며 입질을 기다릴 때가 많기 때문에 낚시의자를 사용한다. 낚시의자는 등받이가 있어야 하고 등받이 각도 조절이 가능한 게 좋다. 갯바위에서도 사용하려면 다리 네 개가 모두 높낮이 조절이 가능한 제품을 구입해야 굴곡이 심한 갯바위에서 편하게 사용할 수 있다. 가격은 8만~15만원.

Chapter

3

원투낚시 채비

Chapter 3 원투낚시 채비

1 채비의 분류
고정식 vs 유동식 vs 반유동식

원투낚시 채비는 조구업체에서 만든 기성품(완성품)이 있고, 낚시인들이 직접 만들어 쓰는 자작품이 있다. 초보자들은 기성품 채비를 구입해서 사용하지만, 중급자나 베테랑 낚시인들은 스스로 만든 자작채비를 사용한다. 기성품이든 자작품이든 원투낚시 채비는 몇 가지의 일정한 패턴에 따라 제작되며, 각 패턴의 장점과 단점이 있기 때문에 적어도 두세 가지 이상의 채비를 가지고 낚시터로 나가게 된다.

구연권 대천 해동낚시 대표
penn·아부가르시아 필드스텝

원투낚시 채비의 분류

원투낚시 채비는 1차적으로 '고정식', '유동식', '반유동식'으로 구분된다. 이 구분은 봉돌이 낚싯줄 위에서 고정되느냐, 유동하느냐, 일부분만 유동하느냐로 나눈 것이다.

그리고 2차적으로 '편대채비', '가지채비', '구멍봉돌채비'로 나뉜다. 이 구분은 편대의 유무와 형태에 따라 나눈 것이다. 그래서 결과적으로는 편대채비는 '고정식 편대채비'와 '유동식 편대채비'와 '반유동식 편대채비'가 파생되고, 가지채비와 구멍봉돌채비도 각각 그와 같이 3개씩의 하위 채비가 파생되어 총 9종의 채비가 원투낚시에 사용되는 것이다.

그런데 그 과정에서 많이 사용되는 채비는 또 새로운 형태로 변형, 발전하여 아주 다양한 채비들이 쓰이고 있는데, 이러한 채비 종류의 증가는 곧 원투낚시의 발전을 나타낸다고 해도 무방하다. 초보자들은 낚시터 현장에서 너무 다양한 채비를 보게 되면서 혼란스러울 수도 있겠으나 큰 틀에서 보면 원투낚시 채비는 '봉돌의 유동에 따른 3종'과 '편대의 형태에 따른 3종'이 씨줄 날줄로 얽혀서 만들어진다는 사실을 이해하면 채비를 쉽게 이해할 수 있고, 자신이 원하는 낚시패턴에 맞는 채비를 만들 수 있다.

가장 많이 쓰는 3대 채비

최근 원투낚시 현장에서 가장 많이 쓰이는 채비는 다음과 같다.
첫째, 고정식이면서 L자형 편대를 쓰는 2단가지채비와 3단가지채비.
둘째, 유동식 채비 중 L형 편대 유동채비와 구멍봉돌채비.
셋째, 반유동식 채비 중 로케트편대(제트천칭), 쇼난천칭, 나고야천칭이다. 쇼난천칭과 나고야천칭은 일본의 쇼난과 나고야 지역에서 많이 사용하는 채비를 말한다.
그중에서도 가장 많이 쓰는 채비를 꼽으라면 ①2단가지채비(고정식), ②L형 편대채비(유동식), ③구멍봉돌채비(유동식)다.

L형 편대가 대세로 자리 잡았다

원투낚시 초창기에는 구멍봉돌채비를 많이 썼다. 구멍봉돌채비는 구멍봉돌에 원줄을 꿴 후 원줄 끝에 쿠션고무와 도래, 목줄을 연결하는 아주 간단한 형태이다. 이 채비는 손으로 들고 있으면 일자로 늘어져 심플하

원투낚시 3대 인기 채비

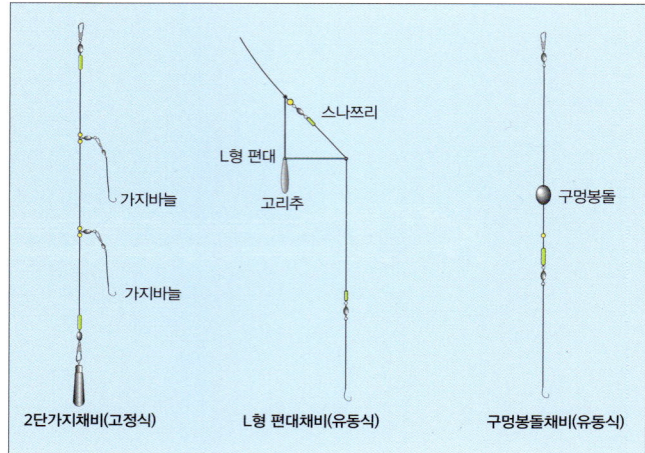

알쏭달쏭 용어 정리
편대와 천칭(덴뼁)은 같은 의미

낚시채비에서 기둥줄로부터 목줄을 벌리기 위해 사용하는 L자나 T자 강선을 한국에선 '편대', 일본에선 '덴뼁'이라고 한다. 덴뼁은 손저울인 천칭(天秤)의 일본어 발음이다. 귀금속의 무게를 재기 위해 사용한 옛날 손저울이 천칭인데, 채비의 모양이 천칭을 닮았다 하여 붙은 이름이다.

바다낚시 초창기인 1970년대에 일본의 덴뼁이 한국에 수입되어 일본명 그대로 쓰이던 것을 〈바다낚시교실〉의 저자 이일섭 선생을 비롯한 낚시춘추 필자들이 '편대'라는 우리말로 바꾸어서 쓰기 시작하였다. 오늘날 원투낚시인들은 편대라는 말보다 일본식 표기인 천칭을 더 많이 쓰고 있는데, 가급적 편대로 부르는 게 좋겠다.

한편 천칭 대신 '천평'이라 부르는 사람도 있는데, 칭(秤)이라는 한자가 평(枰)자와 흡사하여 누군가 잘못 부르기 시작한 데서 기인한 오류이다.

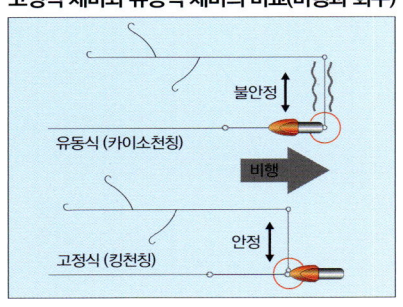
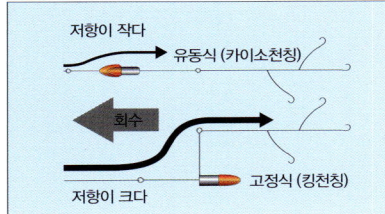

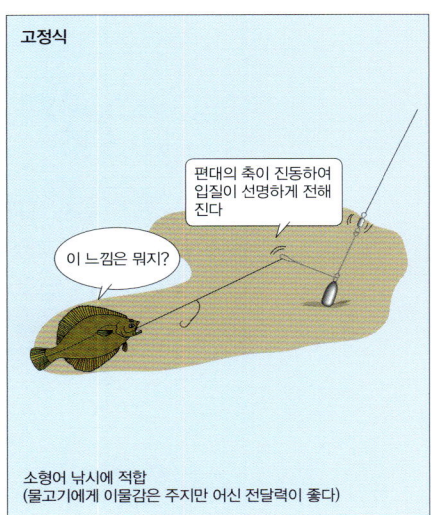

지만 원투 때 무거운 봉돌이 먼저 날아가기 때문에 뒤따르는 목줄과 원줄이 서로 꼬이는 단점이 있다. 그것을 보완하기 위해 나온 것이 편대채비다.

편대는 몇 가지 형태가 있는데 그중 'L'자형이 가장 엉킴이 적어 널리 사용되고 있다. L자로 꺾여있는 편대(주로 금속 재질이지만 플라스틱 재질도 있다.)의 길이만큼 목줄과 원줄 간 간격을 벌려 놓으므로 채비의 비행 시 또는 수중 착수 이후 서로 엉키는 것을 최대한 방지하게 된다.

특히 보리멸이나 가자미 낚시처럼 여러 개의 바늘을 달아 쓰는 낚시에서는 가짓줄의 수가 많은 만큼 채비 엉킴 위험이 높다. 따라서 채비 엉킴을 구조적으로 사전에 방지하는 L형 편대의 중요성이 매우 크다고 하겠다. 반면 감성돔, 참돔 같은 대형 어종을 노리는 낚시에선 여전히 구멍봉돌채비를 사용하고 있다. 대형어 낚시는 큰 고기를 안전하게 끌어내는 게 목적이므로 밑걸림 위험이 높은 다수확 채비는 오히려 방해가 된다. 그래서 심플한 구멍봉돌 채비를 쓰며 외바늘로 사용해 채비 엉킴 위험을 줄이는 것이다.

L형 편대가 국내 원투낚시에서 널리 사용된 것은 비교적 최근의 일이다. 전문 원투낚시인들 사이에서 일본에서 사용하는 유동식 L형 편대가 '채비 엉킴이 적다'는 입소문을 타면서 삽시간에 유행하기 시작했다. 지금은 우리나라의 큰 낚시매장이나 온라인 유통업체, 원투낚시 전문점에서 일본제 L형 편대채비를 판매하고 있으며 국산 제품도 속속 출시되고 있다. 일본 쇼핑몰을 통해 직구하는 낚시인들도 많다.

고정식과 유동식의 장단점 비교

고정식은 목줄이 봉돌에 고정돼 있어 물고기가 입질하면 봉돌 무게를 그대로 느끼는 방식을 말한다. 반대로 유동식은 채비가 편대나 봉돌 속의 구멍을 통해 자유롭게 움직임으로 봉돌 무게로 인한 이물감을 덜 느끼게 된다.

유동식 채비는 던질 때는 봉돌이 도래 쪽에 붙어있어 잘 날아가고, 착수 후에도 원줄을 팽팽하게 유지하면 자연스럽게 도래와 봉돌이 맞붙어 있다. 그리고 이 상태에서 고기가 미끼를 물고 도주하게 되면 봉돌은 가만히 있고 채비만 끌려가게 되므로 고기가 이물감을 덜 느끼게 되는 것이

다. 그래서 망둥어를 노리는 초저가 묶음추 채비가 아니라면 바다낚시에 사용하는 대부분의 원투낚시 채비는 유동식을 사용하고 있다.

그러나 고정식 채비의 장점도 있다. 비행 시 안정감이 뛰어나서 비거리가 길고, 어신이 뚜렷하게 전달된다. 물고기가 미끼를 물고 채비를 당겼을 때 고정식 채비는 이물감은 크지만 낚싯대에 전해지는 어신은 선명하게 나타나서 입질 여부를 쉽게 판단할 수 있다. 이런 장점은 입질과정에서 경계심이 타 어종에 비해 적은 보리멸이나 가자미를 낚는 데는 크게 작용한다. 그래서 보리멸, 가자미 원투낚시에서 고정식 채비를 선호하는 낚시인들이 많다.

고정식 채비의 종류

■ L형 고정 편대

싱커를 중심으로 강선 2가닥이 90도로 꺾여 있는 채비다. 벌어져 있는 강선으로 인해 채비의 비행 중 목줄과 원줄 간의 엉킴을 줄여준다. 따라서 안심하고 목줄의 길이를 길게 사용할 수 있고 더불어 여러 개의 바늘을 단 가지채비도 쉽게 사용할 수 있다.

L형 고정 채비의 또 다른 장점은 보리멸, 도다리 등을 노릴 때 사용하는 끌낚시 기법에서 두드러진다. 채비를 끌어주며 선행하는 싱커와 편대가 모래먼지를 일으켜 대상어의 호기심을 유발하기 때문이다.

■ 묶음추 채비

망둥어, 쥐노래미 등을 낚을 때 주로 사용하는 저렴한 채비를 말한다. 3~4개씩 포장돼 있으며 1천원 정도면 구입할 수 있다. 봉돌이 가장 밑에 달려 있고 기둥줄에 2~3개의 가짓줄이 달린 형태이다. 가짓줄이 2개이면 2단, 3개이면 3단 채비인 셈. 전문 낚시인들도 바늘

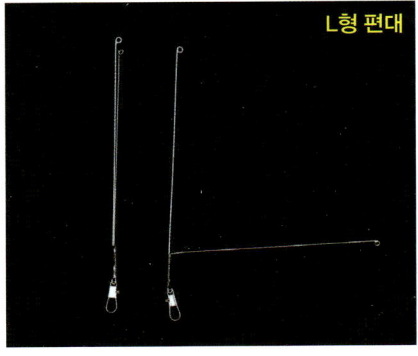

원투낚시 채비에 필요한 소품들

❶ 야광 쿠션고무 : 밤낚시에 사용, 바늘 위에 결합함.
❷ 야광 채비구슬 : 편대 고정 시 사용.
❸ 야광 고무호스 : 붕장어 채비에서 바늘 위 목줄을 보호하고 축광으로 집어 효과 기대.
❹ 야광 고무호스 : 축광이 더 오래 지속되는 제품.
❺ 채비용 구슬 : 편대 또는 채비를 고정할 때 사용.
❻ 쿠션고무 S : 봉돌 밑에 달아서 봉돌이 줄을 쳐서 손상시키는 것을 방지.
❼ 쿠션고무 L
❽ 야광 구슬
❾ 슬리브 압착집게 : 고리를 만들 때 쓰는 슬리브(13번)를 압착할 때 사용.
❿ 라인 커트기
⓫ 라인결속기 : 힘사+힘사, 힘사+합사 등 낚싯줄 연결 시 묶음 후 양쪽에서 힘껏 잡아당길 때 사용.
⓬ 롱로우즈 : 강선을 자르거나 구부리는 등 다용도로 사용.
⓭ 슬리브
⓮ 맨도래 8호
⓯ 맨도래 10호 : 구멍봉돌 아래 쪽, 바늘을 연결할 때 사용.
⓰ 회전 삼각도래 : 버림봉돌채비에서 사용.
⓱ 채비용 파이프 도래 1.8Ø : 채비 줄 1.8Ø 미만에 사용.
⓲ 채비용 파이프 도래 2.2Ø : 채비 줄 2.2Ø 미만에 사용.
⓳ 줄보기 케미(케미 핀도래) : 야간낚시에서 원줄 핀도래에 연결하여 채비 투척 위치 확인, 채비 회수 시 위치 확인용, 집어 효과도 기대.
⓴ 뱅뱅이 채비 : 도다리(가자미) 채비, L형 싱커, 로켓 싱커에 연결하는 채비에 사용.
㉑ 유동구슬 회전도래 : 유동채비에 고리봉돌을 이용할 수 있게 연결함.
㉒ 스냅도래 : 핀도래보다 더 강한 결합을 요하는 채비에 사용.
㉓ 핀도래 1호
㉔ 롤링 핀도래 8호 : 보리멸 채비에 사용.
㉕ 양핀도래
㉖ 핀도래 10호

원투채비의 적절한 목줄 길이

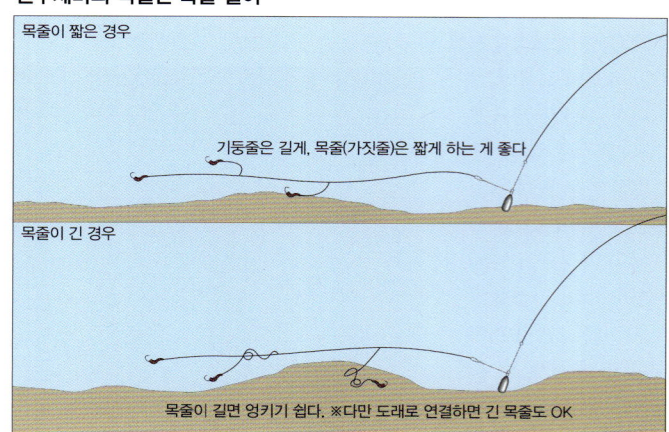

조류가 빠른 장소의 목줄채비

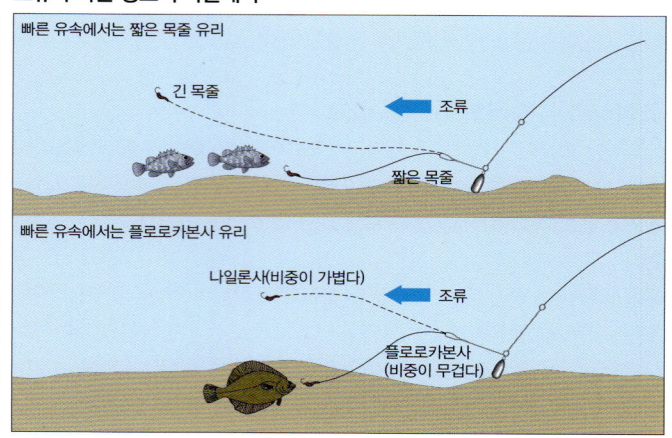

을 깊이 삼켜 빼내기 어려운 붕장어낚시에선 저렴한 묶음추 채비를 많이 쓴다.

유동식 채비의 종류

■ L형 유동 편대

L형 고정 편대와 마찬가지로 2가닥의 강선이 꺾여 있으며 형태도 동일하다. 다만 고정식은 원줄을 편대의 양쪽 고리에 묶어 사용하는 데 반해 유동식은 원줄을 편대의 양쪽 고리에 관통시켜 사용한다는 게 차이점이다. 아래쪽 고리에 통과시킨 원줄 끝에 도래를 묶으면 원줄은 위로는 못 움직이지만 아래로는 움직인다. 즉 고기가 입질하면 봉돌과 편대의 무게 영향 없이 목줄이 끌려가게 돼 이물감이 덜해지는 것이다. 구멍봉돌 유동채비와 동일한 원리라고 하겠다. L형 편대는 일부 낚시인들이 자작을 하기도 하지만 대체적으로 유명 조구사에서 제작한 기성품을 많이 사용한다.

■ 구멍봉돌채비

원줄 혹은 기둥줄에 구멍봉돌을 꿰고 줄 끝에 도래와 바늘채비를 단 단순한 구조다. 만들기 쉽고 많이 사용한다. 입질이 오면 봉돌의 구멍 사이로 낚싯줄이 당겨지기 때문에 봉돌로 인한 이물감이 적다.

다만 현재 유동식으로 사용할 수 있는 구멍봉돌이 대부분 둥근 원형이다 보니 밑걸림이 심한 곳에서 회수할 때 부상 각도(바닥에서 떠서 끌려오는 각도)가 낮아 밑걸림이 발생하는 경우가 잦다.

최근의 봉돌들은 날개가 달렸거나 형태를 유선형으로 디자인해 릴링과 동시에 높게 부상하는 제품이 많다. 따라서 바닥이 평평하고 밑걸림이 적은 모래바닥에서 낚시할 때는 큰 문제가 없지만 밑걸림이 아주 심한 곳이라면 같은 구멍봉돌이라도 부상력이 좋게 디자인된 구멍봉돌을 구해 사용하는 것이 유리할 것이다.

반유동식 채비의 종류

앞서 설명한 고정식과 유동식을 조금씩 절충한 채비들을 반유동식이라 부른다. 요즘 각광 받고 있는 제트천칭과 쇼난천칭이 반유동식 채비이며, 버림봉돌채비도 반유동식에 해당된다.

■ 쇼난천칭

일본에서 '강선을 이용한 채비의 꽃'이라 불릴 정도로 성능을 인정받은 과학적인 채비이다. 90도 각도인 기존 L형 편대의 경우, 비행 시 편대와 목줄이 공기 저항을 받아 실제로는 원줄 쪽으로 각도가 더 좁아져 원줄과의 꼬임 위험이 높아지는 반면, 쇼난천칭은 목줄을 연결하는 편대의 각도가 약 60도 정도여서 비행 시 저항을 받게 되면 각도가 90도 정도를 유지하게 된다. 그만큼 원줄과의 엉킴 위험이 적어지는 것이다.

여기에 봉돌이 편대를 따라 유동하기 때문에 물고기의 입질 때 이물감이 적은 것이 장점. 원하는 무게의 봉돌 교체가 자유롭고 휴대 시에는 반으로 접을 수 있는 구조여서 매우 편리하다.

■ 제트천칭

제트천칭의 가장 큰 특징은 날개가 달린 로케트 싱커를 사용한다는 점이다. 채비를 걷을 때 곧바로 부상하기 때문에 그만큼 밑걸림이 적다. 편대의 구조는 물론 비행 시 채비 각도 또한 쇼난천칭과 동일하다. 다만 쇼난천칭은 원하는 봉돌로 수시 교체가 가능하지만 제트천칭은 교체가 불가

원투낚시용 각종 편대

명칭	형태	특징
L형 편대 (고정식)		*원투성이 뛰어나 잘 날아간다 *채비가 엉키지 않는다 *조류에는 조금 떠내려가기 쉽다
L형 편대 (유동식)		*원투성이 뛰어나 잘 날아간다 *물고기 입질에 원줄이 움직여 이물감 감소 *조류에는 조금 떠내려가기 쉽다
제트편대		*밑걸림이 잘 생기지 않는다 *조류에는 조금 떠내려가기 쉽다
개량나고야편대		*밑걸림이 잘 생기지 않는다 *조류에는 조금 떠내려가기 쉽다
스파이크편대		*조류에 떠내려가지 않는다 *비거리가 많이 떨어진다

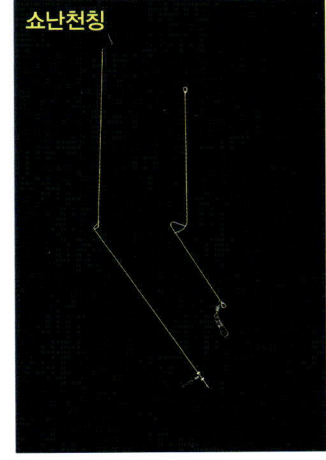
쇼난천칭

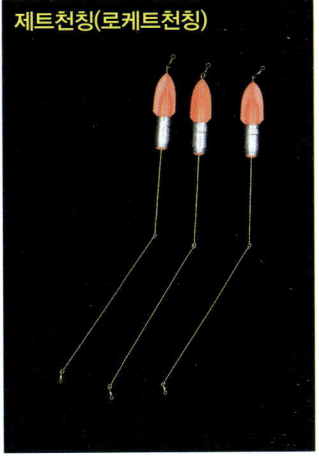
제트천칭(로케트천칭)

능해 원하는 사이즈의 제트천칭 세트를 여러 개 갖고 다녀야 한다.

일반적인 백사장의 보리멸, 도다리, 붕장어 낚시뿐만 아니라 밑걸림 심한 여밭지형의 감성돔 낚시에서도 뛰어난 효과를 발휘한다. 또한 100m 이상 루어를 날려 끌어들이는 서프 트롤링 시 마우스싱커(쥐 형태로 생긴 채비 부상력이 높은 싱커)의 대용으로도 사용할 정도로 공격적인 낚시를 지향하는 요즘 원투낚시 장르에 필요한 채비라 할 수 있다

Chapter 3 원투낚시 채비

2 구멍봉돌채비
감성돔, 참돔낚시의 주력채비

구멍봉돌채비는 원투낚시에서 오래전부터 사용해왔던 전통적인 채비이다.
구멍이 나 있는 봉돌에 낚싯줄을 관통시켜 유동식으로 사용하는데,
채비가 간결하고 튼튼하며 원투력도 뛰어나 초심자부터 전문 낚시인까지 두루 사용하고 있다

가장 심플하고 실전적인 채비

단 하나의 바늘과 잡다한 소품 없이 봉돌만 사용하는 구멍봉돌채비는 가장 심플하고도 실전에 강한 채비다. 원투낚시 캐스팅 때 간혹 목줄이 원줄과 꼬이는 경우가 있긴 하지만, 채비가 착수함과 동시에 줄을 잡아서 봉돌이 자연스럽게 목줄을 끌고 내려가게만 만들면 채비 엉킴은 거의 생기지 않는다. 감성돔, 참돔, 돌돔낚시 등 큰 힘을 요구하는 대물낚시에서 구멍봉돌채비가 널리 사용되고 있다.

구멍봉돌채비의 장점

■ **채비가 간결하다**
고리가 위, 아래에 달려있는 봉돌이나 편대는 각각의 고리에 원줄과 목줄을 연결해야 하지만 구멍봉돌은 내부에 나 있는 긴 구멍에 원줄을 삽입 후 도래를 이용해 원줄과 목줄을 연결한다. 봉돌의 위, 아래에 낚싯줄이 연결되는 것과 봉돌 하부에서 연결되는 것의 차이만으로도 채비가 간결해진다.

■ **이물감이 덜하다**
봉돌이 고정되지 않고 원줄 위에서 유동하기 때문에 물고기가 입질해 당기면 원줄만 끌려가게 된다. 봉돌 무게가 전달되지 않으므로 그만큼 물고기가 느끼는 이물감이 덜해진다.

■ **비거리가 뛰어나다**
편대채비는 구성이 다소 복잡하다보니 비행 시 채비가 받는 저항이 크다. 반면 구멍봉돌채비는 구멍봉돌 자체만 저항을 받기 때문에 그만큼 비거리가 뛰어나다.

■ **밑걸림 탈출 확률이 고정식보다 높다**
봉돌에 원줄을 바로 연결하면 밑걸림 때 빼내기가 어렵다. 반면 봉돌이 유동하면 채비를 당겼다 놨다 하는 과정에서 봉돌이 움직이면서 밑걸림에서 탈출할 확률이 그만큼 높아진다.
한편 단점은 바늘이 여러 개 달린 다단채비를 쓰기 어렵다는 것과(거의 외바늘만 쓸 수 있다), 투척 시 목줄과 원줄의 엉킴 확률이 높아서 목줄을 길게 쓰기 어렵다는 것이다.

동해 감성돔 원투낚시에서 재조명

구멍봉돌채비는 2013~2014년부터 폭발적 인기를 얻고 있는 동해안 감성돔 원투낚시에서 주력 채비로 쓰이고 있다. 동해안 감성돔낚시는 높은 파도가 일 때 조황이 좋은 특성상 속물의 일렁임에 수중에서 채비가 엉킬 수 있기에 심플한 구멍봉돌 외바늘채비가 가장 적합한 것으로 평가되고 있다.

구멍봉돌채비. 봉돌에 이렇게 수축고무를 입히면 반발력이 좋아져서 밑걸림이 줄어드는 효과가 있다.

구멍봉돌채비는 어신 전달이 뚜렷하고 손맛도 좋다. 다만 캐스팅 시 목줄과 원줄의 엉킴이 잦으므로 원줄은 합사보다 나일론줄이 적합하다. 봉돌의 무게는 동해안 감성돔 원투낚시에선 30호나 35호를 가장 많이 사용하고, 파도가 높아서 봉돌이 밀리거나 아주 멀리 원투할 필요가 있을 때는 40호 봉돌도 사용한다.

구멍봉돌채비의 두 가지 연결법

■ **원줄에 바로 관통해 사용**
원줄을 5~6호로 굵게 사용할 경우다. 원줄이 가늘면 구멍봉돌의 유동 또는 채비의 투척과 회수를 반복하면서 생기는 충격과 긁힘에 원줄이 터질 수 있지만 그 정도의 위험은 견딜 수 있는 굵은 원줄을 사용할 때는 원줄에 구멍봉돌을 바로 삽입하고 도래를 이용해 목줄과 연결한다. 물골을 노리는 서해안의 산란기 감성돔 원투낚시 또는 근거리의 깊은 수심을 노리는 낚시에서는 이 방식을 써도 무리가 없다.

■ **기둥줄에 관통해 사용**
초원투를 위해 33호 이상의 경질 낚싯대를 사용하고, 원줄을 합사 1~2호로 가늘게 사용하면 캐스팅 충격에 원줄이 쉽게 끊어지고 만다. 원투낚시에서는 보통 30호 이상의 봉돌을 사용하기 때문에 합사 1~2호로는 순간충격을 견디기 어렵기 때문이다. 특히 서해나 남해는 조류까지 빠르기 때문에 100m 이상 긴 원줄이 늘어지면 조류 저항이 매우 커 낚시가 불편해지므로 가급적 원줄을 가늘게 쓴다.
그래서 전문 원투낚시인들은 1~2호 합사 원줄에 힘사(쇼크리더) 3~4호를 10~15m 연결하고 그 끝에 또 굵은 나일론줄(경심줄)로 만든 기둥줄을 1~2m 길이로 연결해 쓰고 있다. 이때 구멍봉돌은 경심줄 채비 안에 위치하게 된다.

구멍봉돌채비

* 구멍봉돌채비는 도미류 등 대물을 노릴 때 주로 사용한다.
* 구멍봉돌채비는 편대채비보다 목줄의 엉킴이 심한 편이다. 채비 엉킴을 방지하기 위해 목줄을 짧게 쓰고 굵은 줄을 사용한다. 캐스팅할 때는 부드럽게 밀어 치며, 채비가 착수될 시점에는 풀려나가는 원줄을 잡아서 채비가 반듯이 정렬되게 유도한다.
* 편대채비는 기성품을 많이 쓰지만 구멍봉돌채비는 제작이 간편하여 대부분 직접 만들어 쓴다.

나일론 원줄 사용 시
원줄 나일론 2~3호 + 힘사 12호
테이퍼라인(2~12호, 3~12호)
15m 조합이 많이 쓰인다.

PE라인 원줄 사용 시
1~2호 + 힘사(PE 3호)
동해에서는 3호, 서해에서는 6호 사용
※서해안은 밑걸림이 심해 굵은 원줄을 주로 사용하고, 동해안은 밑걸림은 적은 대신 파도가 높아 파도를 적게 타는 가는 원줄을 사용하고 대신 줄 터짐을 방지하기 위해 PE 3호(혹은 나일론 힘줄 2~12호, 길이 15m)를 직결한다.

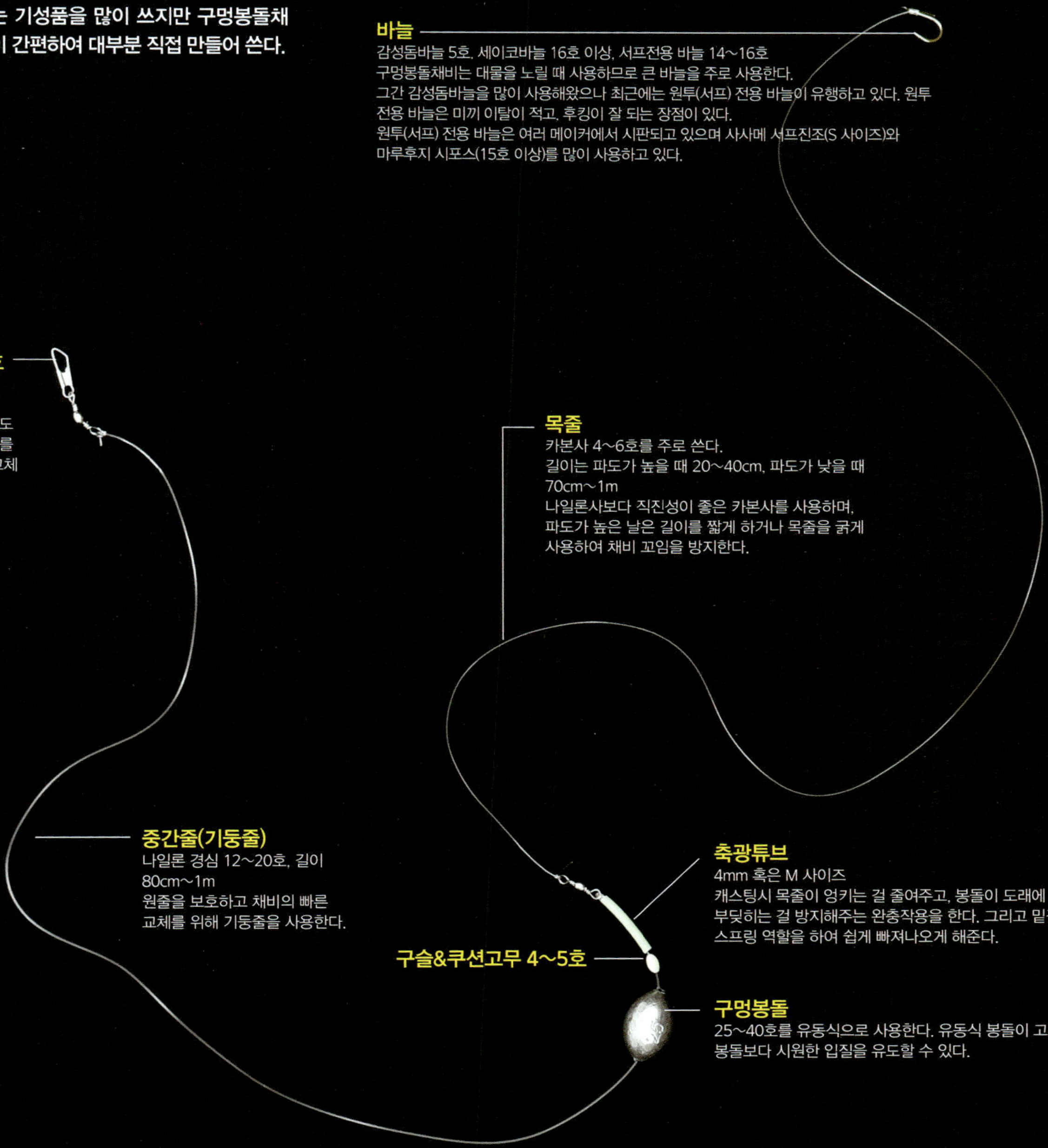

바늘
감성돔바늘 5호, 세이코바늘 16호 이상, 서프전용 바늘 14~16호
구멍봉돌채비는 대물을 노릴 때 사용하므로 큰 바늘을 주로 사용한다.
그간 감성돔바늘을 많이 사용해왔으나 최근에는 원투(서프) 전용 바늘이 유행하고 있다. 원투 전용 바늘은 미끼 이탈이 적고, 후킹이 잘 되는 장점이 있다.
원투(서프) 전용 바늘은 여러 메이커에서 시판되고 있으며 사사메 서프진조(S 사이즈)와 마루후지 시포스(15호 이상)를 많이 사용하고 있다.

스냅도래 5호
원줄을 여기에 연결한다.
핀도래를 사용해도 되지만 스냅도래를 사용하면 채비 교체 시 편리하다.

목줄
카본사 4~6호를 주로 쓴다.
길이는 파도가 높을 때 20~40cm, 파도가 낮을 때 70cm~1m
나일론사보다 직진성이 좋은 카본사를 사용하며, 파도가 높은 날은 길이를 짧게 하거나 목줄을 굵게 사용하여 채비 꼬임을 방지한다.

중간줄(기둥줄)
나일론 경심 12~20호, 길이 80cm~1m
원줄을 보호하고 채비의 빠른 교체를 위해 기둥줄을 사용한다.

축광튜브
4mm 혹은 M 사이즈
캐스팅시 목줄이 엉키는 걸 줄여주고, 봉돌이 도래에 부딪히는 걸 방지해주는 완충작용을 한다. 그리고 밑걸림 시 스프링 역할을 하여 쉽게 빠져나오게 해준다.

구슬&쿠션고무 4~5호

구멍봉돌
25~40호를 유동식으로 사용한다. 유동식 봉돌이 고정식 봉돌보다 시원한 입질을 유도할 수 있다.

Chapter 3 원투낚시 채비

3 편대채비
가자미, 보리멸 낚시의 표준채비

원투낚시에서 가장 많이 쓰이는 채비는 편대채비다.
편대채비의 특징은 바늘을 두 개 이상 다는 것이다. 즉 다수확을 노릴 때 사용하는 채비다.
편대(천칭)의 역할은 여러 개의 바늘채비가 서로 엉키지 않게 벌려주는 것이다.
편대에는 여러 가지 형태가 있지만 가장 많이 쓰이는 것은 L형이다.

박광호 시마노 필드스탭
대물던질낚시카페 매니저

편대의 기능
편대(천칭)는 두 개 이상의 바늘채비를 달았을 때 바늘과 낚싯줄이 엉키지 않도록 벌려주는 역할을 한다. 편대가 없는 구멍봉돌채비를 캐스팅하면 봉돌이 선행하고 그 뒤로 목줄이 따라오는 형태가 되면서 원줄과 채비 간 꼬임이 생긴다. 또한 착수 시에도 봉돌이 먼저 가라앉으면서 채비를 끌고 내려가기 때문에 역시 원줄과 채비가 꼬일 위험이 생기는 것이다.(이런 점을 방지하기 위해 구멍봉돌채비를 쓸 땐 캐스팅 직후 다시 원줄을 감아 주는 동작을 통해 봉돌과 채비를 일렬로 정렬시킨다.)
이러한 구봉봉돌채비의 단점을 보완한 것이 편대채비이다. 편대는 벌어진 편대의 길이만큼 목줄과 원줄 간의 간격이 벌어지므로 캐스팅과 착수 때 모두 채비 엉킴 위험이 그만큼 줄어들고, 그에 따라 목줄을 길게 쓰거나 바늘이 여러 개 달린 가지바늘채비를 연결해 쓰기에도 유리하다.

편대의 단점
편대채비의 단점은 편대가 벌려주는 길이가 길수록 채비 엉킴 가능성은 적으나 비행 시의 공기저항이 커져서 비거리가 감소한다는 것이다. 따라서 원투용 편대는 그 형태가 단순하고 약간 짧은 것이 좋다.
또 편대채비는 구멍봉돌채비에 비해 크고 바늘이 많기 때문에 수중에서 조류에 밀리는 정도가 심하고 밑걸림 위험도 구멍봉돌보다 높다. 따라서 바닥이 험한 암초대에서는 적합하지 않고, 깔끔한 모래바닥에서 써야 한다.

편대의 형태
편대의 형태에는 L형, A형, T형, 역V형, 일자형 등이 있는데 가장 많이 사용하고 기본이 되는 것은 L형이다. 그 이유는 L형이 넓게 벌려주는 편대 본연의 기능에 가장 충실하기 때문이다. L형 편대는 다시 유동형과 고정형으로 나뉘는데, 기본 형태는 같다.
유동형 편대채비는 물고기 입질 시 이물감이 적고, 편대 양쪽 고리의 구경이 고정식 편대보다 큰 만큼 모래 같은 이물질이 끼이지 않는데 그 덕분에 채비를 끌었다 놨다 하는 끌낚시에 편리하다. 이런 장점으로 인해 L형 편대 유동식 채비는 보리멸이나 도다리뿐만 아니라 감성돔, 참돔, 농어 등 예민한 어종의 공략에 아주 유용하다.

한편 편대는 봉돌이 붙어 있는 봉돌일체형과 봉돌을 뗐다 붙였다 할 수 있는 봉돌분리형이 있는데, 분리형이 더 발전한 형태다. 봉돌의 형태와 무게 변화가 편한 장점 때문에 분리형을 많이 쓴다.

꼰줄(스나쯔리)의 역할
한편 L형 유동 편대채비에는 원줄과 목줄 사이에 목줄 몇 가닥을 꼬아 만든 꼰사나 강선(와이어, 길이 40~50cm)을 연결하는데, 이를 '스나쯔리'라고 부른다. 이 스나쯔리는 바닥에 노출된 채비를 보호할 뿐만 아니라 캐스팅 시 목줄 부분이 잘 꺾이지 않게 하여 채비 엉킴을 방지하기 위한 목적으로 사용한다.

고정식 편대
편대채비는 크게 고정식, 유동식, 반유동식(반고정식)이 있다. 고정식은 편대의 위쪽에 원줄이나 힘사를 연결하고, 다른 한쪽에는 외바늘 목줄이나 바늘이 여러 개 달린 다단채비를 각각 연결해 사용하는 채비를 말한다. 따라서 입질이 오면 대상어가 편대의 중앙에 달린 봉돌의 무게를 바로 느끼게 돼 이물감을 줄 수 있다. 봉돌 무게로 인해 약한 입질은 전달력이 약해져서 간파하지 못할 수도 있다.
반면 채비의 구조상 약간 복잡한 구성인 유동식보다 비거리가 더 나오며 벌어져 있는 강선으로 인해 비행 중 목줄의 엉킴을 줄여주기 때문에 목줄의 길이를 길게 사용할 수 있다. 원줄과 채비가 다이렉트로 연결돼 감도가 좋다는 것도 장점이다. 따라서 비거리를 늘리는 동시에 탐식성인 도다리, 쥐노래미, 보리멸 등을 노릴 때는 굳이 유동식을 쓸 필요 없이 고정식을 쓰는 게 훨씬 효율적이다. 특히 미세한 차이지만 거치식이 아닌 끌낚시로 대상어의 입질을 파악할 때도 입질이 다이렉트로 전달되는 고정식이 유동식보다 유리하다.

유동식 편대
유동식 편대채비의 가장 큰 장점은 원줄 또는 힘사가 봉돌 무게와 관계없이 자연스럽게 방출되기 때문에 물고기에게 이물감을 주지 않는 점이다. 물고기들은 그만큼 더 공격적으로 미끼를 취하게 된다. 미끼를 씹으

비행 시 편대의 역할

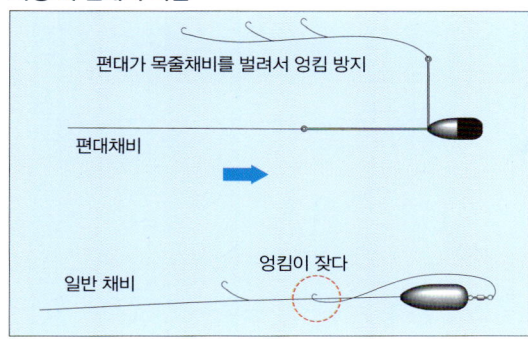

편대채비의 비행 모습

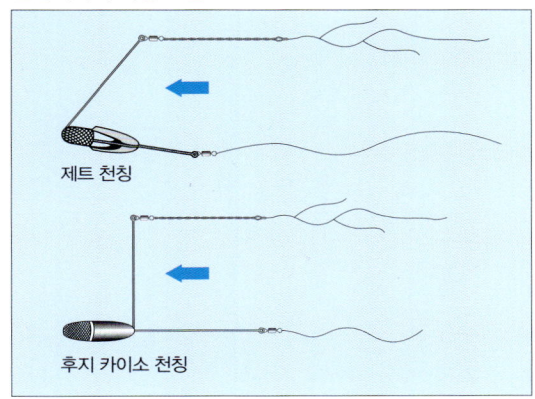

편대채비의 종류와 특징

구분			명칭 및 제품명	특징
방식	모양	봉돌 연결방식		
고정식	L형	봉돌일체형	후지 카이소, 다이와 탑건	비거리 일부 증가
		봉돌일체형	하야부사, L형천칭, 후치와라 서프천칭 등	
	기타 (A형, 역V형, T형, 궁형)	봉돌일체형 봉돌분리형	람다, 마루후지 스러스트 천칭 등	
유동식	L형	봉돌일체형	후지 유동 카이소, 타카타 로켓천칭, 후지와라 L캐치, 다까미야 히트천칭2 등	위화감 감소 (입질 상승) 비거리 일부 감소
		봉돌분리형		
	기타 (일자형)	봉돌분리형	유동식 쇼난천칭(비행 시 L형)	
반유동식 (반고정식)	L형	봉돌일체형	OGK 뉴BB플롯천칭 등	고정식과 유동식 장점의 조화
		봉돌분리형	나고야천칭	
	기타 (일자형)	봉돌일체형	제일정공 킹천칭, 제일정공 스파이크천칭 택틱스 엔조이 소닉천칭, 제트천칭 등	
		봉돌분리형	반유동식 쇼난천칭(비행 시 L형)	

※ 반유동식 채비 중 나고야천칭, 쇼난천칭 등 일본 지명으로 통칭되는 채비 중에는 유동식이면서 반유동식, 고정식이면서 반고정식인 채비도 있다.

며 탐하는 감성돔, 참돔, 대형 쥐노래미, 농어, 광어, 양태 등을 낚을 때 매우 요긴한 채비라고 할 수 있다. 특히 대물에 대비해 드랙을 풀어 놓고 입질을 기다리는 거치식 낚시에서 장점이 빛을 발한다고 할 수 있다. 유동식 편대는 구멍이 넓어서 모래가 끼지 않아 백사장에서 끌어주는 낚시가 가능하다. 채비가 약간 복잡해 고정식에 비해 비거리 손실이 약간 있지만 큰 단점은 아니다.

반유동식 편대

반유동식 편대채비는 캐스팅 시 비행자세는 L자형, 착수 후에는 봉돌을 포함한 채비가 전체적으로 일직선이 되는 구조다. 봉돌이 채비와 일체화되어 있지만 봉돌이 편대 한 쪽의 축에서 유동하므로 물고기의 입질시 봉돌로 인한 이물감이 덜하다.(대상어가 입질 후 돌아설 때가 되야 봉돌의 무게를 느끼게 된다). 착수 후에는 채비가 거의 일자형이 되기 때문에 봉 밑걸림도 일부 줄여준다.

반유동식 편대 채비 중에는 목줄을 연결하는 편대 끝의 구멍이 유동식 편대채비처럼 넓은 제품도 있어 채비 시스템을 유동식처럼 사용할 수 있는 제품도 있다. 즉 유동식 채비의 장점인 이물감 감소와 고정식 채비의 장점인 비거리 확보를 동시에 꾀하고, 보관 때는 채비가 접혀 수납이 편한 점도 장점이다. 유동식 채비의 장점인 초기 이물감 최소화보다는 즉 각적인 어신 파악에 중점을 둔 채비이며 평소 일자형이라서 좀 더 정확한 투척을 요할 때도 요긴하다. 해초, 수중여 등을 피해 공격적으로 끌낚시를 할 때도 사용된다.

단점으로는 비행 시 목줄이 통과하는 편대 부분이 고정되어 있지 않아 불안정하고, 비행 시 혹은 착수 시 잘 엉키기 때문에 목줄을 유동식이나 고정식 L형 채비만큼 길게 사용하면 불편하다는 것이다. 또 대부분의 원투용 유동봉돌이 일자형이기 때문에 조류의 영향을 받아 바닥에서 구르기 쉽다.

현재 시판되고 있는 일본 편대채비들

■ 후지 카이소(L형, 봉돌일체형)

고정식 L형 편대채비의 대표적인 제품이다. 녹색의 플라스틱으로 된 봉돌 상단에 공기가 차있어 회수 시 부상력이 발생해 밑걸림을 일부 줄여준다. 끌낚시 때도 채비가 일부 선 상태로 회수되므로 채비 끝에 달린 바늘이 바닥에서 살짝 띄워지는데 이는 대상어 입질 유도에 장점으로 작용한다.

■ 다이와 탑건(L형, 봉돌일체형)

고가의 제품으로 수중여가 없는 해변에서 보리멸낚시에 주로 사용되며 봉돌이 텅스텐으로 제조된 제품이다. 텅스텐은 납이나 철보다 비중이 높아 같은 무게의 봉돌이라도 크기가 작아지며 이는 공기저항 감소에 의한 비거리 증가로 나타난다.

■ 람다 천칭(A형, 봉돌일체형)
람다 천칭의 가장 큰 특징은 L자형 천칭과 달리 목줄 연결부 편대가 원줄에 더 가까운 곳에 위치하고 연결돼 있어 입질 감도가 L형보다 좋다는 것이다. 다만 L형 채비보다 수심, 바람, 조류에 의하여 목줄에 채비가 엉킬 가능성이 높다.

■ 마루후지 스러스트 천칭(T형, 봉돌분리형)
목줄부 편대의 길이에 따라 선상낚시 채비와도 비슷하지만 원투를 위해 목줄부 편대의 길이를 다소 짧게(선상 채비 대비) 만든 채비이다. 주로 초원투보다는 중투, 근투에 사용되며 망둥어 던질낚시 등 초보자가 사용하는 경우가 많다. 전체적으로 L형과 비슷하지만, 원줄 쪽 편대가 짧아 캐스팅 시 봉돌을 포함한 전체 채비가 원줄과 좀 더 가깝게 느껴져 캐스팅에 대한 부담도 적다.

■ 후지 카이소 유동식 천칭(L형, 봉돌일체형)
대표적인 유동식 L형 편대채비이다. 고정식 제품과 마찬가지로 녹색 플라스틱 부분 때문에 회수 시 약간의 부상력이 있으며, 편대 2가닥 강선 중 구멍이 더 넓은 쪽을 옆으로 90도 정도 구부려 사용한다. 원줄이나 힘사를 작은 구멍으로부터 통과하여 목줄과 도래로 연결하고 큰 구멍 쪽에 통과시켜 사용한다.

■ 제일정공 킹천칭(제트천칭, 일자형, 봉돌일체형)
가장 보편적인 반유동식 편대채비이다. 주황색 플라스틱 부분의 날개가 채비 회수 시 부력을 발생시키고, 채비 정렬 및 회수 시 일자형이 되기 때문에 밑걸림 지역의 록피시 낚시에 일반 고정식 채비보다 유리하다. 이런 점에서 루어(인조미끼)를 이용한 끌낚시에도 사용된다.

■ 제일정공 스파이크 천칭(일자형, 봉돌일체형)
일자형 채비 중간에 로케트 봉돌이 달린 킹천칭과 달리 이 채비는 로케트 봉돌 대신 스파이크 봉돌(동그랗고 돌기가 나 있어 바닥에 딱 달라붙는 봉돌)이 달려 있는 게 다른 점이다. 조류의 흐름이 빠른 곳에서도 스파이크 봉돌로 인해 조류에 덜 밀리게 된다. 따라서 제일정공 킹천칭과 유형은 같으나 끌낚시에 사용은 어렵다.

■ 쇼난천칭(L형, 봉돌분리형)
봉돌이 분리되고, 두 개의 편대가 중앙으로 연결돼 합쳐져 보관이 매우 편리하다. 대부분은 편대의 양쪽 다 구멍이 작아 보리멸 등 끌낚시에서 반고정식(반유동식)으로 사용하나 유동식 편대채비처럼 한쪽 편대의 구멍이 넓어 유동식으로 사용할 수 있는 제품도 있다. 두 개의 편대지점의 접힘 각도에 따라 채비 정렬 시 L형이 되는 제품도 있고, 일자형이 되는 제품도 있어 형태는 구분되지만, 공통점은 봉돌이 분리되고 봉돌이 반유동한다는(한쪽 편대 길이 내에서 유동) 점이다. 단점으로는 다른 반유동식 채비와 마찬가지로 비행 중 자세가 약간 불안하고, 간혹 목줄이 엉킬 수 있다.

원투낚시에 사용되는 일본 편대채비들

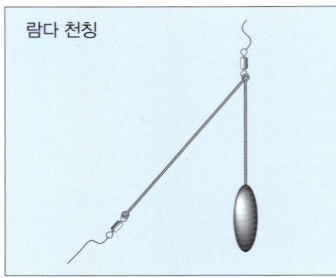
람다 천칭

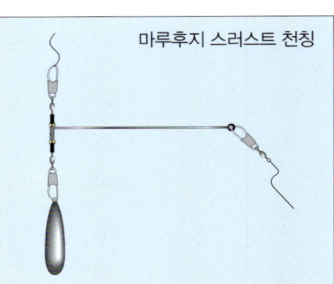
마루후지 스러스트 천칭

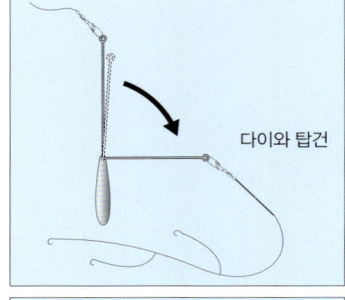
다이와 탑건

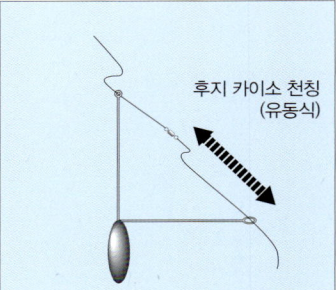
후지 카이소 천칭 (유동식)

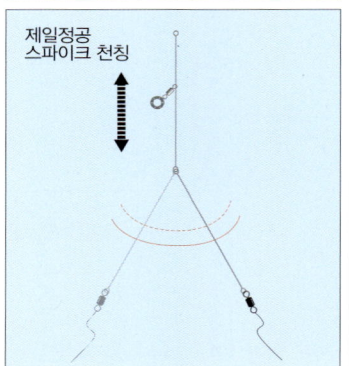
제일정공 스파이크 천칭

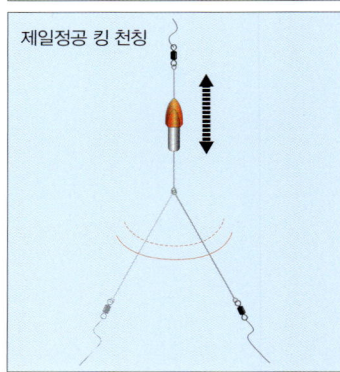
제일정공 킹 천칭

왜 보리멸낚시에서 고정식 L형 편대채비를 쓰는가?
L형 편대채비는 던질낚시의 기본 채비로서 바늘이 여러 개 달린 가지바늘채비를 연결해 쓴다. 보리멸낚시는 낚싯대를 들고 입질을 감지하기 때문에 감도 면에서 유리한 고정식 편대채비를 주로 쓴다. 보리멸이 입질했을 때 보리멸이 느끼는 이물감은 유동식보다 고정식이 크지만, 낚싯대에 전달되는 어신의 감도는 유동식보다 고정식이 선명하다. 보리멸은 이물감에 경계심을 품고 입질을 중단하는 스타일이 아니기 때문에 고정식 채비를 더 많이 쓰는 것이다.

L형 편대는 구하기 쉽지 않다고 들었는데 어디서 구할 수 있으며 가격대는 어느 정도인가?
최근에는 일부 국내 업체에서도 L형 편대를 출시하고 있으나 대부분 일본에서 수입하고 있다. 손재주 좋은 낚시인들은 직접 만들어 쓰기도 한다. L형 편대는 대형 유통매장이나 원투낚시 전문점, 온라인 쇼핑몰, 원투낚시 전문 카페에서 구입 가능하다. 편대 가격은 보통 1봉지 2~5개이며 가격은 3천원 정도. 그리고 원줄과 목줄 사이에 들어가는 스냐쯔리(꼰줄 혹은 강선)는 1봉지(5개입)에 2천500원 정도에 판매되고 있다.

원줄과 연결하는 부위
유동식은 이 구멍을 통해 원줄을 통과시킨다.

편대채비(L형 편대 고정식)

* 편대채비는 예전에는 가자미나 보리멸 같이 마릿수를 노리는 물고기를 대상으로 많이 사용하였지만 최근에는 도미류 등 대물을 대상으로 한 낚시에도 많이 쓰는 추세다. 엉킴이 적어서 초원투 캐스팅에 편대채비를 많이 쓴다. 마릿수를 노릴 때는 가지바늘채비를, 대물을 노릴 때는 외바늘채비를 연결하여 사용한다.
* L형 편대는 강선을 이용해 자작하기도 하지만 대체로 유명 조구사에서 제작한 기성품을 사용한다.

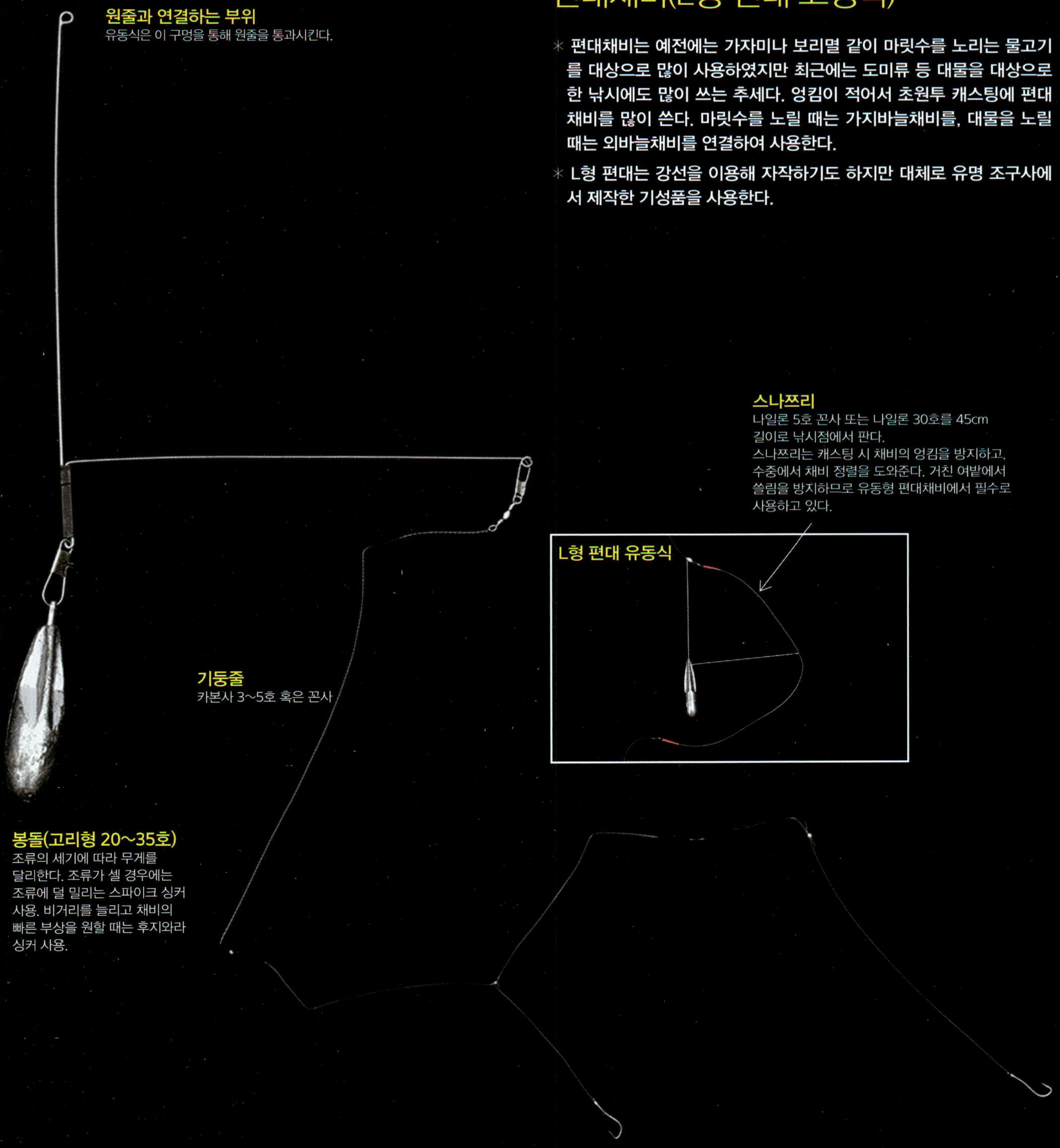

스나쯔리
나일론 5호 끈사 또는 나일론 30호를 45cm 길이로 낚시점에서 판다.
스나쯔리는 캐스팅 시 채비의 엉킴을 방지하고, 수중에서 채비 정렬을 도와준다. 거친 여밭에서 쓸림을 방지하므로 유동형 편대채비에서 필수로 사용하고 있다.

L형 편대 유동식

기둥줄
카본사 3~5호 혹은 끈사

봉돌(고리형 20~35호)
조류의 세기에 따라 무게를 달리한다. 조류가 셀 경우에는 조류에 덜 밀리는 스파이크 싱커 사용. 비거리를 늘리고 채비의 빠른 부상을 원할 때는 후지와라 싱커 사용.

가지바늘채비(가자미, 보리멸 등 마릿수 노릴 때 사용)
기둥줄 : 카본사 3~5호
가짓줄 : 카본사 2~4호
바늘 : 도다리바늘 11~13호, 보리멸바늘 5~7호, 세이코바늘 12~14호

4 낚싯바늘
원투낚시 3대 바늘은 유선형, 세이코, 감성돔바늘

낚싯바늘은 먼저 낚고자 하는 물고기의 종류에 따라 그에 맞는 바늘 종류를 선택하고, 다음으로 미끼의 크기를 감안하여 바늘 크기(호수)를 선택한다.
한 어종을 노릴지라도 낚시기법과 포인트 상황에 따라서 적합한 낚싯바늘이 바뀐다.

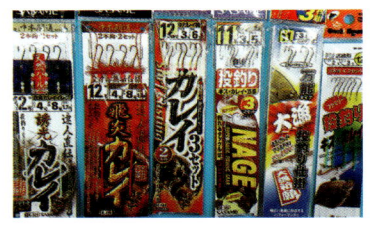

보리멸, 가자미낚시용 카드채비들. 이런 카드채비에는 유선형 바늘과 세이코 바늘을 많이 쓰고 있다.

원투낚시용 바늘의 특징은?
일본에서는 각 어종별 원투낚시 전용 바늘을 다양하게 개발 시판하고 있다. 기본적으로 바늘은 대상어의 구강구조나 취이습성에 따라서 그 모양이 결정되지만 거기에 추가적으로 원투낚시 전용 바늘이 되려면 원투낚시에 걸맞은 모양이 고려된다.
원투낚시 바늘의 가장 큰 특징은 챔질보다는 자동걸림에 초점을 두고 바늘을 설계한다는 것이다. 따라서 바늘의 모양이 물고기가 흡입하기 쉬운 가늘고 길쭉한 형태가 많다. 그리고 한번 흡입하면 다시 뱉어내기 어렵도록 바늘 끝이 안쪽으로 휘어진 오그랑바늘 형태가 많다.

원투낚시에 사용하는 바늘의 종류
원투낚시에는 다양한 바늘을 사용하고 있지만, 가장 널리 사용하는 것은 세이코(농어) 바늘과 감성돔 바늘, 유선형 바늘이다.

■ **세이코 바늘**
세이코 또는 마루세이코라 불리는 바늘이다. 허리가 길고 바늘 끝이 안쪽으로 향하고 있고 바늘 폭이 좁은 특징이 있으며, 미끼와 함께 흡입하기 쉬운 바늘 모양이다. 경계심이 작고 탐식성이 강한 어종에 두루 적용되는 바늘이다. 바늘 강도가 약하고 바늘 끝이 무디다 보니 후킹력은 다른 바늘보다 조금 떨어지는 편이지만 가격이 저렴하여 묶음추에 사용될 정도로 많이 사용되는 바늘이다.

■ **감성돔 바늘**
입질이 예민한 어종과 대물어종을 노릴 때 많이 사용한다. 허리가 짧아서 약한 흡입으로도 쉽게 삼킬 수 있으며, 일단 입 안에 박히면 강도가 높아서 잘 부러지거나 휘어지지 않는다. 다만 바늘이 굵고 무거운 편이라서 적절한 크기를 선택하여야 숏바이트를 방지할 수 있다. 감성돔을 노릴 땐 7호(참갯지렁이 미끼), 9호(개불 미끼)를 사용하고, 그밖에 작은 물고기를 노릴 땐 4~6호를 많이 사용한다.

바늘의 구조와 각 부분 명칭

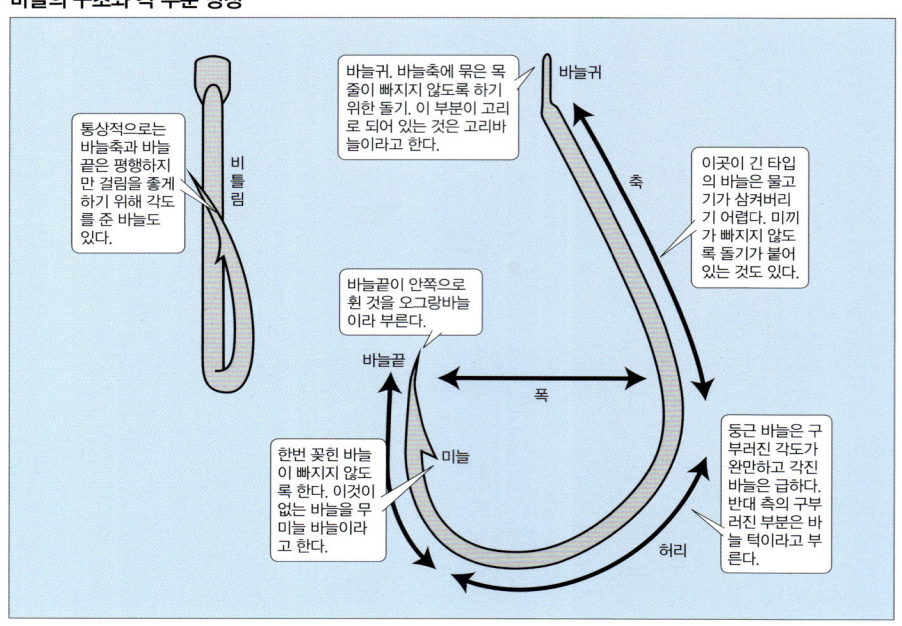

바늘의 모양과 특징

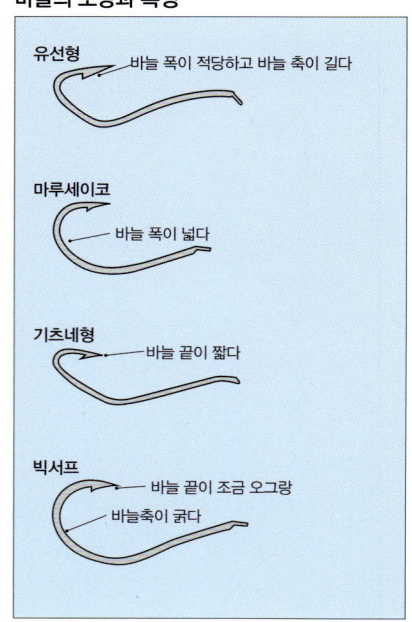

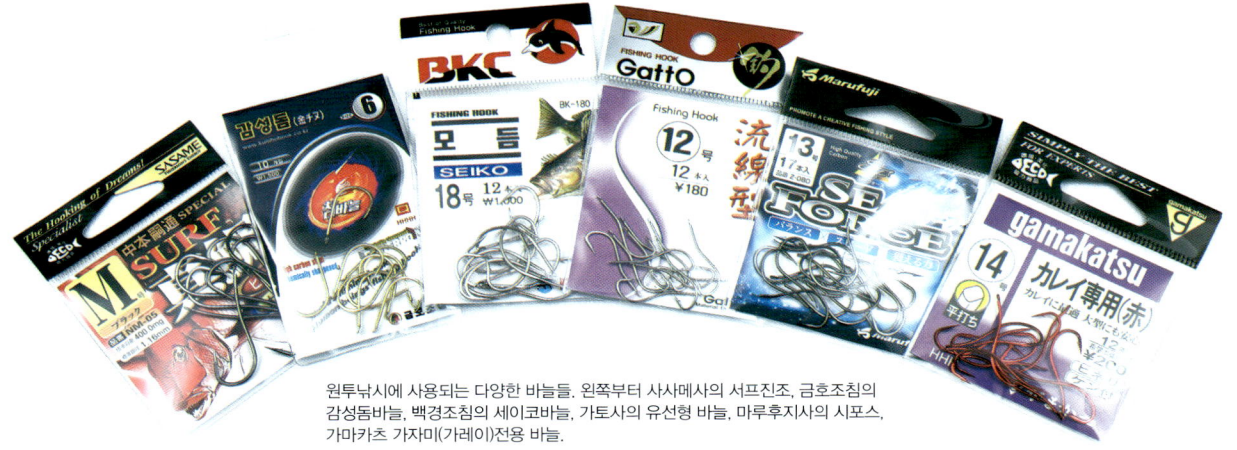

원투낚시에 사용되는 다양한 바늘들. 왼쪽부터 사사메사의 서프진조, 금호조침의 감성돔바늘, 백경조침의 세이코바늘, 가토사의 유선형 바늘, 마루후지사의 시포스, 가마카츠 가자미(가레이)전용 바늘.

■ 유선형 바늘

도다리 바늘, 보리멸 바늘로도 많이 불리는 유선형 바늘의 특징은 바늘 끝이 안쪽으로 향하여 밑걸림을 줄여주는 것이다. 특히 보리멸낚시와 도다리낚시는 끌어주는 기법이 사용되다보니 밑걸림에 취약한 점이 있는데 유선형 바늘이 이런 단점을 극복해준다. 전체적인 모양이 다른 바늘보다 날씬하여 입이 작은 어종도 쉽게 흡입할 수 있고, 허리가 긴 바늘이기에 미끼의 고정이 쉬울 뿐 아니라 고기를 잡은 후 바늘을 빼기도 쉽다. 도다리용 유선형 바늘은 바늘 굽과 품이 보리멸용 유선형 바늘보다 넓고 둥근 형태를 취하여 다량의 갯지렁이를 끼울 수 있도록 되어 있다.

최근 인기 있는 원투낚시용 바늘들

원투낚시 인구가 늘면서 바늘 제조업체에서 '원투 전용 바늘'을 속속 출시하고 있다. 원투낚시는 대부분 기다리는 낚시이기에 제물걸림이 잘 되도록 하기 위한 목적으로 바늘허리가 긴 제품들이 많이 보급되고 있다.
최근 감성돔, 참돔 원투낚시에서 많이 쓰는 바늘은 사사메 서프진조다. 이 바늘은 허리가 길어서 대형 미끼를 끼우거나 고정하는 데 도움을 주어 개불 미끼나 쏙 미끼 사용 시에 아주 큰 효과를 보이고 있다. 바늘의 강도가 좋고, 바늘 끝이 예리하고 쉽게 무뎌지지 않아 바닥권 공략에 큰 도움이 된다.
마루후지 시포스 바늘도 많이 사용한다. 작은 미끼, 즉 새우나 조개를 사용할 때에는 바늘의 크기 또한 작아져야 하는데, 바늘이 작아지면 상대적으로 바늘이 빠지는 숏바이트가 발생하기 쉽다. 하지만 이 제품은 바늘 끝이 안쪽으로 향하여 바늘 빠짐을 줄여주며 밑걸림이 적어서 여밭 공략에 장점을 보이는 제품이다. 도다리부터 감성돔까지 다양한 어종을 공략하는 원투바늘이다.

바늘채비 수납 케이스

바늘채비 수납 케이스

추운 겨울날 현장에서 직접 바늘을 묶고 채비를 만들려면 손이 얼어붙어 불편하다. 이럴 때를 대비해서 미리 바늘채비를 묶어서 바늘 수납 케이스에 담아가면 편리하다.
플라스틱 케이스로 깔끔하게 수납 가능하고, 주머니에 넣고 다닐 수도 있다. 뚜껑을 열어서 하나씩 바늘채비를 꺼내 편리하게 사용할 수 있도록 되어 있으며 목줄의 길이가 아무리 길거나 여러 개를 겹쳐 사용해도 엉킬 일이 전혀 없다. 뒤쪽 설명서에 길이별, 호수별, 개수를 겹쳐 수납할 수 있게 설명되어 있다. 도다리나 보리멸 가지채비나 카드채비도 수납 가능하다. 원투낚시 전문점에서 쉽게 구입할 수 있다.

원투낚시용 바늘의 종류

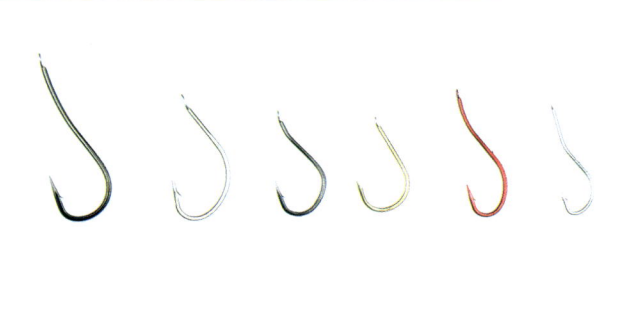

원투낚시에 사용되는 바늘의 종류. 왼쪽부터 원투전용(장축), 세이코, 원투전용(단축), 감성돔, 가레이(가자미), 유선형.

최근 인기 있는 원투낚시용 바늘들

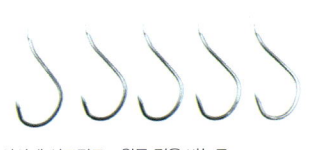

사사메 서프진조 : 원투 전용 바늘로 개불 미끼에 많이 쓴다.

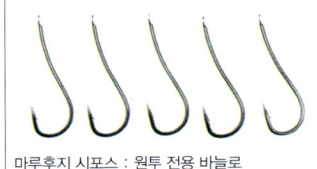

마루후지 시포스 : 원투 전용 바늘로 작은 미끼에 많이 쓴다.

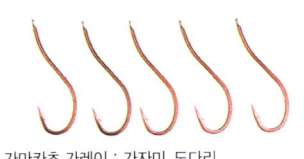

가마카츠 가레이 : 가자미, 도다리 전용 바늘이다.

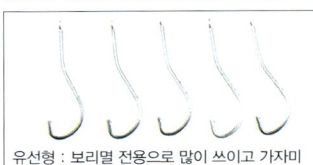

유선형 : 보리멸 전용으로 많이 쓰이고 가자미 낚시에도 사용한다. 강도가 약해서 대형 어종에는 부적합하다.

Chapter 3 원투낚시 채비

5 봉돌
먼저 '형태'를 고르고 현장에서 '무게'를 고른다

원투낚시 채비에서 편대와 함께 중요한 소품이 바로 봉돌(sinker)이다.
비거리를 늘리기 위해 공기저항을 감안한 총알 형태의 싱커,
밑걸림 지역에서 빠르게 회수할 수 있도록 날개가 부착된 부상형의 싱커는
단순 무게추 역할을 넘어 기능성 싱커의 역할을 하고 있다.

기본형 봉돌

■ 구멍추(구멍봉돌)

오래전부터 제일 많이 사용해오고 있는 구멍추는 유동형 구멍봉돌채비에 사용한다. 대개 감성돔이나 참돔 등 대물낚시 채비에 사용하며 무게는 20~30호를 많이 사용한다. 가장 많이 쓰는 무게는 25호다. 중장비를 이용해서 대물을 노릴 때는 30호가 넘는 봉돌을 사용하기도 하고, 입질이 예민한 시기에는 20호 이하의 작은 봉돌도 사용한다. 15~20호 봉돌을 쓸 때는 최대한 가벼운 채비 운용을 하기 위해서이다. 가는 라인을 사용해서 약한 입질도 파악되도록 하여 대상어종을 걸어내야 하기 때문이다.

■ 고리추(고리봉돌)

종추로 대표되는 고리추는 가격이 저렴한 것이 장점으로 밑걸림이 심한 곳에서 채비의 손실을 줄이기 위해 사용되고 있다. 채비가 바닥에 걸리면 고리추 연결부분만 떨어져 나가면서 나머지 채비는 회수할 수 있게 된다. 원투낚시 입문단계를 지났다면 낚시기법과 포인트 등에 따라 고리추에 변화를 주는 것을 추천한다.

■ 로케트추

날개가 있는 플라스틱을 추에 부착한 제품이다. 밑걸림이 심한 곳에서 채비의 부상각을 높여 밑걸림을 회피하기 위해 로케트추를 많이 사용한다. 로케트추는 대부분 15~16호를 사용한다.

■ 탄환추

일본 후지와라 회사에서 만들어 널리 퍼진 제품으로 '후지와라 싱커'로 알려져 있다. 추의 금형에 홈을 깊게 파서 부상각을 높여 밑걸림도 줄여주고, 총알 모양처럼 탄두 쪽으로 무게중심을 잡아주어 비거리에도 높은 성능을 보여준다. 기능성 봉돌의 효시 격인 제품으로 이를 카피한 제품들도 많이 나와 있다.

기능성 봉돌

보리멸낚시나 도다리낚시처럼 감아 들이는 트롤링이 수반되는 낚시는 감도의 증가를 위해 싱커에 다양한 형태의 부력재를 부착하여 싱커가 바닥에 닿는 면적을 작게 만들어 어신의 감도를 극대화한 싱커들이 인기를 얻고 있다.

기성품 채비도 잘 고르면 만점
밑걸림 심한 곳에선 로케트 묶음추 강추!

기성채비로 싸게 판매되는 이른바 '묶음추'도 여러 형태가 있는데 보통 가격만 보고 싼 제품을 선택하지만 모양과 쓰임새를 보고 고르면 훨씬 유용하게 사용할 수 있다. '로케트 묶음추'라 불리우는 채비는 밑걸림이 심한 곳에서 사용하면 일반 묶음추보다 손실이 적어 쾌적한 낚시를 할 수 있다.

묶음추채비(일반형) / 묶음추채비(부상형 싱커 채용 모델)

후지와라 싱커를 단 유동식 채비.

원형 고리추를 단 유동식 채비. 스파이크 싱커처럼 바닥 고정 능력이 좋다.

■ 우드 싱커

싱커에 부력재인 나무를 결합하여 부상력 및 트롤링 시 바닥 접촉 면적을 작게 하여 어신 감도를 높여준다. 채비 회수 시 부상력을 극대화하였으며 상부가 바닥에 떠 있어 대상어종의 입질 시 감도가 증가하고 밑걸림도 줄어든다. 나무 소재라 가격도 저렴하다.

■ 플로트 싱커

싱커 상단에 플라스틱 수지를 결합하여 우드 싱커와 같은 역할을 하면서 다양한 모양과 내구성을 높였다. 비거리의 극대화를 위해 유선형 모양으로 만들었으며 싱커를 끌어줄 때 상부가 부상하여 감도가 증가하는 것도 장점이다. 밑걸림도 적다. 요즘은 바닥층 서프 트롤링의 인기 증가와 맞물려 플로트 싱커와 우드 싱커 등이 인기를 끌고 있다. 단, 플로트 싱커는 조류가 심한 곳에서 일반 싱커보다 잘 떠밀리기 때문에 거치식 낚시로 사용 시엔 주의해야 한다.

■ 스파이크 싱커

조류가 빠른 곳에서 채비가 굴러가는 것을 최소화하기 위해 사용하는 봉돌이다. 싱커에 돌기가 있어서 모래바닥에 고정되어 싱커의 마찰력을 높인 제품이다. 단 모양이 탄두 형태가 아닌 넓적한 원형을 하고 있다 보니 비거리가 짧아지는 단점이 있다.

■ 우레탄 코팅 싱커, 야광 싱커

봉돌은 단단하기에 수중 바닥에 안착 시 심한 소음을 유발하여 대상어를 일시적으로 아내는 상황을 만들기도 하는데, 이에 바닥과 충돌 시 소음을 줄이고자 싱커에 우레탄 같은 재질의 발포제를 코팅한 우레탄 코팅 싱커를 사용한다. 또한 발포제에 야광성분을 첨가하여 집어효과를 노리는 야광 싱커도 있다.

봉돌의 무게 선택 기준

봉돌은 형태보다 무게의 선택이 더 중요하다. 각 낚싯대마다 최고의 비거리를 낼 수 있는 봉돌 무게를 알아내는 것이 급선무이며, 현장에 가서는 바람과 조류, 바닥 걸림에 따라 봉돌 무게를 적절히 조절해야 한다.

① 낚싯대의 휨새

낚싯대가 빳빳한 초경질대라면 봉돌은 가벼운 것보다 무거운 것을 달아야 더 멀리 던질 수 있다. 그러나 낭창낭창한 연질대라면 적당히 가벼운 봉돌을 달아야 가장 멀리 던질 수 있다. 원투낚싯대에는 적합한 추부하가 표기되어 있어서 그에 맞는 봉돌을 선택하여야 최적의 비거리를 낼 수 있다. 대의 추부하보다 약간 무거운 봉돌을 던지는 것은 문제가 없으나 너무 오버한 봉돌을 쓰면 오히려 멀리 날아가지 않고 낚싯대를 휘두르는 과정에서 대가 부서질 수도 있다.

② 밑걸림

바닥의 요철이 심한 곳, 모래보다 암초가 많은 바닥에서는 가급적 가벼운 봉돌을 사용하면 밑걸림을 줄일 수 있다. 특히 끌낚시를 할 때는 가벼운 무게의 봉돌을 선택해야 돌밭 위를 쉽게 타고 넘으면서 효율적인 낚시를 할 수 있다.

③ 조류

조류(물살)가 센 곳에서는 좀 더 무거운 무게를 선택해야 한다. 조류에 원줄이 밀릴 때 봉돌까지 덩달아 밀려버리면 데굴데굴 굴러다니다가 돌 틈에 콕 박혀버리기 때문이다. 조류가 있는 상황에서 낚시를 한다면 '조류에 밀리거나 구르지 않는 최소한의 무게'를 선택해야 한다. 급류지대에서 원투를 하는 돌돔낚시의 경우에는 밑걸림을 줄이기 위해 50~60호 봉돌을 사용하기도 한다.

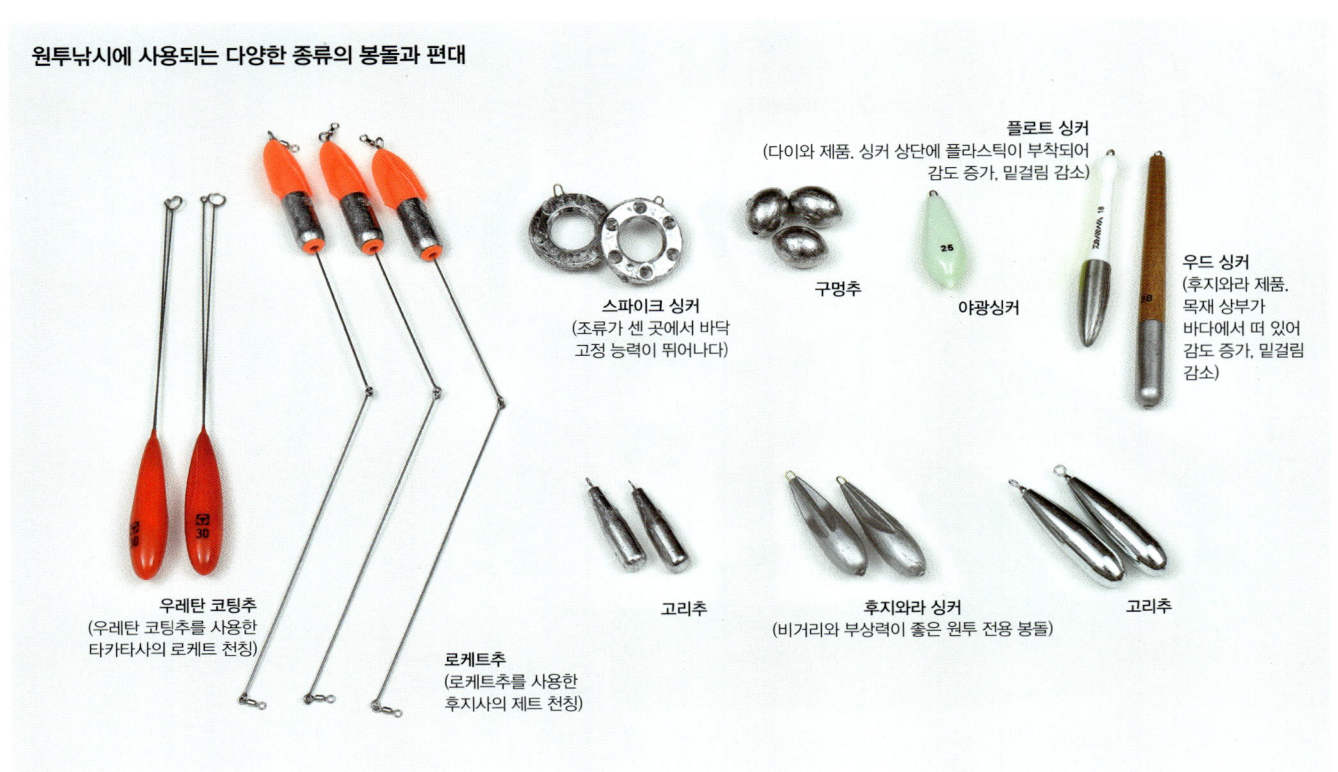

원투낚시에 사용되는 다양한 종류의 봉돌과 편대

- 스파이크 싱커 (조류가 센 곳에서 바닥 고정 능력이 뛰어나다)
- 구멍추
- 야광싱커
- 플로트 싱커 (다이와 제품. 싱커 상단에 플라스틱이 부착되어 감도 증가, 밑걸림 감소)
- 우드 싱커 (후지와라 제품. 목재 상부가 바다에서 떠 있어 감도 증가, 밑걸림 감소)
- 우레탄 코팅추 (우레탄 코팅추를 사용한 타카타사의 로케트 천칭)
- 로케트추 (로케트추를 사용한 후지사의 제트 천칭)
- 고리추
- 후지와라 싱커 (비거리와 부상력이 좋은 원투 전용 봉돌)
- 고리추

현대낚시의 트렌드는 패밀리피싱. 원투낚시대회에 참가한 아빠를 따라 온 아이들이 물장난에 여념이 없다.

Chapter 3 원투낚시 채비

6 자작채비 만들기

처음 원투낚시를 시작할 때는 완성품 채비를 구입해서 쓰지만,
실력이 쌓이면 스스로 채비를 만들어 쓰게 된다. 채비를 직접 만드는 이유는 기성품의 질이 썩 좋지 않기 때문이며,
또 만들어 써야 자신의 낚시스타일에 맞출 수 있기 때문이다.
물론 비용도 절감할 수 있다. 특히 바늘과 목줄의 품질과 규격을 마음대로 결정할 수 있다는 게 자작채비의 장점이다.

고정식 2단채비 만들기

원투낚시인들이 가장 많이 만들어 쓰는 채비다. 1.2m 기둥줄에 목줄채비 두 개가 달려 있다. 봉돌을 기둥줄의 어느 쪽에 다느냐에 따라 봉돌과 가지바늘의 간격이 짧은 백사장용과 간격이 긴 갯바위용으로 달리 사용할 수 있다. 밑걸림이 없는 백사장에선 봉돌과 바늘의 간격이 짧은 것이 좋고, 밑걸림이 많은 갯바위에선 봉돌과 바늘의 간격이 긴 것이 좋다.

준비물

16호 농어바늘(100개 3천500원), 30호 봉돌(7개 5천원), 소형구슬 7호(7천원), 10cm Y형 철사편대(10개 1천원), 스냅도래 8호(1천500원), 채비수납 비닐봉투(100개 1천원), 라인커터(또는 손톱깎기), 기둥줄용 8호 카본사, 소품수납용 태클박스

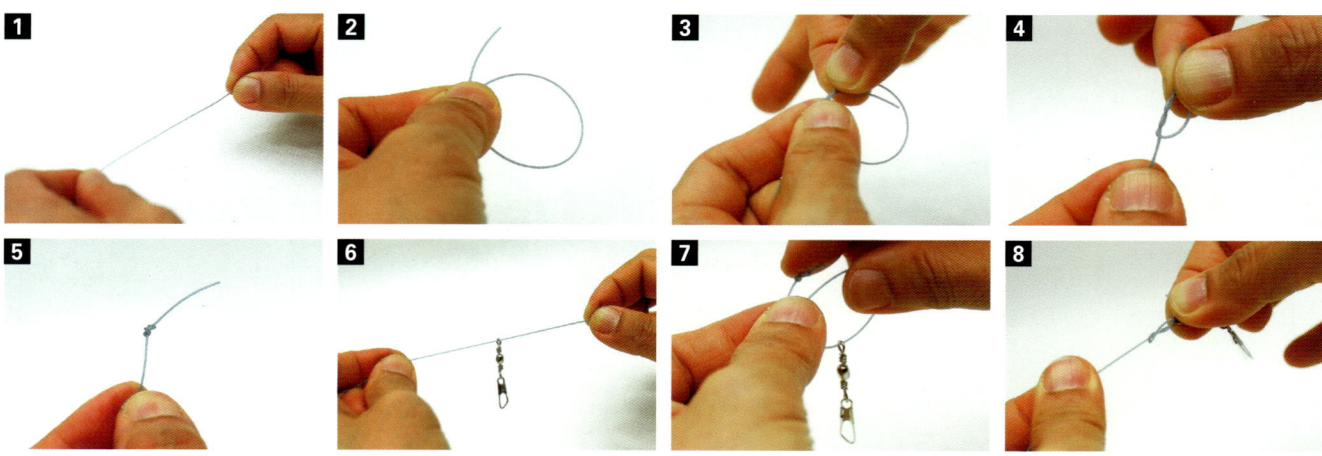

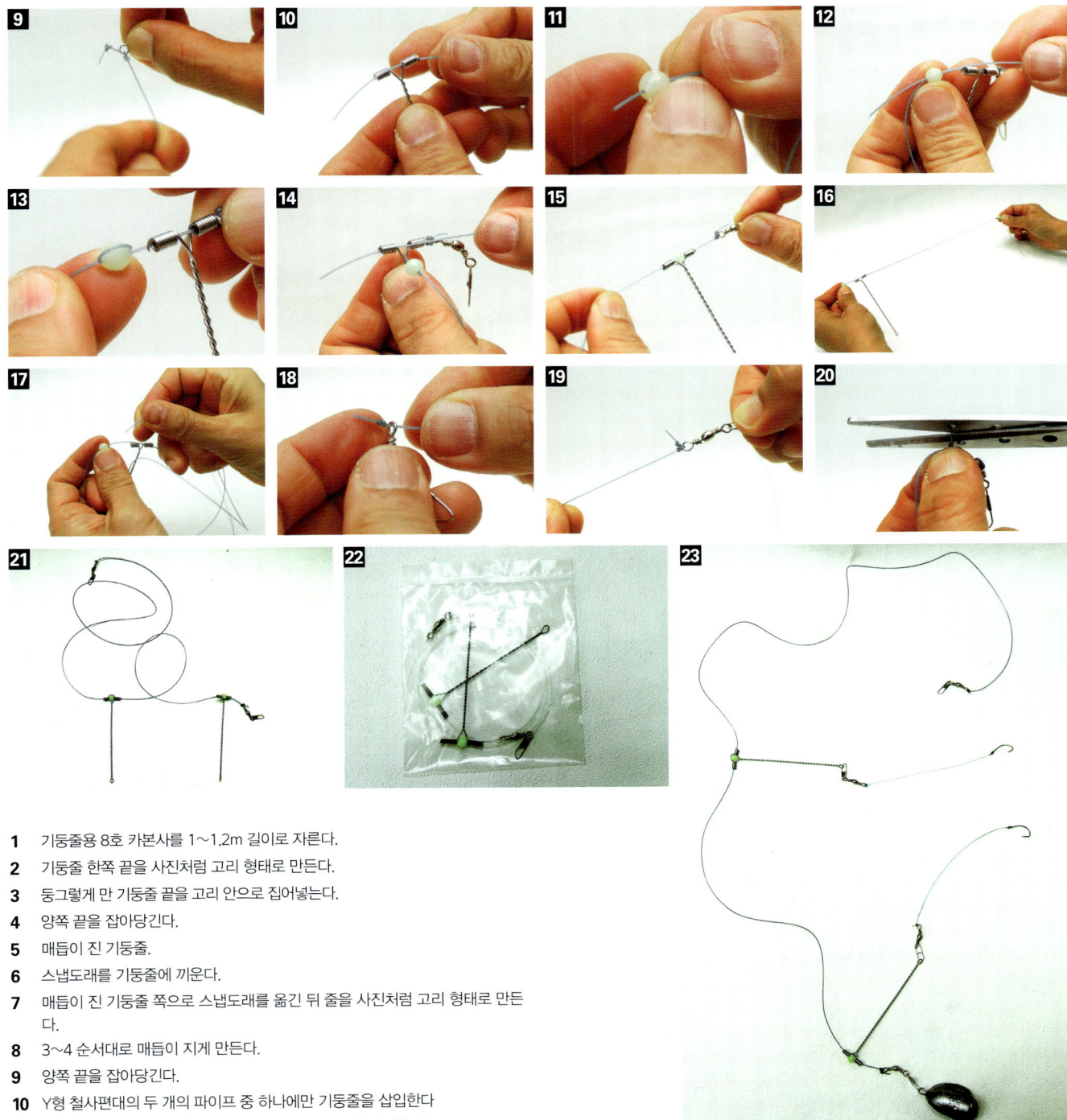

1. 기둥줄용 8호 카본사를 1~1.2m 길이로 자른다.
2. 기둥줄 한쪽 끝을 사진처럼 고리 형태로 만든다.
3. 둥그렇게 만 기둥줄 끝을 고리 안으로 집어넣는다.
4. 양쪽 끝을 잡아당긴다.
5. 매듭이 진 기둥줄.
6. 스냅도래를 기둥줄에 끼운다.
7. 매듭이 진 기둥줄 쪽으로 스냅도래를 옮긴 뒤 줄을 사진처럼 고리 형태로 만든다.
8. 3~4 순서대로 매듭이 지게 만든다.
9. 양쪽 끝을 잡아당긴다.
10. Y형 철사편대의 두 개의 파이프 중 하나에만 기둥줄을 삽입한다
11. Y형 철사편대 파이프를 통과시킨 기둥줄을 소형구슬에 끼운다.
12. 소형구슬을 끼운 기둥줄을 빼서 다시 끼운다.
13. 같은 방법으로 기둥줄을 2회 끼우면 소형구슬이 기둥줄에 단단히 고정된다.
14. 기둥줄을 나머지 Y형 파이프에 끼운다.
15. 완성된 Y형 철사편대채비.
16. 기둥줄을 펼쳐서 철사편대채비의 간격을 조정한다. 한쪽 기둥줄을 기준으로 5cm, 60cm 간격을 유지한다.
17. 두 번째 철사편대채비 만들기. 역시 똑같은 순서대로 다시 철사편대채비를 만든다.
18. 스냅도래를 묶지 않은 한쪽 기둥줄 끝에 스냅도래를 묶는다.
19. 매듭이 진 스냅도래.
20. 스냅도래 매듭의 자투리 줄을 자른다. 채비 중 너무 길게 남은 자투리줄들을 라인커터로 정리한다.
21. 완성된 원투낚시용 2단채비.
22. 채비수납용 비닐봉지에 넣은 2단채비. 이 상태로 갖고 다니다가 바늘채비만 연결해 쓴다.
23. 봉돌과 바늘채비를 세팅한 2단채비.

L형 편대채비(고정식) 만들기

시연자 : **하헌식** 인천낚시인, 네이버카페 '즐거운낚시 행복한캠핑' 운영자

보리멸, 도다리낚시의 표준채비로 여러 마리를 다수확할 때 사용한다. L형 편대에 2~3개 가지바늘이 달린 채비를 연결하여 사용한다. 채비 엉킴을 방지하기 위해 꼰줄(꼰사)을 중간에 만들어 넣는다.

준비물
L형 편대(싱커 20호), 카본 7호(길이 1m, 꼰줄+기둥줄용), 보리멸바늘 11호, 합사 3호(가지바늘용), 스냅도래

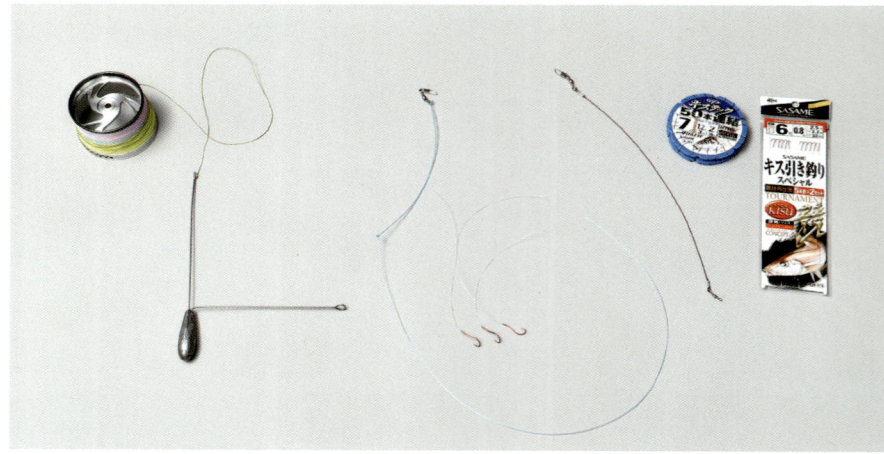

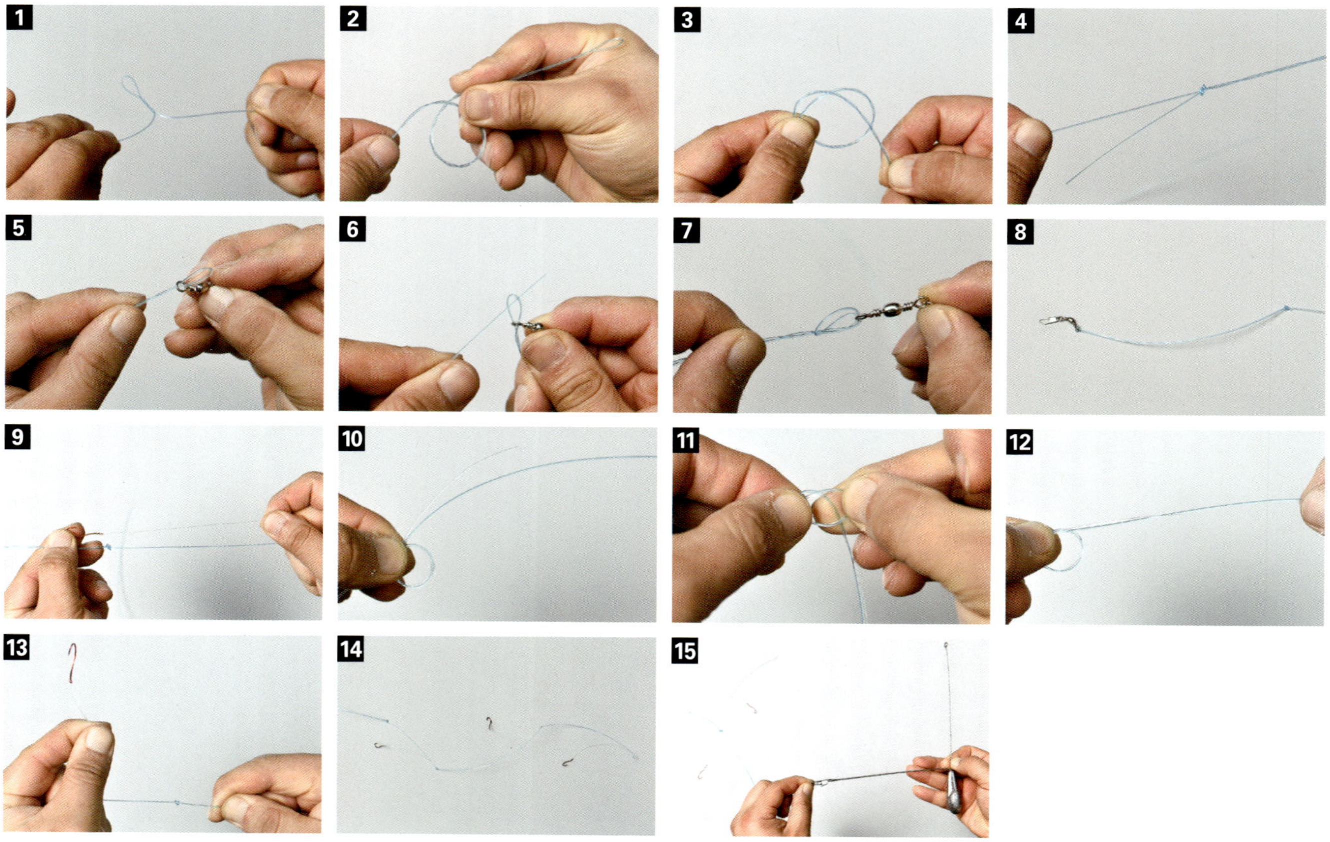

1. 1m 길이로 잘라놓은 카본(7호) 줄을 30cm 정도에서 접은 다음 한 줄은 오른쪽으로 밀고 다른 한 줄은 왼쪽으로 밀어 사진처럼 줄을 꼬아준다.
2. 꼬아준 줄 맨 아래(30cm 지점)를 꼬아준 줄이 풀리지 않도록 고리를 지어준다.
3. 고리 속으로 나머지 라인을 넣고 좌우로 당겨 준다.
4. 당겨 준 꼰줄의 모습.
5~7. 고리 끝에는 원줄을 연결할 스냅도래를 연결해준다.
8. 꼰줄이 완성된 모습. 꼰줄이 완성되었으면 꼰줄 아래가 가지바늘 기둥줄이 된다.
9. 사진처럼 가지바늘과 꼰줄 아래쪽을 나란히 만들어 잡고,
10. 가지바늘 고리를 하나 만들어준다. 이때 가지바늘 길이를 18cm로 한다면 이 고리를 짓는 지점이 가지바늘보다 긴 20cm 지점에 만들어야 채비를 캐스팅하거나 물고기를 끌어낼 때 윗바늘과 아래바늘이 서로 엉키지 않는다.
11. 이 고리 속으로 가지바늘 남은 부분과 기둥줄 아래쪽 라인을 넣어준다
12. 왼쪽 손가락으로는 고리를 잡고, 오른쪽 손가락으로는 나머지 줄을 잡고 당겨준다.
13. 당겨진 모습. 가지바늘 1개가 완성된 모습이다.
14. 20cm 정도 간격으로 이전과 같이 반복하여 가지바늘을 달아주면 가지바늘도 완성된다.
15. 완성된 꼰줄의 맨 위쪽에 연결된 스냅도래를 L형 편대에 연결해주면 채비 완성.

채비 자작을 위한 필수 묶음법

FG 노트 I · II & 이지블러드 노트

원줄과 힘줄의 연결, 합사와 나일론줄의 연결에 사용되는 묶음법이 FG 노트와 이지블러드노트(Easy blood knot)다.
강도는 FG 노트가 더 높지만 묶는 방법이 약간 까다롭다. 강도가 크게 필요하지 않을 경우엔 간편한 이지블러드 노트로 묶는 것도 좋다.

FG 노트 I

합사와 나일론줄을 연결하는 강력한 매듭법이다. 합사 원줄과 단사 쇼크리더 사이의 강한 마찰을 이용해 꽉 맞물리게 묶는 것이 요령이다. 숙달되면 현장에서 바로 묶을 수 있다. 초록색 줄이 쇼크리더, 분홍색 줄이 합사 원줄이다.

1. 쇼크리더의 끝부분으로 8자 매듭을 만든다. 매듭 앞에 충분한 여유가 있게 만든다.
2. 합사 원줄을 8자 매듭의 양쪽 구멍으로 모두 통과시킨다.
3. 매듭이 작아지지 않게 한손으로 잡고 원줄을 쇼크리더에 감는다. 합사 원줄을 충분히 여유 있게 잡고 쇼크리더에 최소 10번 이상 감는다. 이때 너무 힘을 주지 말고 가지런히 감기도록 천천히 감는다.
4. 마지막 감을 때 안쪽으로 돌려 한 번 묶는다. 매듭이 굵어질 것이 우려되면 생략해도 된다.
5. 원줄을 살짝 당기면 쇼크리더에 감긴 원줄이 8자 매듭 쪽으로 밀착되어 자리를 잡는다. 이때에도 8자 매듭이 작아지지 않게 한다.
6. 뭉쳐진 합사 원줄 위에 다시 원줄을 덧대어 감는다. 처음과는 반대로 8자 매듭이 있는 방향으로 감는다.
7. 7~8회 감은 후 원줄을 8자 매듭 사이로 빼낸다. 원줄이 쇼크리더의 8자 매듭 두 개의 구멍을 다 지나가도록 한다.
8. 살짝 당기면 8자 매듭은 조여지고 느슨했던 합사 원줄도 단단하게 조인다. 손을 다치지 않게 장갑을 끼고 조여야 한다.
9. 한쪽엔 쇼크리더와 원줄을 함께 잡고 8자 매듭에서 빼낸 원줄로 돌려 묶기를 3~4회 반복한다.
10. 자투리 쇼크리더를 잘라 낸다. 쇼크리더가 굵다면 담뱃불이나 성냥불로 살짝 지진다.
11. 다시 원줄과 남은 원줄로 3~4회 더 돌려 묶는다.
12. 자투리 원줄을 잘라낸다. 남은 부분은 역시 불로 지진다.
13. 완성.

FG 노트 II

FG 노트 I 보다 더 간단한 방법이다. 매듭의 크기도 더 작고 묶는 방법도 간단하다. 단점이라면 매듭을 많이 하지 않기 때문에 꽉 묶지 않으면 쇼크리더가 빠질 수도 있다는 것이다.

1. 그림처럼 쇼크리더(초록)에 합사원줄(분홍)을 양쪽으로 번갈아가며 15회 정도 감아준다. 합사원줄을 좌우로 반복해서 돌려주기만 하면 된다.
2. 쇼크리더를 잡고 합사원줄 두 가닥을 당기면 합사가 촘촘히 밀착된다.
3. 그림처럼 합사로 매듭을 지은 후 강하게 당겨서 고정한다.
4. 같은 방법으로 10회 정도 매듭을 해주는데, 한 번 묶을 때마다 방향을 엇갈리게 묶어주면 더 단단히 고정된다. 자투리 줄은 잘라준다.

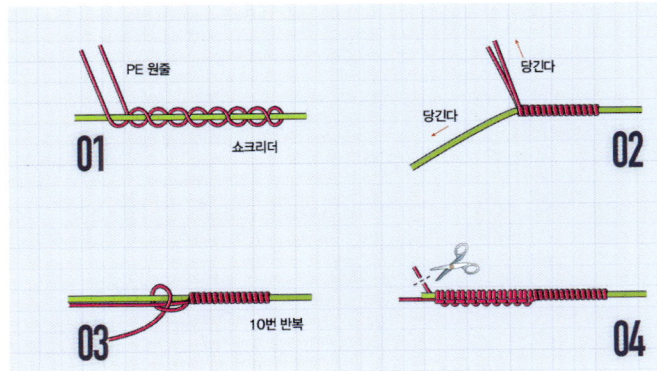

이지블러드 노트

일명 전차매듭이라 불리는 블러드 노트를 더 간편하게 변형한 방법이다. 강도는 그리 좋은 편이 아니지만 낚시터 현장에서 빠르게 묶을 수 있기 때문에 소형어 낚시에선 자주 사용하는 매듭법이다.

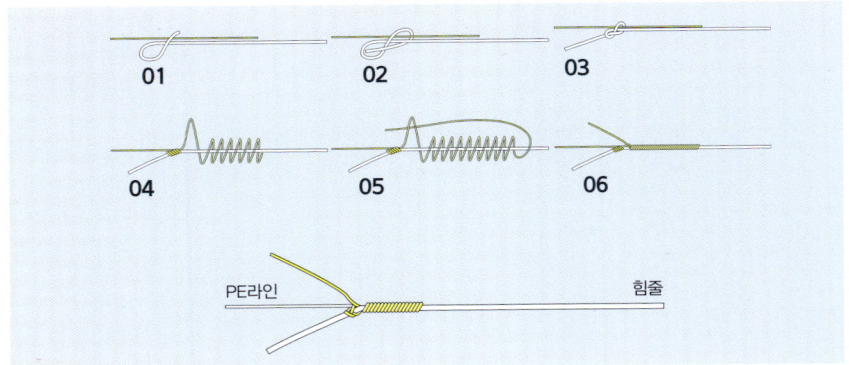

구멍봉돌채비(유동식) 만들기

시연자 : **하헌식** 인천낚시인, 네이버카페 '즐거운낚시 행복한캠핑' 운영자

구멍봉돌채비는 현장에서 바로 만들어 쓸 수 있다는 것이 가장 큰 장점이다. 바늘과 미끼가 하나지만 다단채비나 가지채비에 비해 사용폭이 넓고 실제 마릿수 조과도 크게 뒤지지 않는다.

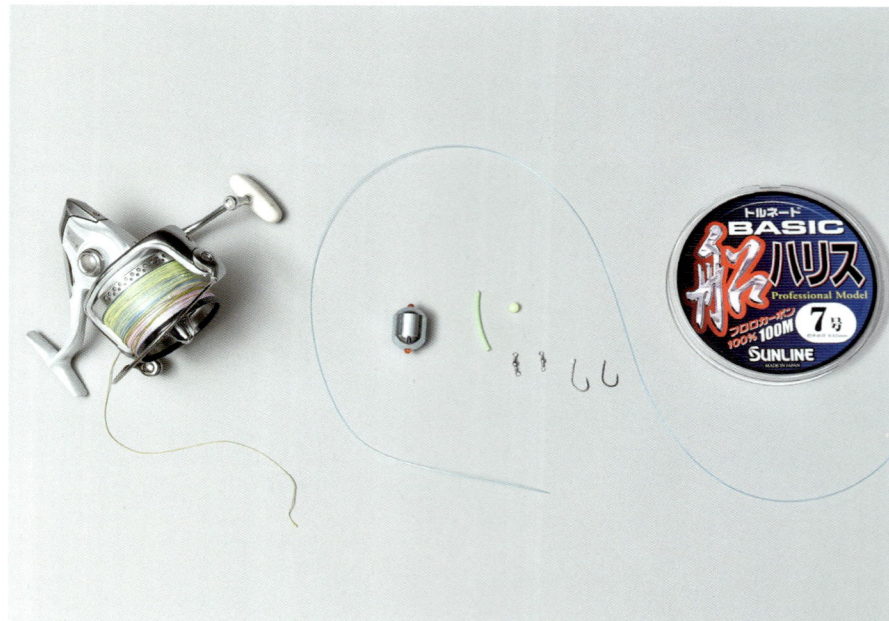

준비물
원줄 PE 1호+힘사 1~6호(길이 13m), 목줄 6~7호, 기둥줄용 나일론사 20호(1.5m), 구멍봉돌(30호), 수축튜브(길이 5~7cm), 형광 쿠션고무, 맨도래(5호, 8호), 감성돔바늘 7호(혹은 세이코바늘 18호)

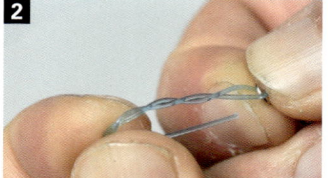

1.2.3 제일 먼저 기둥줄 한쪽 끝을 목줄과 연결할 맨도래(8호)에 꽈배기묶음으로 연결한다.

4 이번에는 반대쪽 기둥줄에 구멍봉돌을 끼운다.

5.6 형광 구슬과 수축튜브를 차례로 끼운다.

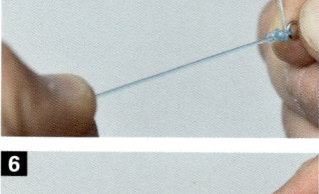
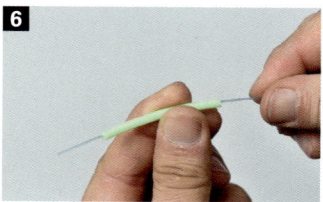

7 완성한 기본 채비.

8 그리고 이번에는 원줄을 연결할 도래(5호)를 기둥줄에 꽈배기묶음법으로 묶는다.

9 목줄(사진)과 원줄을 차례로 도래에 연결하면 구멍봉돌채비 완성.

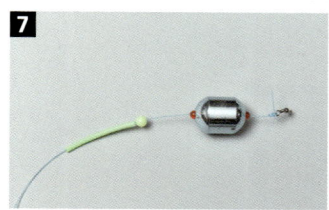
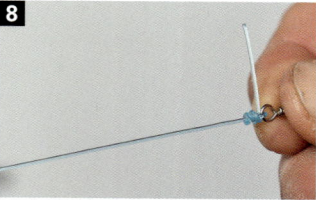

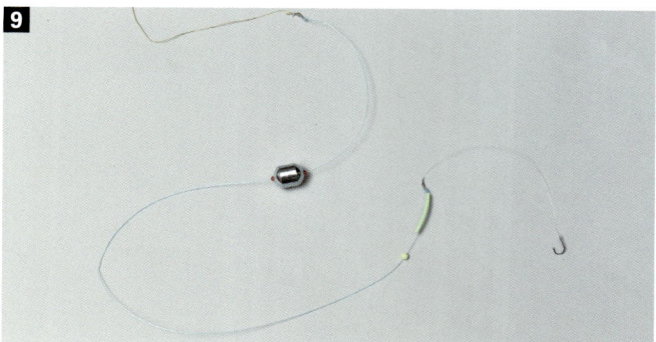

채비를 직접 만들어 쓰는 이유
아무리 비싼 기성품도 자작채비의 품질을 뛰어넘진 못한다

기성품은 대량생산 과정에서 균일한 품질을 유지하기 어렵고, 가격 절감을 위해 바늘, 줄, 도래 등을 최고급품으로 사용하지 않는다. 따라서 아무리 비싼 기성품도 낚시인이 정성껏 만든 자작품을 뛰어넘지 못한다. 그러나 채비를 자작하려면, 바늘묶음, 도래묶음, 낚싯줄 묶음의 매듭법에 숙달되어야 한다. 그래서 낚시를 오래 해도 손재주가 없거나 귀찮아서 계속 기성품을 사서 쓰는 낚시인들이 많다. 하지만 채비 만들기는 낚시의 시작이자 완성이라 할 수 있기 때문에 직접 만들어 쓰는 습관을 들이는 것이 좋다.

변형 구멍봉돌채비(엉킴방지형) 만들기

시연자 : **위건양** 울산낚시인, 대물원투낚시 회원

구멍봉돌채비의 가장 큰 단점이 캐스팅 시 목줄이 원줄에 올라타서 꼬이는 현상이다. 그래서 나는 엉킴 방지를 위해 플라스틱 튜브를 삽입한 채비를 만들어 쓰고 있다. 캐스팅 시 튜브가 목줄이 원줄 가까이 붙는 것을 방지하여 꼬임 현상이 덜하다. 또 암초 사이에 봉돌이 끼었을 때 튜브의 반동으로 인해 잘 빠져나오는 장점도 있다.

※플라스틱 튜브는 구멍봉돌의 구멍과 크기가 같은 제품을 구입해야 한다. 튜브 제품에 직경(∅)을 나타내는 숫자를 확인하기 바란다. 인터넷에서 '녹색 발광 튜브'를 검색하면 2~3천원에 구입할 수 있다.

준비물

구멍봉돌, 수축고무(직경 2.5mm), 플라스틱 튜브(길이 15cm), 와이어(길이 60cm), 맨도래 2개(원줄용 5호, 목줄용 8호), 구슬(6개), 압착 슬리브(내경 2mm), 강력접착제, 라이터

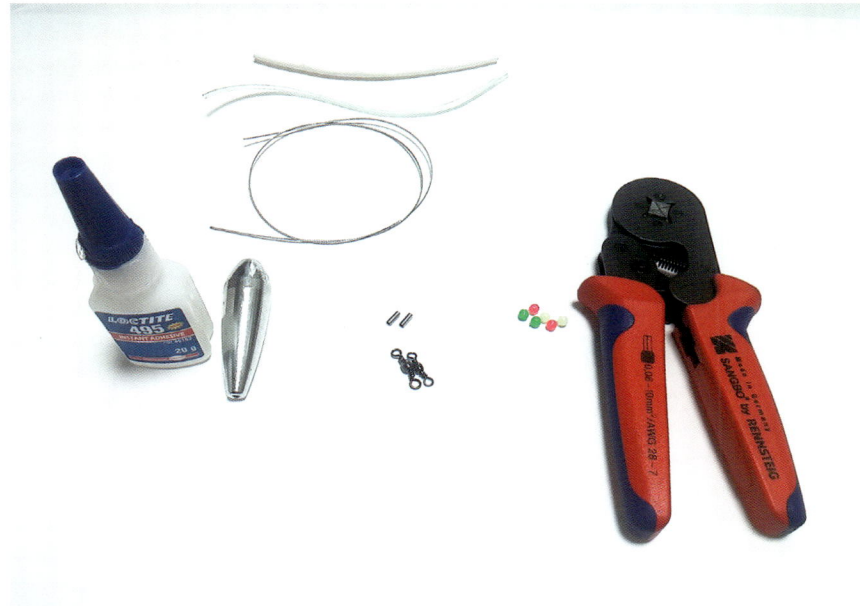

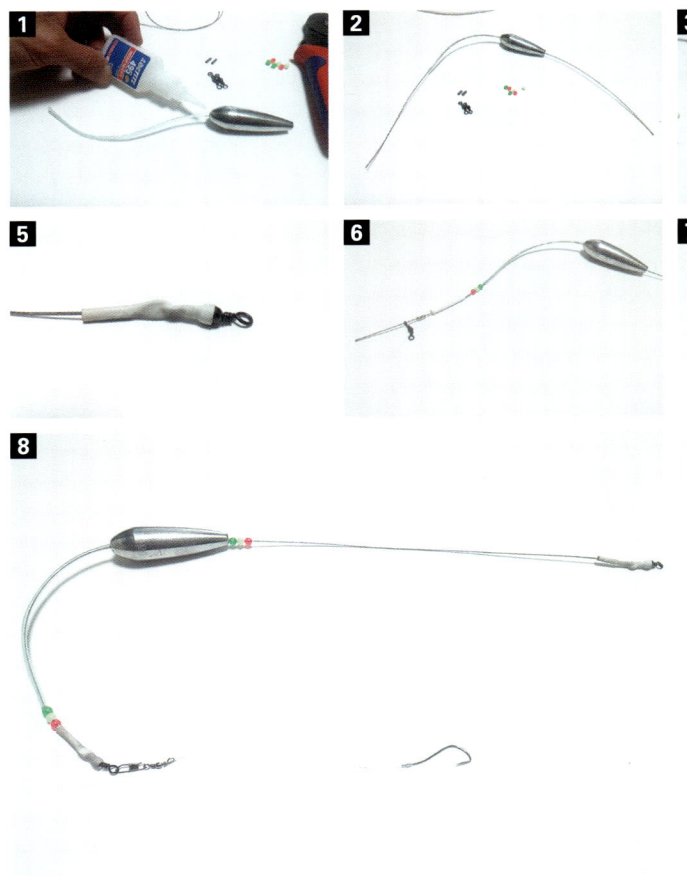

1. 먼저 플라스틱 튜브를 15cm 길이로 자른 뒤 튜브 한쪽을 구멍봉돌 하부 구멍에 끼워 넣고 약간의 틈으로 강력 접착제를 발라주어 단단히 고정시킨다.(이 튜브는 너무 물렁물렁하지 않고 강도가 있어야 잘 붙는다.)
2. 접착제가 완전히 마른 후 미리 잘라 놓은 와이어를 봉돌과 튜브에 통과시킨다. 와이어의 길이는 50~60cm 정도가 알맞다. 와이어를 자를 때는 자를 위치에 미리 강력 접착제를 발라서 고정시켜주면 자른 후에 와이어 가닥이 잘 풀리지 않게 된다.
3. 원줄과 연결할 도래를 고정하기 위해 구슬(3개), 수축고무, 압착슬리브, 맨도래(5호)를 차례로 와이어에 끼워 넣는다.
4. 와이어 끝부분을 도래에 통과시킨 후 다시 슬리브로 넣어준 다음 압착기로 눌러 고정시킨다.
5. 미리 끼워놓은 수축고무를 도래 위까지 덮어씌운 다음 라이터로 지져 수축고무를 고정시킨다. 채비 꼬임이 발생할 요지가 있는 부분이기 때문에 수축고무를 단단히 고정한다.
6. 이번에는 목줄과 연결하는 도래를 고정하기 위해 구슬, 수축고무, 슬리브, 맨도래(8호)를 차례로 와이어에 끼워 넣는다.
7. 그런 다음 원줄용 도래와 연결하는 방법과 동일하게 차례로 고정시킨다.
8. 완성된 모습.

Chapter 4
원투낚시 실전

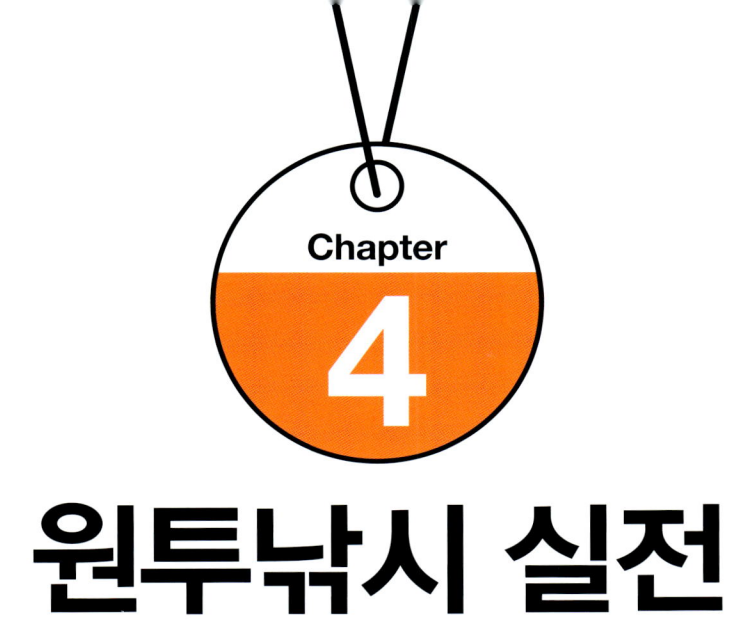

Chapter 4 원투낚시 실전

1 오버헤드 캐스팅
정투正投 투척법

오버헤드캐스팅은 근거리 정투용 투척법이다.
낚싯대를 뒤로 젖혔다가 정면으로 던지기 때문에 정확한 방향으로 캐스팅이 가능하다.
힘 조절만 숙달되면 30~40m 안쪽 거리 직경 2m 원 안에 미끼를 던져 넣을 수 있고
좌우에 장애물이나 낚시인이 있는 상황에서도 안전하게 채비를 던질 수 있다.
단점은 비거리가 짧다는 것이다.

시범 : 김민수 초원투카페 회원

캐스팅 순서(옆에서 본 모습)

1 낚싯대를 뒤로 젖혀 사진처럼 수평을 만든다. 오른쪽 다리에 체중을 많이 실어주면 캐스팅 시 왼쪽 다리로 강한 체중 이동이 가능하다. 뒤에 사람이 있는지 조심!

2 팔로 힘껏 휘두르는 게 아니라 낚싯대의 탄력만 충분히 이용한다는 생각으로 던진다. 오른쪽 다리에 실린 체중을 왼쪽 다리로 이동하면서 낚싯대를 휘두른다. 손잡이 끝을 잡은 왼손을 배 쪽으로 힘껏 끌어내리고 릴과 낚싯대를 움켜쥔 오른손은 앞을 향해 밀어준다. 오른손이 머리 위쪽을 지나갈 때 손가락에 걸었던 원줄을 놓는다. 원줄을 늦게 놓으면 앞으로 처박히고, 빨리 놓으면 허공으로 높게 솟구쳐 비거리가 나오질 않는다.

3 복근을 사용해 파워를 어깨로부터 가슴에 실어준다. 휘두른 낚싯대는 정면 45도 각도에서 멈춘다. 원줄이 풀려나가는 각도와 비슷한 각도를 유지하는 것인데 이 각도보다 너무 낮거나 높으면 원줄 방출에 저항이 걸려서 비거리가 줄어든다. 마지막 단계에서 왼손을 몸통의 왼쪽 옆구리로 빼내는 것처럼 하면 오른팔이 자연스럽게 편해져서 낚싯대가 불필요하게 출렁대는 것을 제어할 수 있다.

| 준비 자세 |

1. 릴의 베일을 젖히고 원줄을 검지에 건다.(낚싯대를 오른손에 쥐고 던질 경우)
2. 낚싯대를 머리 위로 들어 수평에 가깝게 젖힌다.

| 캐스팅 순서(앞에서 본 모습) |

1. 몸은 정면을 향하고 내딛은 왼발 끝도 정면을 향한다. 릴은 머리 위에 위치한다.
2. 손잡이 끝을 잡은 왼손을 배 쪽으로 힘껏 당겨 내리면서 릴을 잡은 오른손은 앞으로 민다.
3. 마치 검도를 하듯 낚싯대로 정면의 공간을 수직으로 가른다.(이때 옆구리가 열려 버리면 힘이 분산되므로 양팔을 몸통 가까이 붙여주는 게 좋다.)
4. 봉돌 무게를 최대한으로 느끼는 시점(손잡이가 정수리와 일직선이 될 무렵)에 오른손 검지에 건 원줄을 놓는다. 그리고 눈은 날아가는 봉돌의 궤적을 쫓는다.

※던지기 시작할 때 초리가 좌우로 흔들리면 똑바로 날아가지 않으므로 주의!

캐스팅 후 낚싯줄 회수 요령

원투낚시 장비는 무겁기 때문에 다른 릴낚시 장비처럼 손잡이 부분만 잡고 릴링하면 힘이 들고 손목에 무리가 온다. 이때는 낚싯대 손잡이를 가랑이에 끼워 고정하고 릴링하면 한결 힘이 덜 든다. 밑걸림이 거의 없는 백사장에서는 받침대에 낚싯대를 꽂아놓은 상태로 릴링해 채비를 걷어 들이는 것도 좋은 방법이다.

Chapter 4 원투낚시 실전

2 쓰리쿼터 캐스팅
원투遠投 투척법

쓰리쿼터캐스팅은 원투를 위한 투척법이다.
릴대를 180~270도 강한 힘으로 돌려서 그 회전하는 원심력을 이용해 비거리를 확보하는 캐스팅 방법이다.
숙달되면 100~150m 이상 던질 수 있다. 쓰리쿼터란 '4분의 3'이란 뜻인데,
야구의 투구 자세를 예로 들면 오버드로우와 언더드로우의 중간 각도로 낚싯대를 휘두르는 것을 말한다.

시범 : 서정욱 초원투카페 회원

| 준비 자세 |

1 대 끝을 보면서 원줄이 가이드에 엉키지 않았는지 확인한다.
2 핑거글러브를 끼운 검지로 원줄을 건다.
3 사진처럼 등 뒤쪽 바닥에 채비를 가지런히 늘어뜨린다.
4 채비 정리가 끝나면 몸을 다시 튼 뒤, 고개만 돌려 채비 정리 상태를 다시 한 번 확인한다.

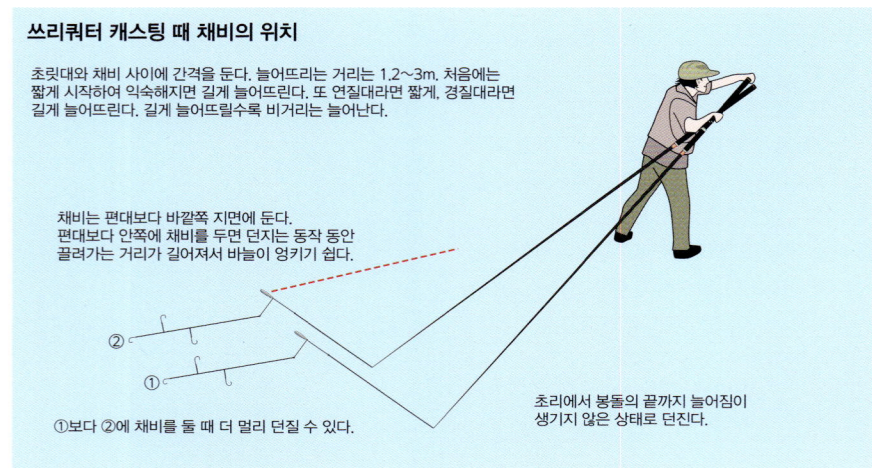

쓰리쿼터 캐스팅 때 채비의 위치

초릿대와 채비 사이에 간격을 둔다. 늘어뜨리는 거리는 1.2~3m. 처음에는 짧게 시작하여 익숙해지면 길게 늘어뜨린다. 또 연질대라면 짧게, 경질대라면 길게 늘어뜨린다. 길게 늘어뜨릴수록 비거리는 늘어난다.

채비는 편대보다 바깥쪽 지면에 둔다. 편대보다 안쪽에 채비를 두면 던지는 동작 동안 끌려가는 거리가 길어져서 바늘이 엉키기 쉽다.

①보다 ②에 채비를 둘 때 더 멀리 던질 수 있다.

초리에서 봉돌의 끝까지 늘어짐이 생기지 않은 상태로 던진다.

1

2

3

4

캐스팅 순서

1. 채비를 뒤쪽에 늘어놓은 후 바닥에 잘 정리돼 있는지를 확인한다. 초릿대 끝에서 늘어진 채비까지 거리는 1.2~3m가 적당하다. 늘어진 길이는 연질대일수록 짧게, 경질대일수록 길게 준다. 27~30호 릴대라면 1.5~2m, 33호 이상이라면 3~4m 길이가 적당하다.
2. 전방을 주시하며 목표 지점을 가늠한다.
3. 오른쪽 다리에 체중을 실었다가 왼쪽 다리로 체중을 이동하면서 허리의 회전을 이용하여 낚싯대를 휘두른다. 낚시인마다 스윙 각도는 약간씩 다를 수 있는데 대체로 낚싯대가 2~3시 각에서 회전할 수 있게 휘두른다.
4. 손잡이 하단을 잡은 왼손을 왼쪽 옆구리 쪽으로 강하게 당기면서 오른손은 낚싯대를 밀어준다. 일종의 지렛대 역할인데 이렇게 던져야 멀리 날아가고 힘도 덜 든다. 캐스팅에 힘을 실으려면 복근을 이용하여 파워를 어깨로부터 가슴에 실어준다.
5. 낚싯대가 90도 각도를 지날 즈음 핑거 글러브에 걸친 원줄을 놓는다.
6. 방출되는 원줄 각도와 비슷한 각도로 낚싯대를 유지해 준다. 이 팔로우 동작에서는 왼손을 왼쪽 옆구리로 빼내는 것처럼 하면 오른팔이 편해져서 낚싯대의 진폭을 줄일 수 있다.

Chapter 4 원투낚시 실전

3 방파제 원투낚시
악천후에 강한 전천후 필드

원투낚시터는 크게 백사장, 방파제, 갯바위로 나뉘는데,
그중 가장 많은 비중을 차지하는 낚시터가 방파제다.
낚시터별 출조빈도를 보면 방파제 4 : 백사장 3 : 갯바위 3의 비율을 보인다.
(동해안을 빼면 방파제 5 : 백사장 2 : 갯바위 3)
백사장은 파도에 취약하고, 갯바위는 진입로와 발판이 험한 제약이 있지만,
방파제는 언제나 진입이 자유롭고 늘 잔잔하고 낚시자리가 편한 데다 다양한 어종이 사철 잘 낚이는 일급 원투낚시터다.

방파제 테트라포드 위에 올라 투척 포인트를 찾는 낚시인.

양양 물치항 작은 방파제에서 강도다리 낚시를 하고 있는 갯바위원투바다낚시 회원들.

방파제는 원투낚시의 대표 낚시터

원투낚시에서 가장 쉽게 많이 접하는 포인트는 방파제다. 특히 백사장이 많지 않은 서해와 남해에서 방파제의 포인트 비중은 더욱 크다. 방파제는 배들이 드나들 수 있을 만큼 충분히 깊은 항의 외곽에 설치하므로 주변 갯바위보다 수심이 깊다. 그래서 간조 때도 물고기들이 빠져나가지 않는다. 그리고 방파제 축조 과정에서 물속에 빠뜨린 돌과 테트라포드가 인공어초 역할을 하여 다양한 물고기들이 터 잡고 사는 곳이다.

따라서 방파제 원투낚시는 원거리의 어군을 노리는 백사장 원투낚시와 달리 방파제 근처에 사는 물고기들까지 타깃으로 삼는 것이 특징이다. 즉 백사장의 물고기들은 멀리 있기 때문에 최대한 멀리 던져야 유리하다면, 방파제의 물고기들은 가까이 살기 때문에 중단거리 캐스팅으로 충분히 낚을 수 있다. 다만 원투낚시인들이 자주 찾는 방파제라면 근거리엔 어자원이 많이 남아 있지 않아서 원투가 필요한 곳도 있다.

방파제 원투낚시의 장점과 단점

■ 장점
–어종이 다양하다.
–파도가 없어서 안전하다.
–만조 때나 간조 때나 한 자리에서 계속 낚시 할 수 있다.
–자동차로 접근하기 쉽다.
–근거리에서도 잘 낚여 초보자가 낚기 쉽다.
–근처에 낚시점 및 상점이 있어서 필요한 물품을 조달하기 편리하다.
–바닥이 콘크리트로 깔끔하여 야영, 취사를 하기 좋다.

■ 단점
–낚이는 물고기들의 평균씨알이 잘다.
–한적한 맛이 떨어진다. 낚시객이 많고 배들이 오가는 통에 소란하다.
–외항 테트라포드는 미끄러워 아주 위험하다.(밤낚시는 내항 석축 구간에서만 할 것.)

방파제의 구조와 포인트 형성

방파제 포인트는 크게 외항과 내항으로 나누고, 바다로 뻗어나간 거리에 따라 초입, 중간, 끝(끝바리)으로 나눈다. 크게 보면 외항 쪽과 끝 쪽은 큰 고기가 잘 낚이는 반면 조황의 기복이 있고, 내항 쪽과 초입 쪽은 안정된 조황을 보이지만 잔 고기들이 주로 낚이는 특징을 띤다.

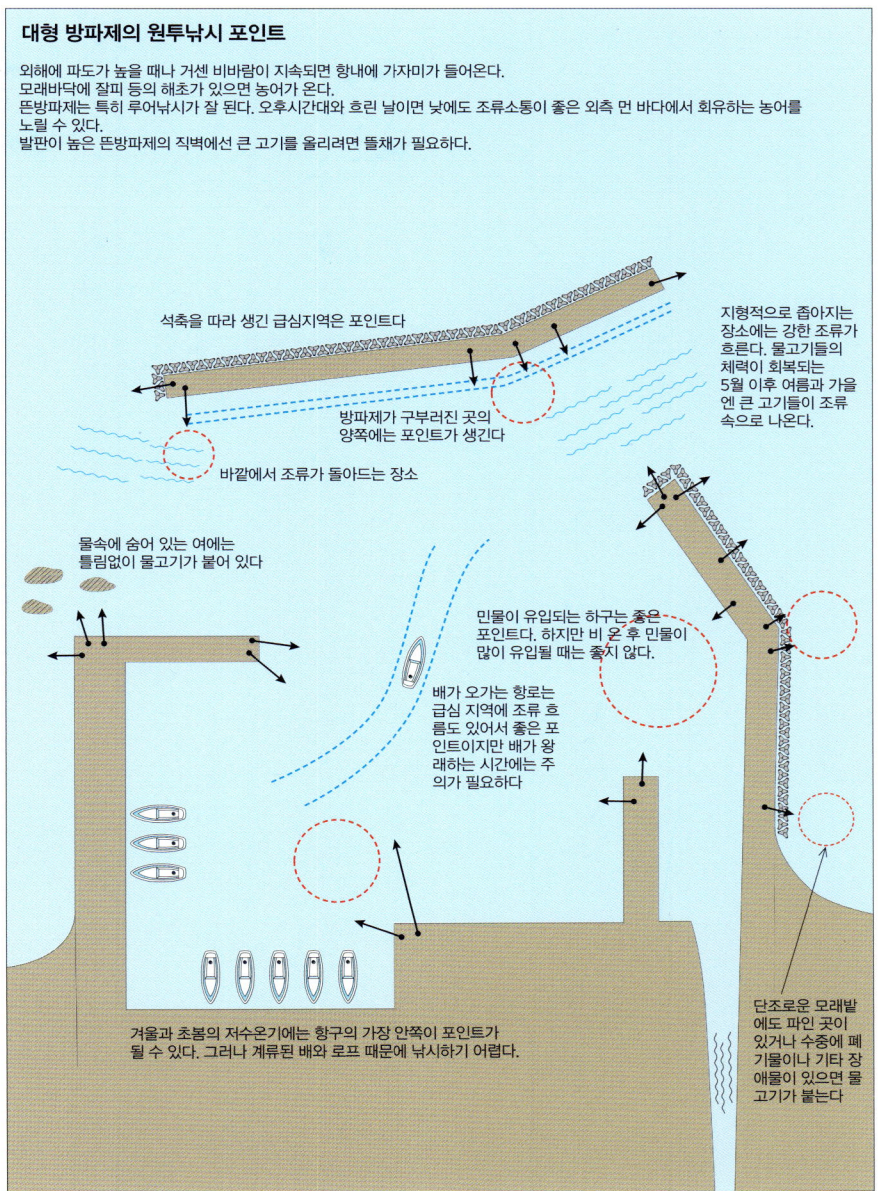

서산 삼길포항 방파제에서 원투낚시를 즐기는 사람들.

동해 묵호항의 원투낚시. 70m 이상 원투하면 굵은 가자미가 잘 낚인다.

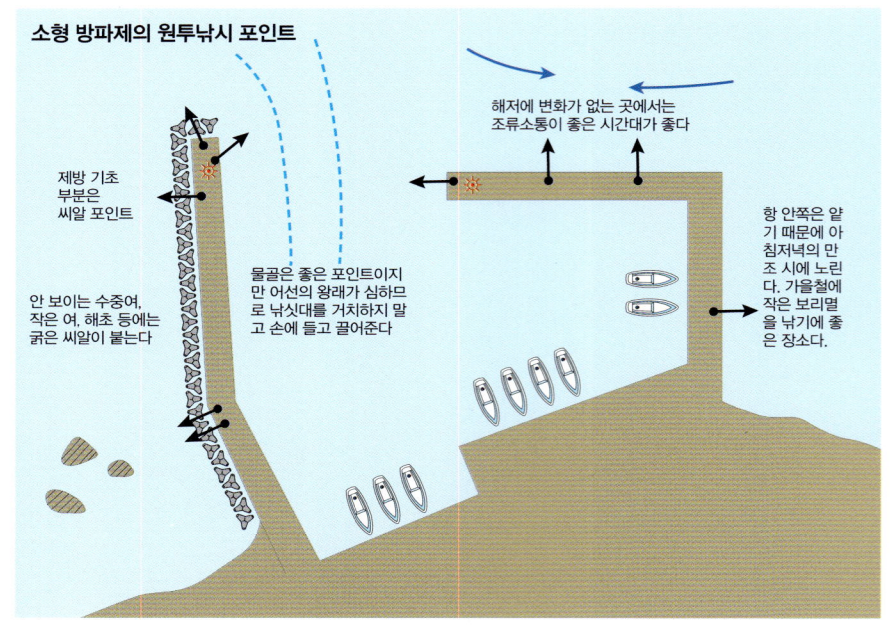

소형 방파제의 원투낚시 포인트

제방 기초 부분은 씨알 포인트

안 보이는 수중여, 작은 여, 해초 등에는 굵은 씨알이 붙는다

물골은 좋은 포인트이지만 어선의 왕래가 심하므로 낚싯대를 거치하지 말고 손에 들고 끌어준다

해저에 변화가 없는 곳에서는 조류소통이 좋은 시간대가 좋다

항 안쪽은 얕기 때문에 아침저녁의 만조 시에 노린다. 가을철에 작은 보리멸을 낚기에 좋은 장소다.

방파제 축조 과정을 보면, 먼저 큰 돌들을 물속에 빠뜨려 기초를 다지고, 기초석들이 수면 위로 올라오면 어느 정도 다듬어진 돌을 그 위에 쌓아서 석축을 만든다. 그리고 석축 위에 콘크리트를 부어서 사각의 긴 상판을 만들고, 마지막으로 외항 쪽에 파도분쇄 기능을 하는 테트라포드를 물속부터 콘크리트 상판까지 쌓아서 올린다. 이렇게 완성된 방파제는 내항 쪽 하부는 석축, 외항 쪽 하부는 테트라포드로 형성되는데, 작은 방파제는 내외항 모두 석축 하부로만 된 곳도 있고, 큰 방파제는 내외항 모두 테트라포드로 둘러싸인 곳도 있다.

외항은 수심이 깊고 조류와 파도가 발생하며 바닥에 암초가 많아 큰 물고기가 잘 낚이는 등 낚시여건은 내항에 앞선다. 다만 테트라포드는 실족사고의 위험이 따르므로 여성과 어린이는 접근을 금해야 한다. 외항은 낮낚시가 잘 되고 내항은 밤낚시가 잘 되는 편이다.

그리고 방파제 끝은 수심이 깊고 조류가 빨라

동해 묵호항 내항의 원투낚시 장면. 수온이 낮은 겨울과 초봄에는 이런 내항에서도 쥐노래미와 가자미가 잘 낚인다.

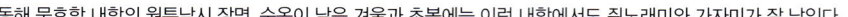

서 썰물에 잘 낚이고, 방파제 초입은 수심이 얕고 조류가 느려서 밀물에 잘 낚이는 특징이 있다. 방파제 중간은 그 중간 성격을 띠는데, 방파제 중간에서 기역자로 꺾인 부분이나 암초가 잠겨 있거나 기타 변화가 있는 부분은 종종 방파제 끝보다 더 좋은 포인트가 된다. 규모가 작은 방파제일수록 방파제 초입보다는 끝이 낫고, 내항보다는 외항 쪽이 낫다.

큰 방파제도 내항과 외항을 놓고 볼 때 외항의 조황이 평균적으로 앞선다. 내항보다는 조류 소통이 원활하고 수심도 깊어 고기들의 서식과 회유에 좋은 여건을 제공하기 때문이다. 그러나 파도와 바람이 강한 날은 내항의 조과가 뛰어날 때도 있다. 물색이 평소보다 탁해짐에 따라 파도를 피해 큰 고기들이 경계심을 접고 내항으로 들어오기 때문이다.

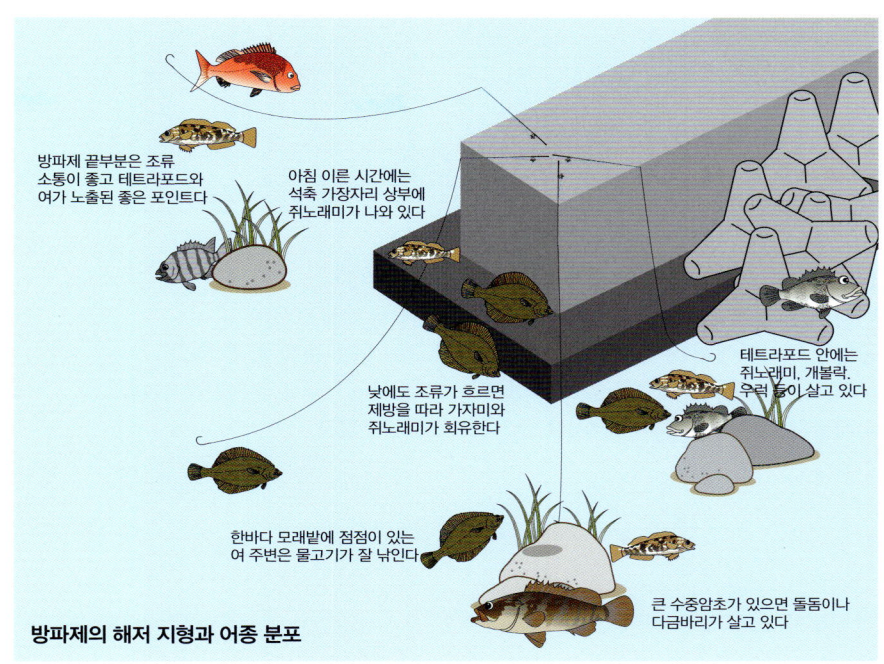

방파제의 해저 지형과 어종 분포

방파제의 해저지형과 어종 분포

방파제는 콘크리트(상부)와 석축(하부), 테트라포드(외곽)로 이뤄져 있는데, 포인트가 되는 것은 석축과 테트라포드이다. 두 구조물은 해초가 자랄 수 있는 재질(해초는 뻘이나 모래보다 암초에 붙어 자란다.)인데다 쌓는 과정에서 많은 틈(crack)을 형성하여 록피시의 집이 된다. 그리고 석축과 테트라포드의 간조선에는 미역, 파래 같은 해초가 갑각류, 패류, 물고기 치어들을 불러 모아 그것들을 먹고 사는 물고기들이 모인다.

이렇게 석축과 테트라포드에 터 잡고 사는 물고기들은 우럭, 쥐노래미 같은 록피시들이다. 내항의 석축 구멍 속에는 작은 우럭, 개볼락, 쏨뱅이 등 소형 록피시들이 터를 잡고, 외항의 테트라포드 사이사이엔 쥐노래미, 큰 우럭, 벵에돔, 용치놀래기, 붕장어 등 조금 큰 고기들이 터를 잡는다.

테트라포드 외곽은 대부분 모래나 모래뻘(사니, 沙泥)로 형성되는데 그곳엔 가자미, 도다리가 서식하고, 철 따라 참돔과 농어, 갑오징어가 회유하여 들어온다. 그리고 방파제 주변에 점점이 박힌 암초대엔 광어, 감성돔, 무늬오징어가 서식하는데, 제주도나 남해 원도의 방파제 주변 암초에는 돌돔과 다금바리도 서식한다.

한편 바닥이 아닌 중상층엔 고등어, 전갱이, 학공치, 벵에돔 같이 떠서 다니는 물고기들이 있지만, 이런 어종들은 찌낚시 대상어종이며 원투낚시에는 낚이지 않는다.

방파제 포인트 탐색 ABC

1단계 카운트다운 통해 수심을 파악한다

포인트를 고를 땐 크게 수심과 바닥 지형을 파악한다. 탐색 방법은 다음과 같다. 우선 바늘을 달지 않은 상태로 봉돌만 달아 여기저기 캐스팅을 해본다. 몇 초 만에 봉돌이 바닥에 닿는지 카운트다운을 하면서 수심 차이와 바닥 지형을 읽는다.

수심은 얕은 곳보다 깊은 곳이 낫다. 보통 어종에 관계없이 수심이 약간이라도 깊은 곳에 고기들이 모여 있는 경우가 많다. 특히 방파제 원투낚시의 대표 어종인 도다리의 경우, 시즌 초반인 봄에는 수심 깊은 외항. 그 중에서도 가장 깊은 곳을 노리는 게 유리하다. 이후 시즌이 무르익어 여름으로 접어들면 얕은 수심까지 도다리가 들어오므로 내항권도 포인트가 된다.

방파제와 방파제 사이의 깊은 물골도 좋은 포인트가 된다. 배들이 왕래하는 루트가 물골이다. 이곳은 방파제 주변에서 수심이 가장 깊은 곳이라 연중 활발한 입질을 받을 수 있는 곳이다. 다만 낮에는 배들의 왕래가 잦기 때문에 배들이 운항을 멈춘 밤에 노려볼만한 포인트다.

2단계 바닥을 더듬어 수중여를 찾는다

바닥 지형을 탐색할 때는 수중여의 존재와 위치를 찾는 게 관건이다. 채비를 캐스팅한 뒤 45도 각도로 로드를 세워 릴을 감으면서 느낌으로 바닥 지형을 읽는다. 뻘과 모래가 섞인 바닥은 봉돌이 끌려오는 느낌이 '툭 툭툭' 하고, 뻘이 많은 바닥은 그냥 '주욱 주욱' 끌려오는 느낌이 난다. 뻘보다는 모래가 섞인 바닥에서 입질이 활발하다. 그러다가 '턱-'하고 단단하게 걸리거나 '턱-터덕-'하고 봉돌이 튕기면서 오는 느낌이 들면 수중여가 있는 것으로 보면 된다. 그 수중여 주변이 최고의 포인트다.

찌낚시에서는 수중여 위로 미끼를 흘려서 입질을 받지만 원투낚시에서는 수중여 위에 미끼를 던지면 밑걸림이 발생하므로 수중여를 살짝 빗겨나게 채비를 안착시키는 게 중요하다. 밑걸림을 피하는 목적도 있지만, 그보다는 수중여 바로 위는 볼락, 우럭, 쥐노래미, 복어 같은 작은 고기들이 많이 서식하고 있어서 원투낚시의 주요 대상어인 감성돔과 도다리가 입질하기도 전에 미끼를 빼앗길 수 있기 때문이다. 채비를 계속 던져보아서 밑걸림이 생기지 않는 수중여와 수중여 사이 깔끔한 바닥을 찾는다. 그 후엔 그곳의 방향과 거리를 기억하여 그곳에 미끼를 지속적으로 투척하면 많은 물고기를 낚을 수 있다.

4 백사장 원투낚시
초장타를 즐겨라

원투낚시를 즐기기에 가장 매력적인 필드는 백사장이다.
백사장은 '원투낚시에 의한 원투낚시를 위한 원투낚시의 포인트'다.
광활한 백사장에서 수평선을 바라보며 호쾌한 캐스팅을 맘껏 할 수 있다.
큰 백사장은 대부분 해수욕장으로 이용되어 주변 관광객들에게 불편을 끼치지 않게 주의해야 하지만
피서철만 피하면 한가하여 낚시를 즐기는 데 문제가 없다.

동서남해 백사장 낚시터 비교

백사장 원투낚시를 제일 많이 즐기는 곳은 동해안이다. 동해는 7번 국도를 따라 부산에서 강원도 고성까지 420km 해안에 수많은 백사장이 산재해 있다. 그곳에선 다양한 물고기들이 철 따라 낚이는데, 대표적인 물고기는 가자미, 도다리, 강도다리, 광어, 보리멸, 감성돔, 황어, 쥐노래미, 복어, 우럭, 볼락, 개볼락 등이다.

서해안은 백사장이 그리 많지 않다. 인천부터 전라북도 부안 사이에 있는 해수욕장들이 대부분 원투낚시터다. 전라남도 영암, 무안, 목포에는 모래사장 대신 갯벌로 이뤄져 원투낚시 포인트가 형성되지 않는다. 서해에서 낚이는 원투낚시 어종은 망둥어, 도다리, 보리멸, 돌가자미, 감성돔 등이다. 서해 감성돔은 백사장보다 백사장을 낀 갯바위에서 나오므로 엄밀하게 백사장 고기라고 할 수도 없다.

남해안은 백사장이 꽤 많지만 원투낚시가 대부분 갯바위와 방파제에서 이루어진다. 제주도도 마찬가지다. 그래서 남해와 제주도의 원투낚시는 미개척 상태로 오히려 발전 가능성은 더 크다고 할 수 있다.

백사장 원투낚시의 장점과 단점

■ 장점
- 호쾌한 캐스팅이 가능하다. 전방에 장애물이 없어 100m 이상 맘껏 던질 수 있다.
- 해수욕을 즐길 수 있어 가족낚시터로 좋다.
- 모래바닥이라 밑걸림이 적다.
- 수평선을 바라보며 휴식과 힐링을 즐기는 운치가 있다.

■ 단점
- 대상어종이 갯바위나 방파제에 비해 단조롭다.
- 파도의 영향을 많이 받으며 파도가 높으면 하기 어렵다.
- 한여름 피서철에는 해수욕장 개장 시기와 겹쳐 한적한 낚시가 어려워진다.
- 입질시간대가 짧다. 대개 밀물시간과 초썰물에 입질하는데, 어군이 백사장으로 접근하는 짧은 시간에 입질이 집중된다. 동해안은 조수간만의 차이가 거의 없기 때문에 밀물 썰물 가리지 않고 긴 시간 입질이 꾸준하게 오지만, 서해안은 조수간만의 차이가 심해 입질시간이 짧다. 밀물은 천천히 들어오지만 썰물은 빠른 속도로 빠져나간다.

백사장 포인트 선정의 5가지 키워드

① 백사장 중간의 만을 이루는 곳이나 홈통이 일급 명당이다. 만을 이루는 홈통지형은 빠른 조류가 잠시 약해지며 와류가 생기는 곳으로 다양한 어종이 장시간 머무는 특징이 있다
② 긴 일자형 백사장에선 한가운데를 포인트로 잡는 게 좋다. 백사장 좌우 양쪽은 조류가 먼저 들어오고 빨리 빠져나가지만 중앙은 물이 정체되어 있는 시간이 길어서 도다리나 가자미 같은 어종이 오래 머문다.
③ 백사장으로 민물이 유입되는 곳을 노린다. 민물이 유입되는 곳은 백사장 안쪽까지 길게 깊은 물골이 생기기 마련인데, 이곳은 늘 먹잇감이 풍부하므로 좋은 포인트가 된다. 민물과 바닷물이 합쳐지는 기수역은 플랑크톤 및 베이트피시가 모이는 훌륭한 포인트다.
④ 수중여가 점점이 박힌 곳이 좋다. 백사장 중간의 수중여는 물고기들의 은신처이자 먹이사냥터 역할을 한다.
⑤ 수중지형 중 움푹 파인 물골이 중요 포인트가 된다. 깊은 물골은 위성사진(항공사진)에 짙은 색으로 나와서 확인할 수 있으며 현장에서 낚시하기 전에 봉돌만 달아 던 바닥을 더듬으며 파악할 수 있다.

대상어종에 따른 포인트 선정
▶ 도다리, 보리멸

> **Tip**
>
> **봄에는 깊은 곳보다 얕은 곳 노려보라**
>
> 수온이 낮은 시즌 초반에는 수심이 얕고, 완만한 지형이 멀리까지 이어지는 곳(태안 만리포 해수욕장 같은)을 찾는 게 유리하다. 이런 해변은 수온이 빨리 올라 다른 해수욕장보다 물고기가 유입될 확률이 높기 때문이다.

삼척 맹방해수욕장에서 원투낚시를 즐기는 사람들. 여름에는 보리멸과 참가자미, 겨울에는 복어가 잘 낚여 인기 있는 낚시터다.

모래에 은신하며 먹이활동을 하고 조류가 약한 곳을 선호한다. 따라서 조류가 약한 홈통지형이 좋다.

▶ 우럭, 쥐노래미

모래보다 돌무더기나 수중여에 숨어 살기 때문에 이런 곳을 집중적으로 노려야 한다. 특히 조류 소통이 좋고, 수심이 깊은 곳에서 씨알 좋은 녀석들이 낚인다.

▶ 감성돔, 농어

모래와 수중여가 적절히 섞인 곳이 주 포인트가 된다. 간출여에 가까이 진입하여 수중암석과 모래가 섞여 있는 포인트를 공략한다. 회유성 어종들이라 인기척에 예민하므로 조용한 곳이 최우선 포인트다.

동해에선 수중여 배치 보고 포인트 선정

동해는 조류는 약하지만 파도를 막아주는 섬이 없어서 늘 백사장에 파도가 인다. 그 파도의 세기에 따라 백사장의 해안선이 수시로 바뀌는 게 가장 큰 특징이다. 보리멸과 가자미는 잔잔한 날 잘 낚이고, 광어, 감성돔, 쥐노래미, 개볼락은 파도가 치는 날 잘 낚인다. 물론 파도가 너무 세면 낚시가 불가능하다.

모래만 있는 곳보다는 모래 중간 중간에 수중여(암초)가 박혀 있는 곳이 좋은 포인트가 된다. 다음 지도나 네이버 지도를 보면 해안선을 따라 물속에 박혀 있는 거뭇거뭇한 수중여를 쉽게 확인할 수 있다.

위성 지도를 통해 출조지를 선정했다면 현장에 도착 후 높은 곳에서 자신이 던질 수 있는 비거리를 감안해 노려볼 수중여 주변을 정한다. 다음으로 수중여의 좌우측을 노릴 것인지, 앞쪽을 노릴 것인지, 아니면 수중여를 넘겨 뒤쪽을 노릴 것인지를 정한다. 그런데 보통 수중여 뒤쪽보다는 옆쪽이나 앞쪽을 노리는 게 좋다. 동해안의 조류는 대부분 바다에서 육지 쪽으로 밀려오기 때문에 물고기들이 조류를 막아주는 수중여 뒤편, 앞쪽에 몰려 있기 때문이다. 다만 수중여 뒤에 또 다른 수중여가 있을 때는 수중여 뒤쪽을 공략하면 좋은 포인트가 된다. 이런 포인트는 초심자들의 경우 물고기를 걸거나 채비를 회수할 때 수중여에 밑걸림이 자주 생기게 되므로 전문가가 아니면 공략하기 힘들다.

그리고 앞쪽부터 100m 전방까지 수중여가 너무 밀집해 있다면 이곳도 피해야 할 곳이다. 제일 좋은 포인트는 낚시인이 채비를 던질 수 있는 거리인 60~100m 지점에 수중여가 가로로 드문드문 형성되어 있는 곳이다. 파도가 치는 날에는 굳이 수중여에 바짝 붙이지 않아도 입질을 받을 수 있다.

수중여가 없으면 수중 모래턱을 찾아라

그렇다면 수중여가 없는 곳에서 포인트는 어떻게 찾을까? 그때는 수중 모래턱을 찾아야 한다. 동해안의 경우 연안으로 밀어 붙이는 파도로 인해 모래 중간 중간에 수중턱이 생긴다. 육지로 밀어 붙이는 파도가 센 곳은 다른 곳보다 턱이 육지 쪽으로 많이 들어와 있는 특징이 있다. 그 수중턱 밑은 대부분 깊은 물골이 형성되어 있어 물고기들이 먹이활동을 하는 곳이다.

물속 턱을 찾는 요령은, 채비를 멀리 던져 조금씩 감아 들이면 채비가 뚝 떨어지며 원줄이 느슨해지는 느낌을 받는 곳이 있다. 또 잘 끌려오다 어딘가에 걸린 것처럼 저항이 느껴진다면 수중턱이 있는 곳이다. 그곳을 잘 기억했다가 집중적으로 투척하면 빠른 시간에 입질을 받을 수 있다.

서해에선 백사장 중앙이 명당

서해안은 파도는 거의 없는 대신 조수간만의 차이가 심하고 바닥이 모래보다 뻘이 섞인 곳이 많다. 파도가 높지 않아서 주변에 큰 공사나 개발이 있지 않는 한 해안선과 물골의 변화가 거의 없어, 대상어가 낚이는 포인트가 거의 변하지 않는 편이다.

조수간만의 차이가 심한 서해에선 밀물과 썰물이 물고기의 먹이활동에 큰 영향을 미친다. 밀물에 물고기들이 우르르 몰려왔다가 썰물이 시작되면 와르르 빠져나가는 경우가 많다. 썰물이 시작되면 순식간에 100m에서 어떤 곳은 직선거리로 1km 이상 바닷물이 빠지기 때문에 물고기들도 조류를 따라 빠져나가기 바빠서 낚시는 주로 밀물 때 잘 된다.

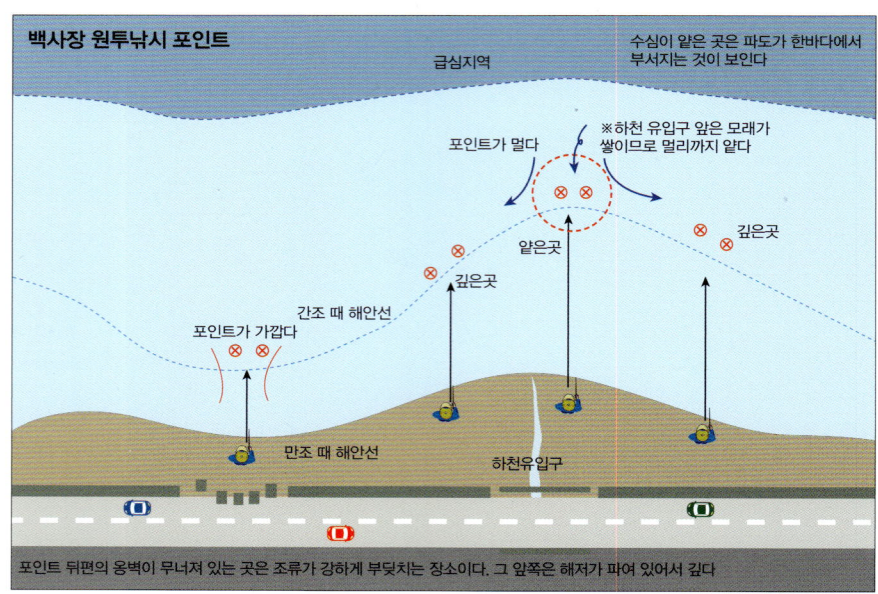

백사장이 반달 모양으로 생겼다면 육지 쪽으로 제일 많이 들어와 있는 중앙 부위가 포인트가 된다. 또 백사장 중앙에 서서 바다를 바라봤을 때 좌측에 방파제나 갯바위 등으로 만을 이루고 있다면 이곳이 포인트가 되고〈태안 만리포 백사장 위성사진 참조〉, 반대로 백사장 우측이 만을 이루고 있다면 이곳이 포인트가 된다.〈태안 벌천포 백사장 위성사진 참조〉

만(灣)을 이루고 있다는 것은 조류가 모여서 밀려들어온다는 것이므로 조류를 따라 물고기들도 이곳으로 몰려들고 조류가 오래 정체되어 있어서 보리멸이나 가자미가 머무르며 먹이활동을 오래 할 수 있다.

그런데 만약 보령 대천해수욕장처럼 해안선이 일자로 이뤄져 있다면 포인트를 찾기가 애매해진다. 보령 대천해수욕장 위성사진을 보면 북쪽 2/3지점을 기준으로 양측에 만이 형성되어 있는데 그 이유는 그 지점에 해변에서 500m 앞쪽에 수중여가 발달해 있기 때문이다. 서해엔 이런 곳이 드물지만 특별히 수중여가 발달된 이런 곳은 동해와 같이 그곳이 포인트가 된다.

백사장 양쪽 곶부리에서 가까운 쪽이 포인트

한편 백사장 좌우측으로 튀어나와 있는 곶부리의 길이로 포인트를 찾는 방법도 있다. 왼쪽에 있는 곶부리가 많이 튀어나와 있다면 백사장 왼쪽 1/3지점이 포인트가 된다. 서해는 대부분 남쪽에서 북쪽으로 밀물 조류가 흐르게 되는데(만 안쪽은 제외), 길게 튀어 나와 있는 남쪽 콧부리를 돌아 백사장 1/3 지점에 조류가 제일 먼저 닿기 때문에 이곳이 물고기들의 관문이 되는 경우가 많다. 반대로 밀물 조류가 오른쪽에 있는 곶부리를 타고 들어온다면 오른쪽 1/3지점이 포인트가 되는 것이다.

백사장 원투낚시는 비거리가 길수록 남들보다 더 넓은 곳을 탐색할 수 있어 좋은 조과를 올릴 수 있으므로 비거리를 늘릴 수 있도록 장비를 개선하고 캐스팅 연습을 많이 해야 한다

깊게 파인 물골을 찾아라

갯바위나 방파제와 달리 백사장에서 포인트 찾기란 쉽지가 않다. 망망대해만 보일 뿐 특별한 표식이 없기 때문이다. 따라서 백사장에 도착하면 조류나 너울파도에 의해 깊게 파인 물골을 찾는다. 이 물골이 물고기들의 이동 통로가 된다. 동해안이든 서해안이든 반드시 이런 물골은 있기 마련이다.

특히 동해안의 백사장은 백사장 양쪽에 튀어 나와 있는 갯바위 사이에 남북으로 길게 형성되어 있는 형태를 보이는데, 양쪽 곶부리를 직선으로 연결한 가상선의 수중에 물골이 형성된다. 오랜 세월 양쪽 곶부리에 받힌 조류의 침식작용에 의해 물골이 형성되는 것이다. 따라서 백사장에

태안 벌천포 해수욕장의 위성사진. 오른쪽이 만을 이루고 있어서 오른쪽에 포인트가 형성된다

태안 만리포 백사장의 위성사진. 왼쪽이 만을 이루고 있어서 왼쪽에 포인트가 형성된다.

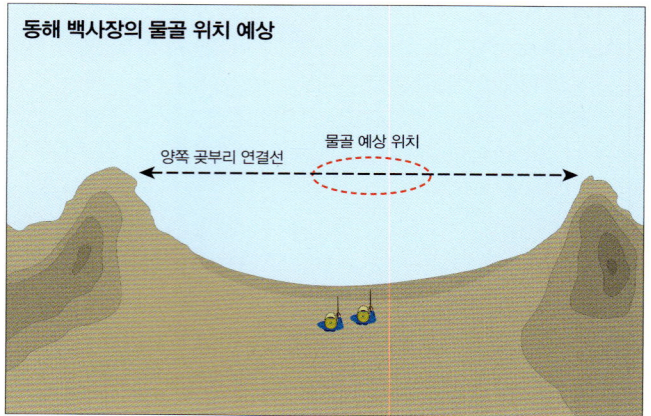

백사장 탐색의 핵심 테크닉
채비 끌기

백사장은 갯바위나 방파제에 비해 장애물이나 표식이 되는 지형지물이 적어서 포인트를 잡기가 쉽지 않다. 이럴 때는 넓은 범위를 끌어주며 물고기를 찾는 것이 가장 좋은 방법이다. 적당한 곳에 자리를 잡고 바람과 조류의 상류 방향으로 채비를 투척한 뒤 채비를 천천히 끌어주다 2~3분간 기다리다 다시 끌어주며 입질을 유도한다.

▶ 채비 끌기의 이점
① 언제 어디서 입질할지 알아낼 수 있다.
② 미끼가 움직이는 것처럼 보이기 때문에 잘 유혹된다.
③ 채비가 당겨지고 있어서 채비가 엉키지 않는다.
④ 급심지역의 위치 등 해저 상황을 알 수 있다

▶ 채비를 끄는 방법
① 릴로 감아서 끌기
릴을 감아서 끌 때는 낚싯대를 90도로 세운다. 봉돌이 멀리 있는 경우나 급심인 해변 등에서는 낚싯대를 세우는 것이 끌기 쉽다. 낚싯대를 세우면 낚싯대 무게감이 없어지므로 장시간 낚시에도 편하다.

② 낚싯대로 끌기
〈아래 그림〉의 A에서 D까지 초리를 끈다. 도중에 B와 C에서 스톱을 넣는다. 이런 틈을 만들어주는 것으로 보리멸이 입질할 타이밍이 생긴다. D까지 끌었다면 초리를 A위치로 되돌리고 릴 핸들을 돌려 줄을 감는다. 이때 줄 늘어짐이 생기지 않도록 초리에 봉돌의 무게를 느끼면서 감는다. 다만 봉돌은 움직이지 않도록 한다.

3대 편성 시 채비 끌기

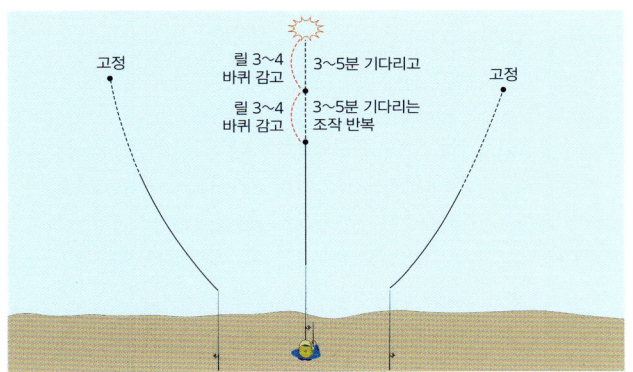

낚싯대로 채비 끌기

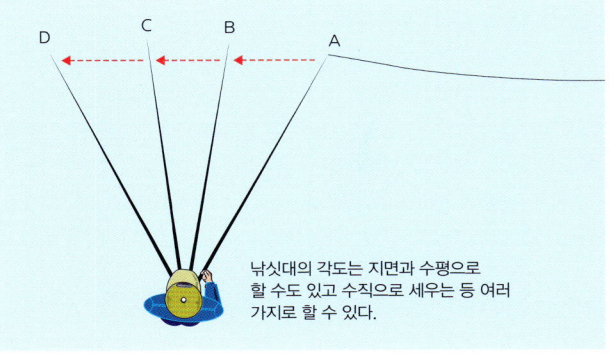

보령 대천해수욕장에서 돌가자미의 어신을 기다리는 낚시인들. 백사장 안쪽에 수중여가 많지 않은 서해에서는 백사장 중앙이 명당이 되는 수가 많다.

동해 망양휴게소 아래 해변. 거뭇거뭇하게 보이는 것이 수중여다. 수중여 옆이나 앞쪽을 노리면 잦은 입질을 받을 수 있다.

서면 양쪽 곶부리 연결선을 가늠하고 그 정도 거리까지 캐스팅해주면 깊은 물골에 미끼를 떨어뜨릴 수 있다.
그 물골 너머에는 더 깊고 초장타로도 공략할 수 없는 거리에 2차 물골이 존재하는데 대개 해안에서 200m 이상 먼 거리에 있는 2차 물골은 우리가 상상할 수 없을 정도로 조류가 빠르다.

모래 속에 파묻혀 생활하는 도다리, 가자미, 보리멸도 물골을 공략하면 입질을 빨리 받을 수 있다. 따라서 최대한 멀리 던진 다음 살살 끌어주다가 봉돌이 뚝 떨어지는 곳을 만나면 그곳에 채비가 오래 머물도록 해주어야 쉽게 입질을 받을 수 있다. 물골에 봉돌이 떨어지는 느낌은 어느 정도 낚시경험이 쌓여야 알 수 있다.

5 갯바위 원투낚시
대어와 한판승부

원투낚시의 확산으로 낚시터가 방파제, 백사장에서 갯바위로 확대되고 있다.
험준한 갯바위는 방파제나 백사장보다 바닷고기들이 서식하기 좋은 암반으로 이뤄져 있고,
수심이 깊고 조류 소통이 좋아서 크고 다양한 어종을 만날 수 있다.
특히 참돔, 감성돔, 돌돔, 능성어, 다금바리 같은 고급 어종이 낚인다.
그러나 배를 타고 진입해야 하는 제약이 따르고 파도가 자주 일고 발판이 험해서 안전에 유의해야 하는 낚시터다.

감성돔, 참돔이 주 대상어종

갯바위에서 노리는 주 어종은 감성돔과 참돔이다. 물론 작은 물고기도 많지만 그런 고기는 방파제에서도 낚을 수 있기 때문에 갯바위 원투낚시는 더 큰 고기를 목표로 삼고 있다. 남해 원도 갯바위에선 돌돔도 원투낚시로 낚을 수 있고 제주도 갯바위에선 다금바리를 원투낚시로 노려볼 수 있다. 하지만 돌돔낚시와 다금바리낚시는 각각 전용 장비가 필요하므로 독립된 낚시장르로 취급되며 일반적 원투낚시에는 포함하지 않고 있다.

노래미, 놀래기류는 항상 낚을 수 있다

갯바위는 인공이 가해지지 않은 자연 그대로의 환경인데다 인간의 발길이 드문 곳이라 수중 생태계가 잘 살아 있다. 물고기의 양과 종류가 방파제, 백사장보다 많을 수밖에 없기 때문에 갯바위에서 원투낚시를 하면 꽝은 없다. 다만 돔을 대상어종으로 삼으면 실패할 수는 있지만, 노래미, 쥐노래미, 용치놀래기, 도다리, 우럭, 개볼락, 쏨뱅이 같이 암초바닥에 붙어 사는 작은 고기들은 심심치 않게 낚을 수 있다. 운이 좋으면 대어의 행운을 안을 수 있고 욕심을 버리면 정말 풍성한 바다가 갯바위다.

갯바위 원투낚시의 장점과 단점

■ 장점
- 큰 고기를 낚을 수 있다.
- 인간의 발길이 뜸한 갯바위라는 공간에서 바다낚시의 깊은 세계를 체험할 수 있다.
- 배를 타고 섬 갯바위로 들어가면 타인의 접근이 허용되지 않는 곳에서 나만의 휴식을 즐길 수 있다.

■ 단점
- 배를 타야 하므로 비용이 많이 들고 진입과 철수가 자유롭지 못하다.
- 차를 두고 섬에 들어가므로 챙겨야 할 짐이 많아진다.
- 갯바위는 외해 쪽으로 돌출되어 있고 조류가 빠른 곳이라 파도에 취약하다.
- 바닥이 암초 투성이라 밑걸림이 심하다.

갯바위 원투낚시의 중심지는 남해안

갯바위 원투낚시터가 가장 많은 곳은 남해안이다. 그 이유는 다도해라는 이름처럼 섬들이 남해안에 집중돼 있기 때문이다. 거제, 통영, 남해도, 여수, 고흥, 완도, 진도 앞바다에는 크고 작은 섬이 밀집돼 있고 섬은 해안선 대부분이 갯바위로 형성되어 있어 갯바위낚시의 천국이라 할 수 있다. 지금까지 남해안의 갯바위낚시는 릴찌낚시 위주로 행해졌으나 최근 원투낚시 인구 증가로 인해 갯바위 원투낚시도 확산되고 있다. 특히 국도, 좌사리도, 거문도, 추자도, 여서도, 황제도, 태도, 가거도 같은 남해 원도는 감성돔과 참돔, 돌돔의 집산지로서 꿈의 원투낚시터라 할 만하다.
그에 비해 동해는 울릉도를 제외하고는 섬이 없어서 갯바위낚시가 활성화되지 못하고 있고(백사장 주변 갯바위에서 원투낚시를 할 수도 있지만, 멀리 던진 바닥은 역시 암초가 섞인 모래바닥이라 백사장 원투낚시와 별 차이가 없다.) 서해는 섬이 많아도 상륙 금지된 섬이 많고, 상륙이 가능한 섬도 선상낚시 위주로 낚싯배가 운영되기 때문에 갯바위 하선용 낚싯배를 구하기 어렵다.

갯바위 포인트의 1차 키워드는 '수심'

갯바위에서 원투낚시를 할 때 가장 중요한 포인트 선정 기준은 '수심'과 '조류'인데 먼저 적당한 수심을 확보한 지점을 찾는 것이 급선무다. 방파제나 백사장은 주변 수심이 거의 일정하게 유지되지만 갯바위는 10m 거리만 멀리 던져도 수심이 5~10m씩 급격히 깊어지는 경우가 많다. 가장 무난한 수심대는 10m권으로 8~12m 수심이면 감성돔, 참돔, 돌돔을 낚기에 가장 적합하다. 만약 그런 수심대에 큰 수중여가 잠겨 있으면 그곳엔 거의 틀림없이 큰 고기가 있다.
다만 수온이 낮은 겨울에는 15m 이상 깊은 수심에서 낚이기도 하고, 깊은 물골을 타고 회유하는 참돔의 경우 15~20m 수심에서 잘 낚이는 경우도 있다. 반대로 봄에는 깊은 수심보다 일조량이 많은 얕은 수심의 수온이 빨리 올라가기 때문에 7m 이내의 얕은 수심이 멀리까지 이어진 곳에서 감성돔이나 참돔이 잘 낚인다.
갯바위 주변 수심이 4~7m로 얕은 곳이라면 깊은 물골지대를 찾아 멀리 던지는 것이 좋고, 주변 수심이 15~20m로 깊은 곳이라면 가까이 던져

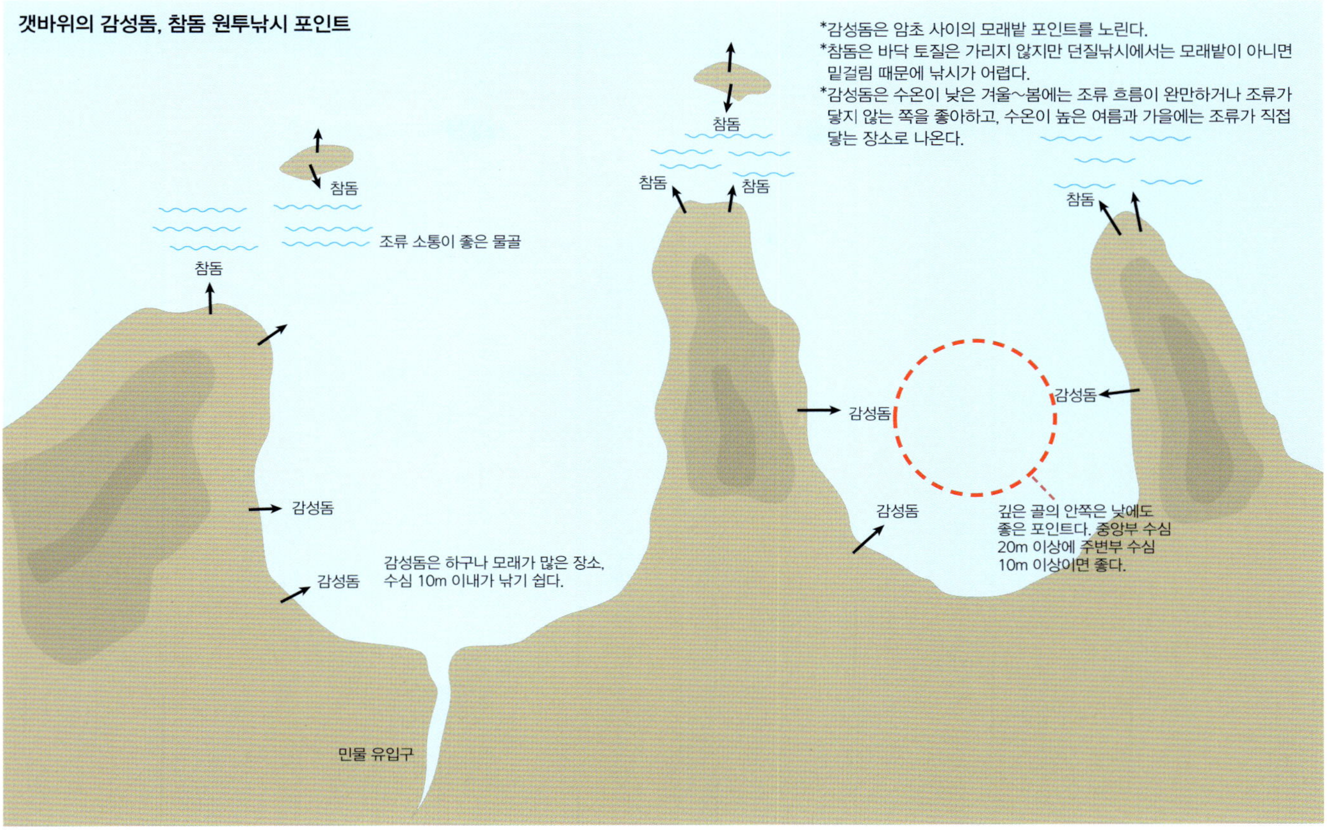

갯바위의 감성돔, 참돔 원투낚시 포인트

*감성돔은 암초 사이의 모래밭 포인트를 노린다.
*참돔은 바닥 토질은 가리지 않지만 던질낚시에서는 모래밭이 아니면 밑걸림 때문에 낚시가 어렵다.
*감성돔은 수온이 낮은 겨울~봄에는 조류 흐름이 완만하거나 조류가 닿지 않는 쪽을 좋아하고, 수온이 높은 여름과 가을에는 조류가 직접 닿는 장소로 나온다.

- 참돔
- 조류 소통이 좋은 물골
- 감성돔은 하구나 모래가 많은 장소, 수심 10m 이내가 낚기 쉽다.
- 민물 유입구
- 깊은 골의 안쪽은 낮에도 좋은 포인트다. 중앙부 수심 20m 이상에 주변부 수심 10m 이상이면 좋다.

서 10m 안팎의 얕은 수중턱 위에 미끼를 올려주는 것이 좋다.
처음 내리는 갯바위에서는 봉돌을 여기저기 던져 바닥을 더듬어가며 수심을 파악할 수밖에 없는데, 이 과정은 시간이 많이 걸리기 때문에 배에서 내리기 전 낚싯배 선장에게 수심을 물어보는 것이 좋다. 낚싯배에는 어군탐지기가 달려 있고 여기에 해저지형의 요철과 수심이 기록되기 때문에 낚싯배 선장은 갯바위 주변 수심을 정확히 파악하고 있다.

갯바위 포인트의 2차 키워드는 '조류'

일단 적당한 수심대를 찾았으면, 그 다음으로는 조류를 찾아야 한다. 수심이 적당하고 큰 고기가 은신할 수 있는 큰 수중여가 있어도 조류가 없으면 큰 고기들이 먹이활동을 하지 않고 용치놀래기 같은 잔 고기들만 설친다. 따라서 조류가 알맞게 흐르는 곳을 찾아서 낚시를 하는데, 캐스팅 후 원줄이 조류에 밀려 살짝 휘어질 정도의 조류가 좋다.
조류는 너무 약해도 안 좋지만, 너무 세도 채비가 떠밀려 가버리므로 좋지 않다. 보통 밀물이나 썰물이 한창 진행 중일 때는 조류가 세고(중밀물과 중썰물), 밀물과 썰물이 서로 바뀔 때는 조류가 약해지는데(간조 전후와 만조 전후) 유속이 적당한 시간대가 왔다 싶으면 집중적으로 낚시해야 한다.
갯바위낚시에선 조류의 속도뿐 아니라 방향도 중요하다. 조류는 내가 선 자리에서 뻗어나가는 조류가 있고, 내 쪽으로 다가오는 조류가 있고, 좌우 옆으로 흐르는 조류가 있는데, 수심이 얕은 곳에선 바깥으로 뻗어나가는 조류가 좋고, 깊은 곳에선 다가오는 조류가 좋다. 물고기의 활성도는 조류가 부딪치는 갯바위 주변에서 가장 왕성하므로 가장 좋은 조류는

갯바위 포인트에서 낚싯대를 던져 놓고 입질을 기다리는 낚시인. 갯바위는 방파제나 백사장보다 마릿수가 많고 큰 고기를 낚을 확률도 높다.

서산 삼길포 앞 먹어섬 갯바위에 내려서 원투낚시를 즐기고 있는 갯바위원투낚시 회원들.

울퉁불퉁한 갯바위를 타고 포인트로 진입하고 있다. 험준한 갯바위에선 늘 안전에 유의해야 한다.

갯바위에 상륙하는 모습. 갯바위낚시는 낚싯배를 이용해야 진입이 가능하다는 제약이 따르지만 그만큼 손 타지 않은 곳이라 조과는 뛰어나다.

갯투 회원들이 먹어섬에서 낚은 도다리와 쥐노래미를 보여주고 있다.

정면으로 다가오는 조류다. 다만 다가오는 조류에선 밑걸림이 잦으므로 먼 거리를 노릴 땐 다가오는 조류 대신 차선책으로 흘러나가는 조류에 미끼를 던져야 더 나은 조과를 올릴 수 있다.

좌우 옆으로 흐르는 조류는 낚싯줄을 휘게 만들어서 밑걸림이 심해지므로 피해야 한다. 만약 조류가 옆으로 흐를 때는 낚싯대를 걷어서 조류를 맞받는 곳이나 조류가 흘러나가는 곳으로 이동하는 것이 바람직하다.

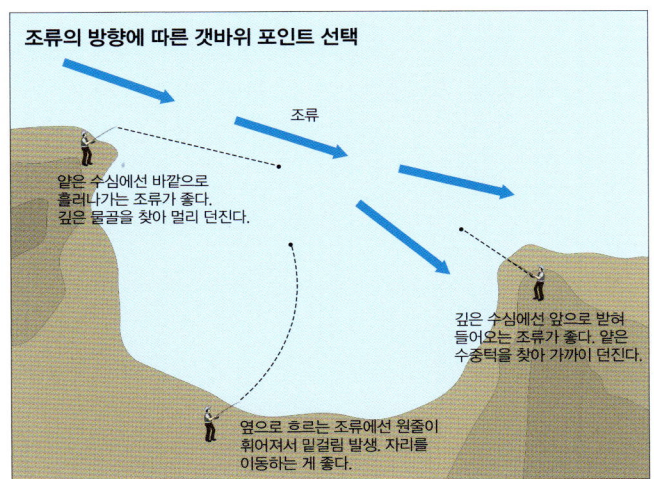

갯바위 채비는 심플해야 한다

갯바위 주변은 모래나 자갈바닥에 많은 암초가 흩어진 지형을 하고 있다. 바위가 많고 요철도 심하여 백사장, 방파제보다 훨씬 밑걸림이 심하므로 채비가 간단해야 하고 바늘도 하나만 달아 쓴다. 암초대를 벗어난 모래바닥이 아닌 한 편대채비는 써서는 안 되고 구멍봉돌 외바늘채비가 가장 적합하다.

또 빠른 조류 속에서도 미끼가 제 자리에 머물 수 있게끔 상당히 무거운 봉돌을 사용해야 한다. 조류가 느린 곳에선 25호, 30호, 조류가 센 곳에선 40호, 50호 봉돌이 적합하다. 봉돌이 가벼우면 낚싯줄이 조류에 떠밀릴 때 봉돌이 함께 떠밀려서 데굴데굴 구르다가 암초 틈에 박히기 때문에 밑걸림이 생긴다. 어떤 조류에서든 물속의 봉돌이 떠밀리지 않고 고정되어 있어야 밑걸림 없이 미끼가 노출되어 물고기의 입질을 유도할 수 있다.

갯바위 원투낚시의 단골손님
쥐노래미 낚시법

갯바위에서 원투낚시를 하면 가장 자주 낚이는 어종이 쥐노래미다. 해초가 자란 암초대에 서식하는 쥐노래미는 동서남해 전역에 많은 개체수가 서식하고 있으며 먹이를 보면 강한 공격성을 보이기 때문에 쉽게 낚을 수 있다. 원투낚시에서는 쥐노래미를 주 대상어로 보지는 않는데, 갯바위에 내리는 목적이 감성돔이나 참돔이기 때문에 쥐노래미는 잡어 취급 하는 면이 있다.

그러나 쥐노래미는 원투낚시에 없어서는 안 될 어종으로, 입질이 시원하고 손맛이 좋으며 맛도 좋은 물고기다. 요즘은 횟집에서 우럭보다 쥐노래미 회를 더 비싸게 판다.

쥐노래미도 큰 씨알을 낚으려면 멀리 던지는 것이 유리하다. 밑걸림이 없는 모래바닥이나 뻘바닥엔 쥐노래미가 없기 때문에 암초나 해초가 있는 자리를 찾는 것이 중요하다. 채비를 던져서 가라앉힌 후 살짝 당겨봤을 때 바닥에 딸깍 딸깍 걸리는 느낌이 나면 그대로 두고 아무것도 걸리는 느낌이 없다면 채비를 걷어서 다른 곳으로 던져보길 반복하면 암초 포인트를 감 잡을 수 있다. 다만 암초대는 밑걸림이 심하기 때문에 바늘 걸림을 조심해야 한다.

미끼는 청갯지렁이를 주로 쓰며, 채비는 크게 가리지 않는다. 바닥이 밋밋한 곳이라면 바늘이 2~3개 달린 묶음추채비를 써도 되고 밑걸림이 심하면 바늘을 잘라내고 1개만 남겨야 한다. 밑걸림이 아주 심한 곳에선 구멍봉돌 외바늘채비를 직접 만들어 쓰는 것이 좋다.

쥐노래미는 서해안과 남해서부에서 많이 낚이고, 남해동부와 동해안에서는 노래미(쥐노래미보다 크기가 작고 색깔이 짙다.)와 놀래기류(용치놀래기와 황놀래기)가 갯바위 원투낚시에 잘 나오는 손님고기다.

갯바위 원투낚시의 감초, 쥐노래미

Chapter 4 원투낚시 실전

6 미끼의 종류
개불과 갯지렁이가 양대 미끼

원투낚시용 미끼는 매우 다양하다.
가장 기본이 되는 미끼는 갯지렁이이며
참돔, 감성돔, 민어 같은 고급 어종을 노릴 때는 개불을 사용한다.
그밖에 조개류, 생선살도 미끼로 사용한다.
최근에는 사용이 편리하고 보관하기 쉬운 건조 미끼도 인기를 끌고 있다.

박광호 시마노 필드스탭
대물던질낚시카페 매니저

청갯지렁이

▶ **대상어**
가자미, 보리멸, 쥐노래미, 우럭, 농어, 망둥어, 조기류, 놀래기, 참돔, 붕장어, 황어, 쥐치 등 거의 모든 바닷고기

▶ **특징**
원투낚시에서 가장 대중적으로 사용하는 미끼다. 청갯지렁이는 양식을 하므로 값이 싸고 동서남해의 낚시점 어디서든 구할 수 있다. 다양한 어종을 낚을 수 있으며 소형 물고기를 낚을 때 효과적이다. 청갯지렁이는 어둠 속에서 빛을 내기 때문에 특히 밤낚시에 효과적이다.
근투, 중투를 할 때는 그냥 꿰어 사용해도 상관없지만 원투를 하려면 소금으로 염장해서 사용해야 잘 떨어지지 않는다. 일본 마루큐에서 미끼 염장 전용 소금을 출시하였는데, 새우 성분 가루가 함유되어 집어력이

청갯지렁이

청갯지렁이 염장

향상된다. 염장을 하면 꾸덕꾸덕 말라서 단단해지기 때문에 원투가 가능하고 잡어에게 오래 견딘다. 염장 후 냉동실에 보관하면 수개월 사용 가능하다. 물론 근거리를 노릴 때는 염장 지렁이보다 싱싱하게 살아 있는 지렁이가 좋다.
원투를 할 때는 큰 청갯지렁이 한 마리를 바늘 위까지 꿰어 올려 늘어지는 부분을 적게 하는 것이 좋고, 도다리나 농어를 노릴 때는 작은 청갯지렁이 서너 마리를 대가리만 바늘에 걸쳐 꿰고 나머지는 바늘 밑으로 길게 늘어뜨려야 빠른 입질을 받을 수 있다.

갯지렁이 염장 때 뿌려주는 첨가제
나게츠리 파우더

청갯지렁이와 참갯지렁이에 소금을 뿌려 염장을 할 때 염장 전용 첨가제를 뿌려주면 분말이 표피에 달라붙어 미끄럽지 않아 바늘 꿰기에 편하고 물속에 들어가서는 분말이 퍼져서 집어 효과를 발휘한다. 마류큐사에서 출시한 '나게츠리 파우더'란 갯지렁이 전용 첨가제가 인기 있다.

참갯지렁이에 나게츠리 파우더를 뿌려주고 있다.

참갯지렁이

▶ **대상어**

참돔, 감성돔, 돌돔, 민어, 농어, 가자미, 서대, 쥐노래미, 우럭, 조기류, 놀래기, 붕장어, 쥐치 등

▶ **특징**

모든 바닷고기들이 좋아하는 미끼로서 입질이 빠른 장점 때문에 널리 사용하는 미끼이다. 다만 1kg에 10~13만원으로 미끼 중 가장 비싼 것이 흠이다. 겨울 등 저수온기에 사용하면 매우 효과적이다. 몸통이 굵고 단단해서 염장하지 않아도 원투가 가능하다. 농어, 민어, 참돔, 감성돔 등 대물낚시에는 참갯지렁이를 쓰는 것이 정석이며, 보리멸낚시와 밤낚시가 아닌 이상 청갯지렁이보다 참갯지렁이를 사용하는 편이 조과 면에선 낫다.

참갯지렁이

다만 서해안에서는 취급하는 낚시점이 많지 않아 구하기가 어려우므로 서해로 출조 시 참갯지렁이를 꼭 사용하고 싶다면 인터넷 생물 판매점에 주문하여야 한다. 참갯지렁이는 성게꽂이를 이용하여 한 마리를 통으로 끼워 사용한다. 가격이 비싸기 때문에 사용하고 남은 분량이나 상태가 안 좋은 것들은 염장하고 말려서 사용한다.

집갯지렁이

▶ **대상어**

감성돔, 농어

▶ **특징**

전라남도에서만 구입할 수 있는 갯지렁이다. 전남권 해안에 감성돔이 들어오기 시작하는 4월부터 감성돔낚시에 준비해야 할 미끼 1순위로 꼽힌다. 조개껍질 등으로 집을 짓고 살기 때문에 집갯지렁이라 부르는데 학명은 넙적갯지렁이다. 참갯지렁이만큼 비싸기 때문에 감성돔, 농어 미끼로 사용하며, 전남지역에서 나는 미끼이므로 무안, 신안, 목포 지역의 감성돔 낚시에 효과가 좋다.

색상은 진한 녹색 혹은 검정색을 띤다. 참갯지렁이처럼 굵지만 살이 단단하지 않고 말랑말랑하다. 사용 시 주의할 점은 매우 부드럽기 때문에 잘 끊어진다는 것. 따라서 100m 이내의 중투나 근투에만 사용해야 한다.

집갯지렁이는 조개껍질에 집을 짓고 산다.

조개껍질에서 꺼낸 집갯지렁이

조개류

▶ **대상어**

가자미, 쥐노래미, 혹돔, 감성돔, 돌돔 등

▶ **특징**

생선살과 마찬가지로 가장 말랑말랑한 미끼이다. 생물로 사용 시엔 미끼 전용 묶음실로 묶어 사용하며, 꾸덕꾸덕하게 말리거나 염장해서 사용하면 편리하다. 얼려서 사용하면 장거리 캐스팅도 가능하다. 단단한 전복은 돌돔 미끼로 사용하며, 나머지 조개류는 대물급 도다리와 쥐노래미 낚시에 입질이 좋은 편이다. 홍합, 명주조개, 굴은 감성돔 원투낚시에서 잡어가 많이 덤빌 때 사용하면 효과를 볼 수 있다. 구입과 준비과정의 번거로움 때문에 많이 사용되는 미끼는 아니지만 잡어 배제 차원에서 중요한 미끼 종류라 할 수 있다.

전복

꼬막을 묶음실로 바늘채비에 묶은 모습.

꼬막

개불

▶ 대상어
감성돔, 참돔, 넙치(광어), 가자미, 농어, 붕장어 등

▶ 특징
개불은 최근 가장 핫한 원투낚시 미끼로서 감성돔, 참돔 미끼로는 참갯지렁이의 아성을 넘어서고 있다. 개불의 최고의 장점은 살이 두껍고 질겨서 잡어에 강하고 바늘에서 잘 떨어지지 않는다는 점이다. 그래서 초원투 캐스팅 마니아들에게 더욱 인기가 높다. 개불은 입질이 다소 지저분한 참갯지렁이에 비해 입질이 시원스럽다는 것도 장점이다. 예신을 보면 대략 감성돔의 씨알도 예상할 수 있다.

동해안의 일부 낚시점에서 팔고는 있지만 아직까지는 어시장이나 횟집에서 개불을 구입해야 하는 번거로움이 있다. 최근에는 중국산 생물 개불이 흔하게 유통되기에 미끼 구입에는 큰 문제가 없다. 가격은 한 마리당 800원에서 2천원쯤 하는데 하룻밤낚시에 10~15마리 정도면 충분하다.

대물을 노리고 싶다면 한 마리를 통으로 사용한다. 성게꽂이를 사용하여 참갯지렁이를 꿰는 것처럼 바늘 위까지 밀어 올려 사용하는데, 위아래가 따로 없으므로 어느 곳으로 성게꽂이를 찔러도 된다. 입질이 예민하거나 마릿수 조과를 노리고 싶다면 개불을 잘게 잘라 누벼 꿰어 사용하면 빠른 입질을 받을 수 있다.

바닷물에 개불을 담가 살린 모습.

개불

작은 물고기는 건들지 못하기 때문에 사이즈 선별이 가능하며, 생명력이 좋아 미끼 유지 상태가 오래간다. 개불에 최대한 상처가 나지 않도록 꿰어 중투 정도 던지면 30분이 지나도 물속에서 살아 움직이며 이는 광어, 농어 등 공격성 어종의 입질 확률을 높여준다.

생선살

▶ 대상어
광어, 볼락류, 성대, 양태, 농어, 자바리(다금바리), 붉바리, 붕장어, 갯장어, 달고기, 부시리, 방어 등

▶ 특징
생선살 미끼는 남해안과 제주도에서 많이 사용한다. 고등어나 꽁치를 시장에서 사서 잘라 쓰기도 하지만 현장에서 직접 잡은 20~25cm의 살아 있는 물고기를 포를 떠서 미끼로 사용하는 경우가 많다. 그곳에 서식하는 대물 어종에게 어필력이 매우 좋아 다른 미끼들이 듣지 않을 때 써볼 만한 미끼다.

볼락, 붕장어 살은 달고기나 성대가 좋아하는 미끼이고, 보리멸은 양태나 광어낚시를 할 때 통째로 사용하면 효과가 좋다. 고등어와 전갱이, 벵에돔은 자바리 미끼로 사용하며, 밴댕이는 민어 미끼로 사용한다.

살아있는 작은 전갱이는 측선 뒷부분이 단단하여 통째로 바늘에 꿰기 좋은데, 광어, 양태, 자바리, 붉바리, 부시리, 방어 등 포식성 대상어를 노릴 때 가장 좋은 미끼이다.

고등어와 꽁치는 마트에서 사서 살만 포를 뜬 뒤 염장해서 사용하는 걸 추천한다. 염장을 하지 않고 냉동하면 살이 푸석푸석해져 장타가 불가능하다. 일본에서는 생선살을 낚시점에서 원투낚시 미끼로 판매하고 있다.

고등어살 염장

꽁치살 염장

두족류(오징어, 낙지, 꼴뚜기)

▶ **대상어**

붕장어, 쏨뱅이, 광어, 우럭, 양태, 농어, 망둥어, 조기류, 민어, 참돔, 붕장어, 대구 등

▶ **특징**

두족류 미끼는 갯지렁이보다 질겨서 초원투가 가능하고 미끼 지속시간도 길어 낚시가 편하다. 오징어는 냉동제품을 쓰는데 가격이 저렴한 것이 장점이다. 보통 손가락 크기로 채를 썰어 사용한다. 입질이 약할 때 얇게 잘라서 작은 바늘에 꿰어 사용하면 작은 대상어도 꼼짝 못하고 걸려든다. 붕장어와 볼락류 미끼로 많이 사용한다. 낙지, 주꾸미는 생물을 구입하기 수월하며 광어, 붕장어, 농어 미끼로 좋다. 특히 생낙지는 민어, 농어, 참돔 등 대물낚시에 효과적이다. 대물을 대상으로 할 때는 낙지 통꿰기를 하거나 낙지다리를 꿰어 사용하기도 한다. 필자는 대물 민어를 노릴 때 생낙지 반 마리를 사용한다. 한편 꼴뚜기는 크기가 작아서 볼락류 미끼로 쓰기 편하고 입질도 좋다.

오징어나 꼴뚜기 미끼는 서해안 낚시점에서 일부 판매하지만 구하기가 쉽지 않은 편이다. 따라서 어시장이나 마트에서 구입해서 냉동실에 보관해놓고 필요할 때 녹여 사용하면 좋다.

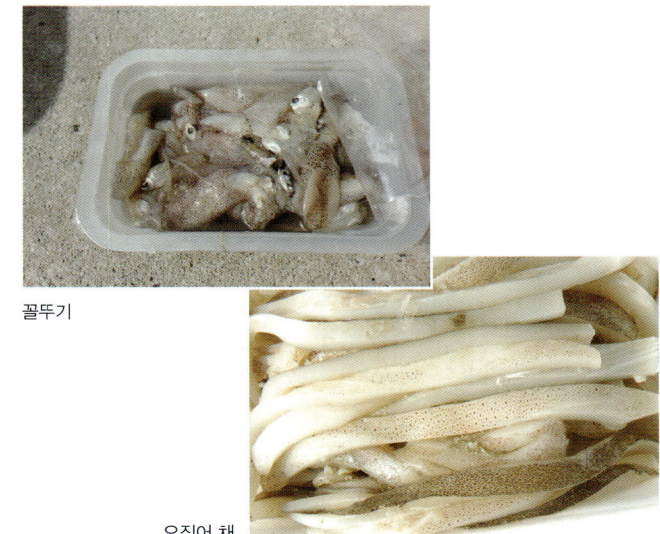

꼴뚜기

오징어 채

새우, 쏙

▶ **대상어**

민어, 수조기, 감성돔, 참돔, 간재미, 가오리, 농어

▶ **특징**

조개류와 마찬가지로 한정된 대상어의 낚시에 사용하는 미끼이다. 살아있는 새우와 쏙은 진도, 목포, 무안 지역에서 선상 원투낚시에서 많이 사용한다.

새우는 수입 냉동제품을 쓰는데 쉽게 구할 수 있다. 하지만 쏙은 서해안을 제외하면 판매하는 낚시점이 많지 않다. 또 죽어버린 쏙은 대상어의 입질확률이 매우 떨어지므로 사용하지 않는 게 좋다. 새우는 염장 후 냉동하였다가 사용해도 되는데, 소금염장이 아닌 설탕으로 재어 써도 효과가 좋다. 간재미, 가오리와 감성돔, 참돔은 냉동미끼에도 입질하지만 민어, 농어는 새우나 쏙 모두 살아있지 않으면 입질하지 않는다.

새우

쏙

멍게

▶ **대상어**

감성돔, 가자미, 도다리

▶ **특징**

멍게 양식장이 많은 통영이나 멍게가 많이 서식하는 동해에서 감성돔 미끼로 좋으며 대물 가자미류도 좋아한다. 사용 시 염장보다는 미끼 전용실을 이용하여 생물 특유의 향을 보전한 채로 묶어 사용하는 것이 좋다.

멍게살을 묶음실로 바늘에 묶은 모습

미끼로 사용하기 위해 썰어 놓은 멍게

Chapter 4
원투낚시 실전

7 미끼 사용법
바늘에 꿰는 요령이 성공의 절반

원투낚시에서는 미끼 사용법, 특히 바늘에 꿰는 방법이 대단히 중요하다. 대충 어설프게 꿰었다가는 날아가는 도중에 떨어져 나가기 때문이다. 원투낚시는 캐스팅 순간 강한 임팩트가 가해지기 때문에 미끼가 받는 충격이 그 어떤 낚시보다 크다. 그래서 크릴 같은 부드러운 미끼는 사용 불가능하고, 갯지렁이, 개불, 생선살 같이 질긴 미끼를 사용하되 그것도 바늘에 튼튼하게 잘 꿰어야만 한다.

전용익 한결산업, 원투낚시용품 TTRPD 대표
네이버카페 모두의낚시방 운영자

개불 꿰기

개불은 감성돔, 참돔, 민어 같은 큰 고기를 노릴 때 사용한다. 질기고 부피가 커서 작은 고기들이 못 뜯어 먹는 게 가장 큰 장점이다. 냄새가 강해 집어력도 뛰어나다. 수산시장에서 살 수 있는데 원투낚시가 성행하는 동해안에서는 낚시점에서도 개불을 팔고 있다. 인터넷을 통해 개불을 취급하는 수산상회에 주문하면 이틀 안에 택배로 받을 수 있다. 미끼용 개불은 작을수록 좋은데 5~7cm짜리 통으로, 그 이상은 잘라서 꿰면 된다. 개불 꿰는 방법은 크게 통꿰기와 잘라서 누벼꿰기로 나뉜다. 통꿰기는 참돔을 노리거나 50cm급의 대형 감성돔을 노릴 때 쓰는 방법이며, 잘라서 누벼꿰기는 백사장 감성돔 원투낚시에서 보편적으로 사용된다. 큰 개불보다 5~7cm의 작은 개불이 좋다. 통으로 꿸 때는 지렁이꽂이를 사용하면 편리하다.

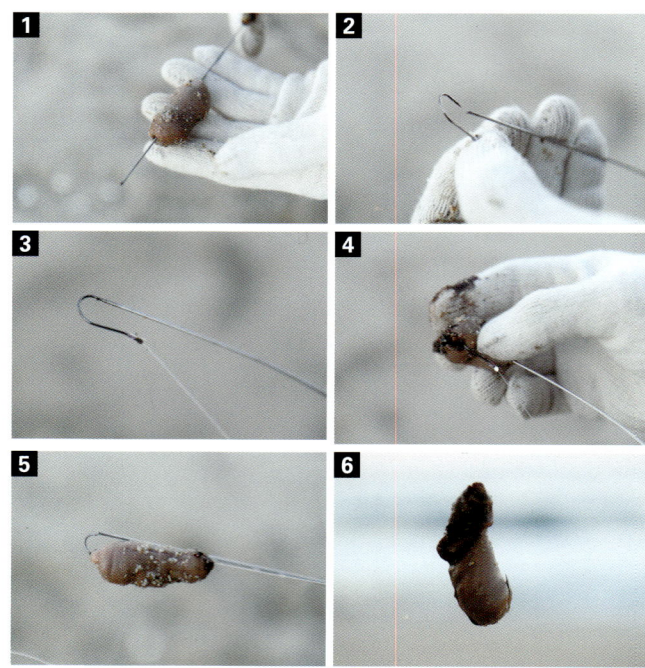

지렁이꽂이로 통꿰기
1. 지렁이꽂이를 개불 몸통으로 관통시킨다.
2. 3. 지렁이꽂이의 끝 홈에 바늘 끝을 끼운다.
4. 개불을 바늘 쪽으로 밀어낸다.
5. 개불이 바늘을 거쳐 목줄까지 이동한 상태.
6. 바늘을 지렁이꽂이에서 뺀 뒤 개불을 바늘 쪽으로 밀어 내린다.

잘라서 누벼꿰기
1. 입 쪽으로 가위를 밀어 넣는다.
2. 가위로 개불을 세로 방향으로 절단한다.
3. 세로 방향으로 절단한 개불을 바늘에 누벼 꿴다.

청갯지렁이 꿰기

원투낚시에서 가장 많이 사용되는 청갯지렁이는 우럭, 노래미, 보리멸, 도다리 등 근해에 서식하는 중소형 어종을 노릴 때 적합한 미끼다. 농어를 노릴 때는 서너 마리를 단단한 입 부분만 꿴 뒤 통으로 늘어뜨려 꿴다.

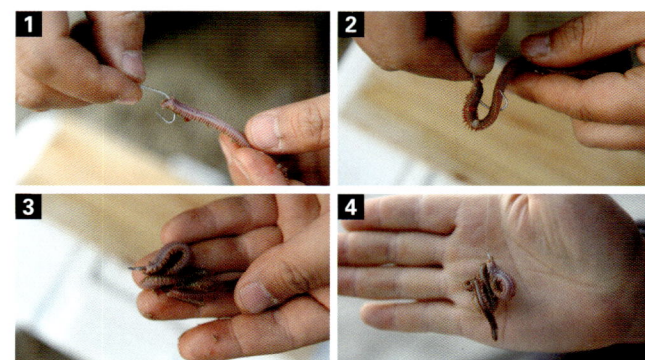

누벼꿰기
1 질긴 입 쪽으로 바늘을 꿴다.
2 바늘을 돌려 몸통을 꿴다.
3 같은 방식으로 전체를 누벼 꿴다.
4 누벼꿰기가 완성된 상태.

  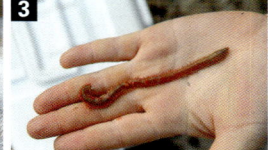  

한 마리 통꿰기
1 질긴 입 쪽으로 바늘을 꿴다.
2 몸통을 바늘 쪽으로 계속 끝까지 밀어 넣는다.
3 몸통 전체가 꿰어진 상태. 목줄에 관통돼 있어 잡어에 오래 견디고 강한 캐스팅에도 떨어져 나갈 위험이 적다.
4 지렁이꽂이로 통꿰기-지렁이꽂이를 사용하면 한결 쉽게 꿸 수 있다.

토막꿰기
입이 작은 고기 또는 입질이 약을 때 사용하는 방법이다. 보리멸, 도다리 등을 노릴 때 적합하다.

참갯지렁이 꿰기

원투낚시 미끼 중 가장 가격이 비싼 참갯지렁이는 참돔, 감성돔, 농어, 돌돔, 도다리 등 대상어를 가리지 않고 탁월한 위력을 발휘한다. 작은 어종은 단단한 머리 때문에 못 삼켜 약간의 씨알 선별력도 있다. 감성돔을 노릴 때는 머리와 꼬리를 잘라내고 몸통 일부만 꿰는 토막꿰기를 한다. 크고 풍성한 미끼에 반응하는 참돔이나 돌돔을 노릴 때는 한 마리 꿰기가 유리하다. 도다리, 보리멸 등을 노릴 때는 바늘만 감쌀 정도로 짧게 잘라 꿰어도 상관없다.

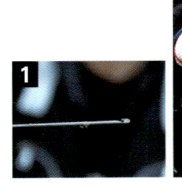    

한 마리 통꿰기
1 참갯지렁이 통꿰기에 사용하는 지렁이꽂이.
2 지렁이꽂이를 참갯지렁이 주둥이 쪽에 꽂아서 몸통 중앙을 관통시켜 꼬리 끝까지 꿴다.
3 지렁이꽂이에 참갯지렁이를 완전히 관통시킨 모습.
4 지렁이꽂이 끝 고리에 목줄을 건 다음 지렁이꽂이를 잡아당기면 목줄이 참갯지렁이를 관통한다. 목줄 끝을 핀도래를 이용해 채비 끝에 연결하면 완성.

   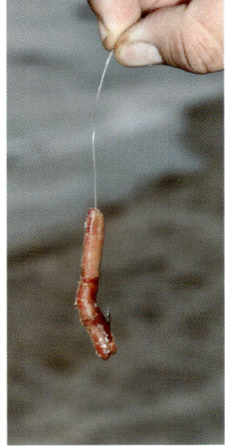

토막꿰기
1 참갯지렁이의 단단한 머리 부위를 잘라낸다. 단단한 머리가 있으면 입질이 더디다.(참돔은 예외)
2 잘라낸 머리 쪽으로 바늘을 꿴다.
3 바늘귀에서 5cm 위쪽까지 참갯지렁이를 밀어 올린다.
4 바늘 끝에서 1cm 정도만 남기고 잘라낸다.(참돔, 농어를 노릴 때는 길게 꿰어도 상관없다.)

꼴뚜기 꿰기

뱀장어, 우럭, 쥐노래미 등을 낚을 때 적합한 미끼다. 질기고 잡어에 강해 장시간 기다리는 낚시에 적합하다. 한 번에 미끼를 삼키는 우럭과 쥐노래미 등을 낚을 때는 몸통을 한 번만 꿰어도 상관없으나 뱀장어는 끝 부분만 물고 늘어지는 경우가 많아 두 번 정도 누벼 꿰는 게 유리하다.

1 우럭, 쥐노래미를 노릴 때는 바늘을 한 번만 꿰어 물속 움직임을 좋게 만든다.
2 3 장어처럼 대상어가 미끼의 끝 부분만 물고 늘어지거나 걸림이 잘 안 될 때는 두 번 누벼 꿴다.

고등어살 꿰기

1 노리고자 하는 대상어와 씨알에 맞춰 고등어살을 자른다.
2 껍질 부위로 바늘을 찔러 넣는다.
3 물고기가 먹기 좋은 살점 부위로 바늘 끝이 나온 상태.
4 미끼가 자꾸 따먹힐 때는 누벼꿰기를 하며 이때는 살점 부위로 바늘을 넣는다.
5 껍질 쪽으로 빼낸 바늘을 다시 살점 쪽으로 빼낸다.

껍질이 질기고 속살도 어느 정도 탄력이 있어 뱀장어, 성대, 우럭 등을 노릴 때 적합한 미끼다. 생물을 잘라 바로 쓰면 잘 떨어지지만 냉동 또는 염장해 쓰면 잘 떨어지지 않는다.

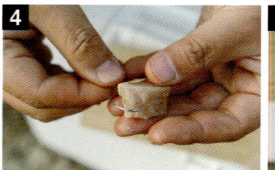 

오징어살 꿰기

1 대상어의 씨알과 취이습성에 맞춰 다양한 크기로 준비한 오징어살.
2 씨알이 잘거나 입질이 약할 때는 사진처럼 작게 잘라 바늘에 걸쳐 꿴다.
3 장어처럼 미끼의 끝만 물고 늘어지는 고기를 노릴 때는 사진처럼 누벼 꿴다.
4 우럭이나 쥐노래미처럼 나풀대는 액션에 잘 유혹되는 고기를 낚을 때는 가운데를 세로로 잘라준다.

살이 질겨 장어, 우럭, 쥐노래미 등을 낚을 때 인기가 높다. 낚시점에 선상낚시용 미끼로 많이 구비해 놓아서 구입이 쉽고 여타 미끼보다 깔끔해 여성이나 어린이도 쉽게 사용할 수 있다. 특히 오징어살의 흰 색깔이 서해처럼 물빛이 탁하고 뻘물이 자주 발생하는 곳에서 시각적으로 잘 보인다.

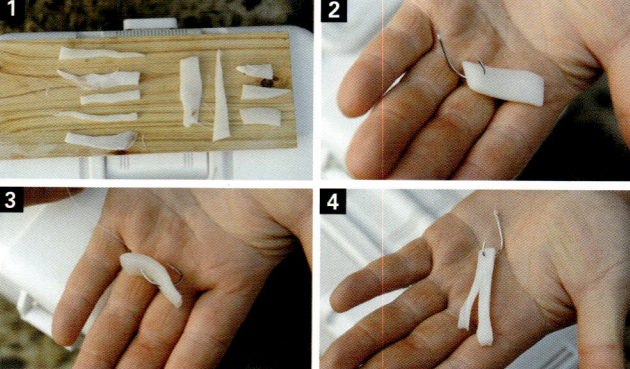

멸치 꿰기

 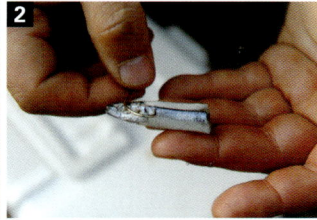
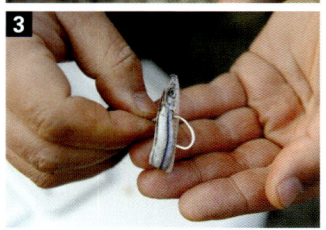 

우럭, 장어, 농어 등을 낚을 때 효과적인 미끼다. 특히 낚시터에 멸치 어군이 몰려들었을 때 유독 잘 먹힌다. 대형 매장에서 간혹 일본산 제품을 팔기도 하지만 일반 낚시점에서는 구하기 어렵다. 주로 어촌 시장 또는 어판장 등지에서 구해 얼려 놓고 쓰는 경우가 많다. 동해 지역에서 원투 찌낚시로 농어나 삼치를 낚을 때 멸치를 미끼로 쓰기도 한다.

1 먹성이 좋을 때는 머리 부위만 한 번 걸쳐 꿴다.
2 활성이 낮거나 멸치의 꼬리 부분만 잘라 먹을 때는 토막을 내 머리 부위만 꿴다.
3 바늘을 한 번 관통한 후 다시 몸통 쪽으로 바늘을 관통한다.
4 사진처럼 바늘 끝을 빼내면 완성.

굴 꿰기

굴, 담치, 홍합은 시장에서 구입해 갈 수도 있지만 갯바위에서 채취하여 쓸 수도 있는 미끼다. 잡어 성화가 심할 때 효과를 발휘하는데 감성돔, 혹돔 등 큰 고기가 잘 낚인다. 다만 굴과 홍합은 꼬막이나 바지락보다 살이 연하여 바늘에 꿰기 어렵기 때문에 미끼 전용 묶음실로 둘둘 말아서 바늘에 꿴다. 묶음실은 미끼를 묶을 때는 상당히 질기지만 물속에 들어가면 이내 녹아서 물고기들이 미끼를 먹는 데 지장을 주지 않는다.

1 갯바위에 다닥다닥 붙어 있는 굴.
2 굴을 여러 개 모아서 묶음실로 둘둘 말아 바늘에 꿴 모습.
3 미끼 전용 묶음실(영국 제품)
4 미끼 전용 묶음실(일본 제품)

편의성으로 인기몰이
건조 미끼

건조 미끼는 보관이 편하고 미끼를 구하기 어려운 시간, 장소에서 매우 편리한 미끼다. 생물 미끼를 급속동결해 냉동상태로 진공 건조한 것이며 진공포장돼 있어 냄새가 나지 않는다. 이미 일본이나 유럽에서는 개별 포장된 건조 미끼가 보편화돼 있으나 국내에서는 최근에 수입돼 사용되고 있다. 특히 예정에 없던 장소에서 짬낚시를 해보는 경우에 대비해 비상용으로 건조 미끼를 갖고 다니는 낚시인들이 늘고 있다.

의외로 효과도 뛰어나다. 청갯지렁이는 표피가 얇아서 건조 상태로도 바늘에 꿰기 쉬운데, 건조 상태이다 보니 원투 때 미끼가 이탈되지 않는 장점도 있다. 건조 미끼는 물에 넣고 불려서 쓰는데 표피가 두꺼운 개불, 새우 등의 갑각류는 20분, 지렁이류는 5~10분이면 완벽하게 생물처럼 불려진다. 물에 불릴 때는 큰 그릇에 넣지 말고 미끼가 포장된 소형 지퍼백에 물을 넣고 불리는 게 좋다. 큰 그릇에 쏟으면 건조 미끼가 물에 뜨기 때문에 고루 불지 않기 때문이다.

원투낚시용품 전문업체 한결산업에서 개별 포장된 개불, 참갯지렁이, 청갯지

한결산업에서 판매하는 건조 미끼들. 아래는 지퍼백에 물을 넣고 불린 상태의 건조 미끼들이다.

렁이, 새우, 깐새우 등을 수입판매하고 있다. 청갯지렁이, 새우는 3천원, 깐새우는 4천원, 참갯지렁이는 5천5백원, 개불은 7천원이다.
☎한결산업 031-684-7857

Chapter 4 원투낚시 실전

8 물때의 이해
밀물, 썰물의 순환과 입질시간의 전개

모든 낚시에는 피딩타임(feeding time)이 있다.
찌낚시든 원투낚시든 조류가 잘 가야 물고기가 왕성하게 물어주는 것은 매한가지다.
그런데 조류가 약해도 입질이 뜸하지만 조류가 너무 세도 낚시가 힘들어진다.
적당한 유속의 조류가 흐르는 시간대가 바다낚시의 피딩타임 즉 입질시간인데,
조류가 약한 곳은 유속이 살아나는 중밀물 또는 중썰물이 입질시간이 되고,
조류가 강한 곳은 유속이 한풀 꺾이는 끝밀물~초썰물이나 끝썰물~초밀물이 입질시간이 된다.

밀물과 썰물은 왜 생기나?

밀물(들물)과 썰물(날물)은 달의 인력 때문에 생긴다. 지구 둘레를 공전하는 달의 인력이 지구 표면의 물을 당겼다 늦추었다 하기 때문이다. 달이 한반도에 가장 가까이 왔을 때(그리고 지구 정반대편에 있을 때에도) 달의 인력이 최고조가 되어 만조(滿潮)가 되고, 달이 한반도와 직각방향에 있을 때 달의 인력이 최저가 되어 간조(干潮)가 된다.
만조에서 간조로 진행하는 흐름이 썰물이고, 간조에서 만조로 진행하는 흐름이 밀물이다. 그리고 썰물과 밀물에 의해 생기는 바닷물의 흐름을 '조류'라고 한다. 조석현상에 의해 생기는 조류는 늘 일정 방향으로 흐르는 해류(쿠로시오난류나 리만해류 등)와는 다르다.

물때란 무엇인가?

밀물, 썰물, 간조, 만조는 천체운동에 의한 자연현상으로 이를 조석(潮汐)이라 한다. 이 조석현상에는 규칙이 있는데 바로 보름(15일) 단위로 반복된다는 것이다. 즉 오늘의 밀물과 썰물 시간, 오늘의 조류 속도는 보름 후가 되면 거의 똑같은 시간과 속도로 되풀이된다. 그 이유는 달의 인력이 보름마다 같은 상태로 되돌아오기 때문이다.
오늘 반달이 뜨면 보름 후에도 반달이 뜬다. 반달이 뜨는 날은 달의 인력이 가장 약한 날이다. 오늘 보름달이 뜨면 보름 후엔 깜깜한 그믐이 되는데 보름달이나 그믐은 달의 인력이 가장 강한 날이다.(다시 보름이 지나면 보름달로 돌아온다.)
따라서 오늘의 밀물 썰물 시각과 유속을 기억해두면 보름 후, 한 달 후, 다시 한 달 보름 후에 똑같은 밀썰물 시각과 유속을 체험할 수 있다. 바로 여기에 착안하여, 우리 선조들은 보름 단위의 '물때'를 정했다.
물때는 보름(15일)은 1물-2물-3물-4물-5물-6물(사리)-7물-8물-9물-10물-11물-12물-13물-14물(조금)-15물(무시)로 표기한 것이다. 그리고 각각의 물때는 음력 날짜와 연동이

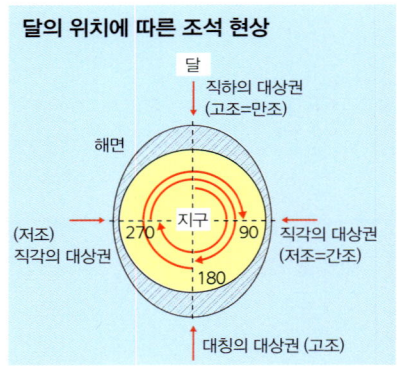

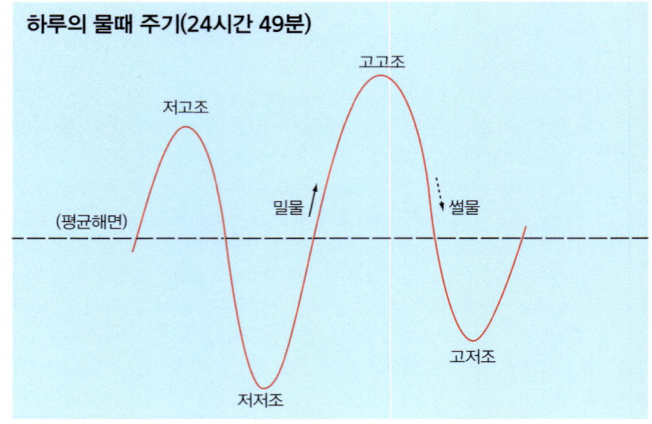

달을 보면 물때를 알 수 있다
반달 뜨면 조금, 보름달 뜨면 사리

조석현상은 달의 인력에 좌우되는 것이므로 달을 보면 물때를 알 수 있다. 보름달이 뜰 때와 그믐일 때는 사리물때이며, 반달이 뜰 때는 조금물때다.
달은 그 자체로 빛을 내지 못하며 태양빛을 받아서 반사할 뿐이다. 보름달은 태양이 지구의 바로 뒤에서 달을 비추는 현상이며, 반달은 태양이 옆에서 직각으로 비출 때의 현상이며, 그믐은 달이 태양에 가려 보이지 않는 것이다. 보름과 그믐에는 태양-달-지구가 일직선이 되므로 인력이 최대치가 되어 바닷물이 많이 드는 사리물때가 되고, 반달이 뜨는 상현과 하현은 달-지구의 선과 태양의 위치가 직각이 되어 인력이 분산되므로 바닷물이 적게 드는 조금물때가 된다.

서해 화성방조제 중간 선착장의 수위 비교. 간조 때 멀리까지 드러난 선착장이(좌 사진) 중들물 때는 거의 다 잠겼다.(우 사진)

되는데, 음력 초하루를 7물로 하기로 약정하고, 음력2일=8물, 음력3일=9물, 음력4일=10물, 음력5일=11물, 음력6일=12물, 음력7일=13물, 음력8일=조금, 음력9일=무시, 음력10일=1물, 음력11일=2물, 음력12일=3물, 음력13일=4물, 음력14일=5물, 음력15일=사리라고 부르기로 약속하였다. 음력 16일은 다시 7물이 되면서 똑같이 반복된다.

이렇게 물때를 만들어놓으니 이제 어부들은 음력 날짜만 알면 오늘이 몇 물인지 알 수 있게 되었고, 그날의 밀썰물 시각과 유속을 기억해낼 수 있게 되었다. 이것이 바로 물때의 효용성이며 전 세계에서 우리나라밖에 없는 대단히 편리한 조석예보체계인 것이다.

물때의 효용 : 왜 물때를 알아야 하나?

질문 하나, 올해 추석 때 거제도로 바다낚시를 가면 어떤 낚시터를 고르는 게 좋을까?

물때를 이용하면 바로 답을 알 수 있다. 추석은 음력 15일이므로 볼 것도 없이 사리(6물)다. 사리에는 조류가 빠르기 때문에 작은 섬 갯바위보다 큰 섬의 만입부나 방파제에서 낚시하기 좋은 유속이 형성될 것이다. 그리고 거제-통영-사천 해역에서는 사리 물때에 아침 9시와 밤 9시쯤에 만조가 된다.(이 시간대는 천 년 만 년이 흘러도 변함이 없다.) 따라서 아침이나 해거름에 낚시를 하려면 중밀물을 지나 만조로 향하는 시간대에 물고기가 잘 낚이는 포인트에 내리면 된다.

지금이야 인터넷 네이버 검색창에 '물때'를 치면 오늘의 각 해역별 간만조 시각과 조고(바닷물의 수위)가 일목요연하게 뜨지만 옛날엔 그런 게 없었다. 그래도 물때가 있었기 때문에 어촌에서는 그물을 놓을 시간과 조개를 캐러 나갈 시간을 미리 알 수 있었던 것이다.

낚시인들이 물때를 알아야 하는 이유도 그것을 토대로 출조일자와 낚시터, 낚시시간을 결정할 수 있기 때문이다. 가령 여수 쪽으로 자주 출조하는 낚시인이라면 '9물~11물일 때 아침 5~6시부터 오전 11시~12시까지 밀물이 흐른다'는 여수 물때의 공식을 암기해두면 편리하다.

사리물때가 좋은가 조금물때가 좋은가?

사리 전후(사리-7물-8물-9물)를 사리물때라 부르고 조금 전후(조금-무

물때표 보는 요령

※물때표는 매월 15일 발행되는 〈낚시춘추〉 맨 마지막 페이지에 있다.

1. 물때표에서 낚시를 가고자 하는 지역을 선택한다.
2. 가고자 하는 날짜를 선택한다.
3. 해당 지역과 날짜가 만나는 칸을 찾아간다.
4. 칸 안의 숫자 중 시간 옆에 적힌 숫자(바닷물의 높이)를 확인한다. 숫자가 큰 것은 만조(바닷물이 가장 많이 차올랐을 때) 때 물 높이이며, 숫자가 작은 것은 간조(바닷물의 가장 많이 빠졌을 때) 때의 물 높이를 의미한다.

일례로 아래에 있는 2014년 10월 19일의 인천항 물때표를 보자.

이날은 오전 7시 59분이 간조이고 만조는 오후 2시 이다. 따라서 이날 인천항 인근의 안산시 해변으로 망둥어 원투낚시를 간다면 적어도 오전 8시 무렵에는 도착해야 한다는 얘기다. 오전 10시나 11시에 도착해도 밀물은 들어오고 있지만 망둥어는 초밀물~중밀물 사이에 입질이 왕성하므로 풍족한 조과를 올리고 싶다면 적어도 오전 8시에는 낚시터에 도착하는 것이 유리하다. 만약 어쩔 수 없는 사정으로 낮 12시경에나 낚시터에 도착한다면? 그때는 이미 바닷물이 거의 다 차올라 있거니와 곧바로 썰물로 바뀌게 돼 망둥어의 입질은 받기 힘들다.

어쩔 수 없이 썰물 시간에 도착할 수밖에 없는 상황이라면 가급적 수심이 깊은 선착장이나 방파제를 포인트로 삼는 게 좋다. 그런 곳은 썰물 때도 수심이 깊게 유지돼 망둥어가 낚이기 때문이다

한 낚시인이 물이 빠진 갯바위를 걸어가고 있다. 밀물이 차면 이 진입로가 물속에 잠길 것이므로 간만조 시각을 고려하여 진입과 철수 시간을 결정해야 한다.

그러나 낚시는 조류가 너무 빨라도 너무 느려도 좋지 않다고 했듯이, 물때도 사리물때나 조금물때보다 그 사이의 중간물때가 가장 좋다.

가장 좋은 물때는 사는 물때와 죽는 물때

중간물때 중에서도 3물-4물-5물은 유속이 점점 살아난다는 뜻에서 '사는 물때'라 부르고, 10물-11물-12물-13물은 유속이 점점 죽는다는 뜻에서 '죽는 물때'로 부른다. 사는 물때와 죽는 물때는 유속은 비슷하나 물색이 다르다. 사리물때에 일어난 뻘물이 여전히 유지되는 죽는 물때의 물색이 더 탁하기 때문에 탁한 물색

쉬-1물-2물)를 조금물때라 부른다. 사리물때엔 바닷물이 많이 들었다가 많이 빠지므로 조류가 빠르고, 조금물때엔 바닷물이 적게 들고 적게 빠지므로 조류가 느리다. 그래서 유속이 느린 내해에선 사리물때가 좋고 유속이 빠른 외해에선 조금물때가 좋다. 깊은 난바다를 노리는 배낚시에선 조금물때가 좋고, 얕은 연안을 노리는 원투낚시에선 사리물때가 좋다.

에서 잘 낚이는 감성돔, 민어, 붕장어 낚시엔 죽는 물때가 유리하고, 맑은 물색에서 잘 낚이는 참돔, 돌돔, 가자미 낚시엔 사는 물때가 유리하다.
또 지역적으로 뻘물이 자주 이는 해남-진도-신안-무안-부안 등 서해남부와 남해서부에선 사는 물때에 낚시가 잘 되고, 반대로 물이 너무 맑은 거제-통영-사천-고성 등 남해동부에선 죽는 물때에 낚시가 잘 된다

CHECK POINT

▶ 만조와 간조는 몇 시간마다 반복되나?
만조와 간조는 각각 하루 2번씩 나타난다. 즉 만조에서 다음 만조까지는 약 12시간 걸리고, 만조에서 간조까지는 약 6시간 걸린다.
그러나 실제 걸리는 시간은 그보다 좀 더 길다. 그 이유는 달이 지구를 24시간 49분 만에 한 바퀴 공전하기 때문이다. 그래서 하루가 24시간(=지구의 자전주기)인 데 비해 달의 공전주기는 49분이 더 길기 때문에 매일 만조와 간조시각은 49분씩 늦어진다. 그에 따라 만조에서 다음 만조까지는 24시간 49분의 절반인 12시간 24분이 걸리며, 만조에서 간조까지는 그 절반인 6시간 12분이 걸린다.

▶ 밀물과 썰물 중 언제 낚시가 잘 되나?
수심이 얕은 곳에선 밀물에 낚시가 잘 되고 수심이 깊은 곳에선 썰물에 낚시가 잘 되는 편이다. 또 조류가 느린 곳에선 밀물에 낚시가 잘 되고 조류가 빠른 곳에선 썰물에 낚시가 잘 되는 경향이 있다. 그러나 예외가 많다.

▶ '밀물 썰물'과 '들물 날물'은 다른 말인가?
밀물 썰물은 표준말이고, 들물 날물은 경상도와 전라도에서 쓰는 사투리다. 밀물과 들물은 같은 뜻이다. 남해에서는 주로 들물과 날물로 표현하고, 서해에서는 밀물과 썰물로 표현한다.

▶ 사리보다 7물, 8물의 조류가 가장 빠른데 왜 그런가?
이론적으로는 달과 태양의 인력이 최고조를 이루는 사리(음력 15일과 30일) 날에 바닷물이 가장 많이 들었다 빠지고 조류가 가장 빨라야 하지만, 실제로는 사리보다 하루나 이틀 뒤인 7물이나 8물에 바닷물이 가장 많이 드나들고 조류도 가장 빠르다.
그 이유는 바닷물이 기동하는데 하루나 이틀의 시간이 걸리기 때문이다. 자동차도 시동을 걸 때 가장 많은 연료가 소모되지만 정작 속력은 시동이 걸린 후에 나기 시

작하듯이, 거대한 질량 덩어리인 바닷물도 강한 인력이 가해진 지 하루 이틀 후에야 제대로 흐름의 탄력이 붙어서 빠르게 흐르는 것이다. 마찬가지로 조금보다 무시나 1물의 유속이 더 느리다.

▶ 초물, 중물, 끝물은 무슨 말인가?
밀물과 썰물은 다시 초밀물-중밀물-끝밀물-초썰물-중썰물-끝썰물의 6단계로 세분한다. 그 이유는 단계별로 유속이 달라지기 때문이다.
사리보다 7물, 8물의 유속이 더 센 것처럼, 조류도 시작되는 초물보다 어느 정도 흐름이 진행된 중물에 유속이 빨라진다. 같은 썰물시간대라도 초썰물보다 중썰물이, 초들물보다는 중들물이 더 빠르게 흐른다. 즉 오늘 여수 해역의 간조시각이 오전 9시라면, 오전 10시까지는 들물 조류가 천천히 흐르고, 그 이후라야 들물 조류가 제대로 왕성하게 흐를 것이다.

▶ 물때표 없이 물때 아는 법
물때표가 없어도 음력날짜만 알면 물때를 알 수 있다. 물때 표기는 '음력 초하루를 7물로 삼고' 이후 숫자를 하나씩 더한 것이다. 즉 달력을 보고 음력 1일을 무조건 7물로 잡은 뒤, 2일-8물, 3일-9물…9일-무시(15물), 10일-1물…5일-사리(6물)로 적으면 된다. 모든 물때표는 이런 식으로 작성된 것이다. 정말 간단하지 않은가.

▶ '5물'이 사라진 물때도 있다?
어떤 달의 물때표를 보면 '5물'이 사라지고 대신 그 자리에 '사리'가 들어가는 때가 있다. 즉 …3물-4물-사리-7물…로 진행되는 것이다. 그것은 음력 한 달이 29.5일이기 때문에 발생하는 현상인데, 한 달은 29.5일로 나눌 순 없으니까 음력에선 한 달을 30일로 하면 다음 달은 29일로 해서 맞추고 있다. 30일인 달은 4물-5물-사리-7물로 아귀가 딱 맞지만, 29일인 달은 하루가 부족하므로 5물과 6물을 합쳐서 사리로 적어버린다. 그래서 '5물'이 물때표에서 사라지는 것이다.

밤을 샌 낚시인이 새 아침을 맞고 있다. 하루 중 가장 긴장되는 타이밍이다.

어종별 강의

Chapter 5 어종별 강의

1 보리멸 원투낚시
초원투낚시(나게츠리)의 스탠더드

보리멸낚시는 원투낚시의 표준이다.
더 멀리 던지고 더 넓게 훑으며 마릿수를 추구하는 보리멸낚시는 값비싼 초원투낚싯대가
빛을 발하는 낚시장르이기도 하다. 원투낚시의 본고장인 일본에서는 지역마다 전국 규모의 보리멸 원투낚시 대회를 개최하고
그 대회를 통해 '나게츠리 명인'을 선발한다. 원투낚시의 시작과 끝이라는 보리멸낚시를 즐겨보자.

장석현 네이버카페 초원투클럽 전 회장
닉네임 랑해랑랑

여름에 잘 낚이는 바캉스 어종

'백사장의 미녀' 보리멸은 매끈하고 깔끔한 자태가 너무나 예쁘고 여성스럽다. 보리멸낚시는 세 가지 짜릿한 맛이 있다. 첫째는 백사장에서 마음껏 던지는 호쾌한 캐스팅의 맛, 둘째는 보리멸이 미끼를 물었을 때 전해오는 강한 떨림의 독특한 손맛, 그리고 마지막으로 보리멸만의 깔끔하고 고소한 입맛이 그것이다.

보리멸은 농어목 보리멸과 보리멸속에 속하며 일본명은 키스(キス)이다. 전 세계에 25종이 보고되어 있는데 우리나라엔 보리멸과 청보리멸 두 종이 보고되어 있으며 청보리멸은 개체수가 적어 보기 어렵고 대부분 흰 체색을 띤 보리멸이 낚인다.

보리멸은 주둥이가 작고 뾰족하다. 모래를 더듬어 먹이를 빨아먹는 습성 때문에 위턱이 아래턱보다 더 길다. 난류성 물고기로서 따뜻한 바다의 모래바닥에 서식하는데 겨울엔 깊은 곳으로 빠져나가 월동하다가 수온이 상승하는 봄부터 가을까지 연안으로 접근한다. 산란기는 6~9월로서 산란장은 10~20m 수심의 모래바닥이다. 1년생이 10cm까지 자라며 2년이 지나면 14cm 정도까지 자라 성어가 되어 산란에 참여하며 4년 후엔 18~25cm까지 자란다.

지역에 따라 조금씩 차이가 나겠지만 이르면 4월 말~5월 초부터 시즌이 시작되어 10월경이면 마무리되는데 남해의 경우 11월까지 낚시가 되는 곳도 있다. 보리멸이 가장 잘 낚이는 시기는 6월부터 8월까지로 이때는 서너 시간 낚시에 100마리까지 낚을 수 있을 정도로 폭발적인 입질을 보여준다. 보리멸은 수온이 높을수록 활성도가 높아지며 여름엔 발목 수심에서 눈으로 확인할 수도 있을 정도로 가까이 붙는다.

일본의 톱스타, 한국에선 푸대접?

보리멸은 일본에선 대단한 인기를 누리고 있지만, 우리나라에선 가자미나 쥐노래미에 비해 인기가 없다. 그 이유는 일본보다 해수온이 낮은 우리나라 바다엔 보리멸의 개체수가 많지 않고, 시즌이 짧으며, 낚시터가 한정적이기 때문이다. 우리나라에서 보리멸은 동해남부와 남해동부 지역에서 여름에 낚는 한시적 어종으로 여겨졌다.

그러나 2013년경부터 일본의 나게쯔리가 우리나라에 보급되면서 나게쯔리의 주력 어종인 보리멸의 인기도 덩달아 높아지기 시작했다. 보리멸낚시가 더 많이 시도되면서 시즌과 낚시터가 늘어났다. 강원도 속초와 삼척, 충남 보령과 서천, 전북 부안 등의 백사장과 방파제에서 보리멸 자원이 속속 확인되었다. 그 과정에 필자를 비롯한 초원투클럽 카페 회원들의 개척의 발길이 있었다. 이제 보리멸은 동서남해를 막론하고 모래사장만 있으면 낚이는 어종이라는 사실이 밝혀졌다. 특히 아직 미개척지로 남아 있는 남해안과 제주도에는 막대한 보리멸 자원이 원투낚시인들의 발길을 기다리고 있다.

최근 트렌드는 다단채비와 초장타

최근 보리멸낚시의 트렌드는 3단 이상의 바늘을 가진 다단채비를 활용하고 100m 넘게 장타를 치며 입질이 끊기면 고기 무리를 쫓아 포인트를 옮기는 공격적인 낚시다. 이는 던져놓고 기다리는 형태의 예전 낚시방법과는 다른 것이다. 멀리 던지다보니 포인트가 먼 거리에 형성되는 5~6월에도 보리멸을 낚을 수 있게 됐으며 다단채비를 사용하여 한 번에 여러 마리의 보리멸을 낚을 수 있게 됐다. 입질이 없으면 곧바로 장비를 챙겨 무리를 찾는 이동식 낚시는 기존의 낚시방법보다 몇 배나 많이 낚는다. 그러나 그런 낚시를 하려면 무게가 가볍고 초장타가 가능한 고품질의 낚싯대와 릴이 필요하다. 보리멸낚시 장비가 원투낚시 장비 중에서도 가장 비싼 이유가 여기에 있다.

25~35호 추부하의 3.5~4.5m 경질대 사용

보리멸 낚싯대는 서프로드(초원투낚싯대)의 표준이다. 25~35호 추부하에 3.5~4.5m 길이의 대를 주로 쓴다. 휨새는 긴 채비를 엉키지 않고 캐스팅하기에 유리한 경질대가 좋다. 보리멸낚시는 던져놓고 기다리는 게 아니라 낚싯대를 들고 수시로 조작해야 하기 때문에 가벼워야 한다. 릴도 가벼운 서프 전용 릴을 사용한다. 물속에서 다단채비를 계속해서 끌어주기 위해서는 가벼우면서도 힘이 좋고 빠르게 감기는 서프릴이 필요하다.

5단, 10단 채비도 출시되어야

토도독 떨리는 보리멸 특유의 입질을 100m 이상 먼 거리에서 감지하기 위해서는 나일론줄보다 감도가 높은 합사를 사용해야 한다. 나일론사는 합사보다 굵기 때문에 조류에 밀려 채비가 엉키기 쉽고 늘어나는 성질이 있어서 입질을 파악하기 어렵다. 합사 중에서도 원투를 위해 1호 전후의 가는 합사를 사용한다. 합사에 연결하는 충격완화용 쇼크리더(힘줄)는 4호 합사 또는 1~5호 테이퍼 합사를 원줄에 10m 전후 길이로 연결한다.

바늘채비는 낚시점에서 보리멸 전용 제품을 구입하면 되겠다. 군집을 이루면서 움직이므로 여러 마리를 함께 낚을 수 있는 다단채비가 필요하다. 바늘 수는 2단부터 15단까지 있는데 3단 이상을 쓰는 게 좋다. 4단 이상은 국산품이 없어 수입품을 구할 수밖에 없다. 국산 제품도 최근 변화하는 보리멸낚시 트렌드를 감안해 5단, 10단 등의 다단채비가 출시됐으면 하는 바람이다.

다단채비는 길기 때문에 던지거나 회수하는 도중 엉키기 쉬워서 채비의 엉킴을 줄일 수 있는 L형 편대를 세팅하는 게 좋다. 원줄 또는 힘줄에 L형 편대를 달고 여기에 바늘채비를 연결하는 것이다.

청갯지렁이는 작은 것 골라 써라

미끼는 청갯지렁이를 사용하며 그중에서도 작은 것을 골라 쓴다. 굵기를 설명하자면 3mm 정도가 좋다. 더러 인조 미끼인 지렁이웜도 사용하지만 생미끼에 비해 효능이 떨어진다. 청갯지렁이는 바늘 길이보다 약간만 더 길게 잘라서 사용하면 되는데 바늘 끝에서 5mm 정도 나오게 꿰면 된다.

▶ 포항 이가리 백사장에서 보리멸을 낚은 초원투낚시클럽 회원.

▼ '백사장의 미녀' 보리멸.

포항 이가리 백사장을 찾은 초원투낚시클럽 회원들이 보리멸의 입질을 노리고 있다.

깊은 수심과 얕은 수심의 경계면이 포인트

보리멸은 낮에도 계속 활발한 입질을 한다. 그러나 여름에는 더위를 피해 아침시간에만 낚시를 즐기는 편이다. 오전이든 오후든 입질 빈도는 비슷하다.

포인트는 바닥 굴곡이 있는 수심 깊은 백사장이다. 소형어인 보리멸에게 굴곡진 지형은 조류를 피할 수 있는 은신처 역할을 하는 것으로 보인다. 이러한 여건을 갖춘 낚시터는 동해에 많다. 주로 깊은 수심과 얕은 수심이 만나는 경계 지점에 많이 머문다. 반대로 바닥이 여밭으로 형성된 복잡한 지형이나 해초가 많은 지역은 피한다. 낚시하기가 어렵고 또 그런 곳에서는 보리멸이 많이 서식하지 않는다.

서해의 보리멸낚시는 동해와 좀 다르다. 서해의 경우 백사장보다는 방조제나 선착장 등에서 보리멸을 낚기 쉽다. 다만 바닥이 뻘이 아닌 모래라야 한다. 바닥 지형이 완만한 서해 특성상 백사장은 동해 백사장보다 더 멀리 던져야 보리멸을 낚을 수 있다. 또 조수간만의 차가 커서 밀물썰물에 따라 백사장을 100m 이상 전진하거나 후퇴하며 낚시를 해야 하는 등 불편이 따른다.

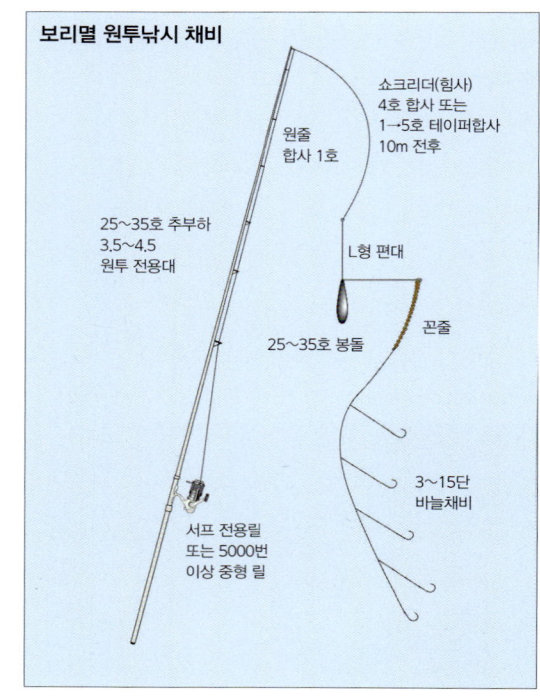

일본의 나게츠리(投げ釣)
300만 인구가 즐기는 인기 낚시장르

일본에선 원투낚시를 나게츠리(投げ釣)라고 부른다. 여기서 '나게'는 '던진다'는 뜻이다. 일본에서 나게츠리는 찌낚시와 더불어 바다낚시의 대표 장르로 자리 잡고 있으며 낚시 인구만 300만명에 이른다. 가장 인기 있는 어종은 보리멸로서 일본 대부분 해역에서 낚인다. 매년 각지에서 보리멸 원투낚시 토너먼트가 열리고 이 대회를 통해 전문가가 배출되고 있다. 일본의 나게츠리는 지역에 따라 낚시 스타일이 차이가 나는데 우리나라 동해처럼 수심이 깊은 관서 지역은 방파제낚시를 많이 하고 우리나라의 서해처럼 수심이 얕은 관동 지역에선 백사장 위주의 낚시가 이뤄지고 있다. 관서 지역에선 가자미낚시 인구가 많고 관동 지역은 보리멸낚시 인구가 많은 편이다.

힘줄 또는 편대에 연결하는 보리멸 채비

1초에 한 바퀴씩 지속적으로 릴링

낚시터에 도착해서는 먼저 수중 지형을 탐색한다. 봉돌만 세팅한 채 최대한 멀리 캐스팅한 후 천천히 끌어 들이면 바닥지형을 알 수 있다. 푹 박히는 느낌과 함께 릴링하기 뻑뻑하다면 뻘바닥이고 단단한 느낌이 들면 돌이 섞인 모래바닥이다. 입질은 모래바닥에서 들어온다.

낚시방법은 채비 안착 후 바닥을 조금씩 끌어주며 입질을 유도하는 것이다. 채비를 끌어줄 때엔 엉키지 않게 하는 게 중요하며 그러기 위해서는 원줄이 팽팽한 상태를 유지하도록 해야 한다. 그렇지 않으면 느슨해진 원줄이 이리저리 떠밀려서 입질을 파악하기 어려워지고 또 채비도 엉키기 쉽다. 평소에는 낚싯대를 수평 상태로 유지한 상태에서 옆으로 낮게 끌면서 릴링하고 파도가 높을 때는 낚싯대를 위로 세우면서 릴링하여 원줄이 조류에 휩쓸리지 않도록 주의한다.

Tip
입질 뜸할 때 해결책은?
맨 윗바늘에 지렁이를 늘어뜨려서 느리게 릴링

몇 번 캐스팅을 해서 채비를 끌어주었는데도 입질이 없다면 보리멸이 더 멀리 빠져 있는 경우다. 이럴 때엔 던질 수 있는 최대한 먼 거리로 장타를 친 뒤 채비를 끌어주면 입질이 들어오곤 한다.
입질은 들어오는데 마릿수가 적으면 활성도가 낮아 입질이 약한 것이다. 이때는 맨 윗바늘에 청갯지렁이를 길게 꿰어준 후 릴링을 느리게 해준다. 맨 윗바늘에 꿴 지렁이는 일종의 집어효과가 있어 입질을 유도한다. 릴링 속도는 1초에 반 바퀴 정도로 느리게 한다.

1 항상 더 멋진 포인트를 찾아 혼신의 힘을 다해 캐스팅한다. **2** "통통한 보리멸 구경하세요." 한 번에 두 마리를 낚은 초원투클럽의 김용태씨. **3** 보리멸 낚시 도중 채비를 교체하고 있는 김용태씨. **4** 백사장 포인트는 걸어서 이동하는 거리가 길기 때문에 사진과 같은 '원투낚시용 지게'가 있으면 편리하다. **5** 여름 동해에서 흔히 볼 수 있는 보리멸 마릿수 조과.

갓 낚아 온 보리멸로 맛있는 저녁을 준비하고 있다(좌). 보리멸 회와 튀김. 특히 보리멸 튀김은 담백하고 고소한 맛이 일품이다(우).

어디로 갈까?
동서남해 보리멸 명당 6

김용태 다이와 원투 필드스탭

삼척 맹방해수욕장

서천 부사방조제

양양 정암해수욕장

양양 정암해수욕장
강원도 양양군 강현면 정암리. 속초와 양양 일대는 서울에서 거리가 가까워 겨울부터 원투낚시인들이 붐비는 곳이지만 정암해수욕장은 다른 곳에 비해 한산한 편이다. 백사장 어디든 포인트라 할 수 있다. 캐스팅한 뒤 채비를 끌어오다 보면 30m 부근에 몽돌밭이 나오는데 이곳에서 채비를 회수하고 다시 던지는 빠른 템포의 낚시가 필요하다. 간간이 손바닥 크기의 광어가 함께 낚인다. 입질이 없으면 백사장으로 연결되어 있는 북쪽의 물치해수욕장 쪽으로 걸어가면서 포인트를 탐색해본다. 정암리해수욕장과 물치해수욕장 사이 구간은 약 2km다.
내비게이션 주소 정암리 153-11

삼척 맹방해수욕장
강원도 삼척시 근덕면 하맹방리. 도로변에 있어 진입하기 쉽다. 다른 동해안의 해수욕장보다 백사장 길이가 길다. 우측 끝 갯바위 주변은 수심이 대단히 얕다. 얕은 곳은 100m 전방까지 수심이 1m 이내인 곳도 있다. 해수욕장 우측에 있는 카라반캠핑장부터 해변 갯바위가 주 포인트로서 새벽부터 오전 9시까지 활발한 입질을 보인다. 보리멸 외에 20~30cm 크기의 감성돔도 손님고기로 올라온다. 부지런히 낚시하면 100마리도 가능할 만큼 풍부한 마릿수 조과를 보여준다.
내비게이션 주소 하맹방리 221-20(맹방해수욕장 야영장)

서천 부사방조제
충남 서천시 서면 도둔리. 보령과 서천을 잇는 큰 방조제다. 봄철의 농어와 감성돔낚시가 끝나갈 무렵이면 보리멸낚시가 시작된다. 보리멸낚시 하면 보통 백사장에서 한다고 생각하지만 서해에선 방조제에서도 많이 한다. 넓고 긴 포인트 덕에 많은 사람이 몰려도 낚시 공간 확보에 어려움이 없다. 석축에서 낚시할 땐 밑걸림에 늘 주의해야 한다. 바닥에 크고 작은 돌들이 있으므로 백사장처럼 채비를 바닥에 내려놓고 캐스팅하면 걸림이 발생할 수 있다. 특히 보리멸 채비는 바늘 수가 많기 때문에 밑걸림이 많은데 바늘 수를 5개 이내로 줄여주는 게 좋다.
내비게이션 주소 도둔리 4870-120

서천 춘장대해수욕장
충남 서천군 서면 도둔리. 부사방조제 남쪽에 붙어 있다. 아담한 크기의 해수욕장으로서 4시간 정도 돌아다니면 백사장 구석구석까지 모두 노려볼 수 있다. 바닥은 모두 모래바닥으로 밑걸림이 없고 경사도 완만한 편이다. 좌우측에 있는 갯바위 주변이 포인트로서 조수간만의 차가 큰 서해 특성상 100m 넘게 썰물을 따라 바다 쪽으로 전진했다가 밀물엔 물러서면서 낚시해야 한다. 입질 피크 시간대는 오전 5시부터 9시 사이다.
내비게이션 주소 도둔리 산 46-1

거제 와현해수욕장
경남 거제시 일운면 와현리. 거제도 남동쪽에 구조라방파제란 유명한 낚시터가 있는데 구조라 가기 직전 왼쪽에 보이는 해수욕장이 와현해수욕장이다. 우측에 있는 선착장을 제외하고 왼쪽에 보이는 여밭까지를 포인트로 생각하고 촘촘하게 탐색하면 씨알 좋은 보리멸을 마릿수로 낚을 수 있다. 이곳의 보리멸은 힘도 좋아 두세 마리 입질을 한꺼번에 받으면 손잡이대가 불쑥 들려버린다. 남해는 보리멸 포인트가 많지만 원투낚시인이 적고 배낚시로 주로 보리멸을 낚기 때문에 원투낚시는 자리다툼 없이 풍족한 조과를 누릴 수 있는 매력이 있다. 가을이 지나면 시즌이 마무리되는 동해, 서해와 달리 이곳은 11월까지도 보리멸이 올라온다.
내비게이션 주소 와현리 334-1

남해 두곡해수욕장
경남 남해군 남면 당항리. 월포해수욕장과 나란히 이어져 있으며 두곡해수욕장 좌안 백사장과 백사장 끝에 있는 방파제 주변에서 보리멸이 올라온다. 방파제 쪽은 여름에 피서객도 별로 없어 시즌 내내 보리멸을 낚을 수 있다. 두곡해수욕장의 조황이 좋지 않을 때는 월포해수욕장을 찾아도 좋다. 월포항의 작은 방파제 주변에서 내항이나 외항 쪽으로 캐스팅하면 보리멸이 낚인다.
내비게이션 주소 당항리 535

첫 캐스팅이 중요한데 채비가 보리멸 어군에 들어갔다면 바늘 수대로 보리멸이 낚인다고 할 정도로 조과가 뛰어나다. 릴링은 1초에 한 바퀴 정도가 적당하다. 이렇게 천천히 릴링을 하면 보리멸 특유의 강한 떨림 입질을 느낄 수 있다. 보리멸 한 마리가 미끼를 물면 초반에 강렬하게 바늘털이를 한 뒤 조용해진다. 보리멸 한 마리의 입질은 그것으로 끝이고 또 다른 보리멸이 미끼를 물면 다시 떨림 입질이 전달된다. 별도의 챔질은 필요 없다. 입질이 느껴지면 릴링을 멈춰야 하는데 1~2초 후 후속 입질이 없으면 다시 릴링을 이어나간다.

이렇게 해서 연안까지 채비를 다 끌어내면 바늘 여러 개에 보리멸이 주렁주렁 달려 있을 것이다. 받침대에 낚싯대를 세워 거치하고 채비 상단에 달려 있는 보리멸부터 차례차례 떼어낸다. 대부분 주둥이에 바늘이 박혀 있는데 목구멍까지 삼킨 녀석은 몸통 중간을 잡은 상태에서 목줄을 잡고 탁탁 빼주면 쉽게 빠진다.

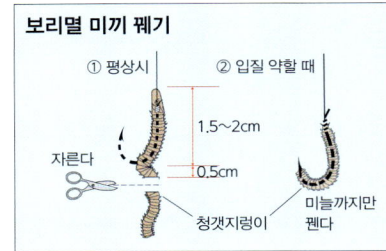

열 번 캐스팅하고 휴식

낚싯대를 들고 릴링을 반복하는 동작은 던져놓고 기다리던 기존의 낚시 방법에 비해 피로도가 높다. 열 번 정도 캐스팅했다면 잠시 휴식을 취하는 게 좋다. 보리멸 어군은 수시로 이동하기 때문에 잘 낚이다가도 입질이 뚝 끊기기도 하는데 잠시 휴식을 취한 뒤 채비를 던지면 다시 입질 지점에 보리멸이 들어오는 경우도 많다.

열 번 정도 캐스팅을 했는데 조황이 신통치 않다면 포인트를 옮겨 다른 곳을 노려본다. 열 번 캐스팅해 탐색하는 데 대략 1시간 정도 소요되므로 4시간 낚시를 한다면 4곳의 포인트를 돌아보게 되는 셈이다. 첫 포인트에서 캐스팅을 열심히 했는데도 건드림조차 없다면 그 낚시터에 문제가 있는 것이다. 보리멸이 들어오지 않은 것으로 판단하고 과감히 낚시터 자체를 옮기는 게 좋다. 이렇듯 보리멸낚시는 자주 옮겨 다니며 낚시하므로 짐을 간소화하는 게 좋고 '원투낚시용 지게' 같은 운반 장비가 있으면 더 편리하다.

1, 2 기동성 넘치는 오토피싱. 해변에 주차 후 낚싯대만 챙겨서 백사장으로 들어가면 거기 보리멸이 기다리고 있다. 3 "보리멸이 주렁주렁 달렸어요." 초원투클럽 박경원 회원의 솜씨. 4 동해안의 백사장은 전역이 보리멸 낚시터다. 5 파워풀한 풀 캐스팅. 숙련된 낚시인은 미끼를 달고 150m 이상 날려 보낼 수 있다.

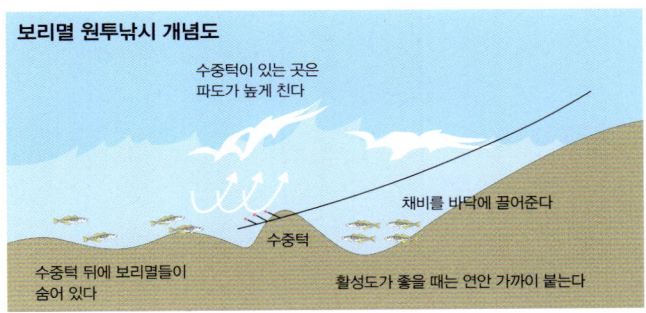

보리멸 원투낚시 특유의 '끌어주기'. 낚싯대를 거치해놓고 마냥 기다리는 것보다 멀리 던진 후 조금씩 끌어주면 더 많이 낚을 수 있다.

Chapter 5
어종별 강의

2 가자미(도다리) 원투낚시
봄바다의 참맛

가자미는 우리나라 원투낚시의 대표어종이다. 일본에 보리멸이 있다면 한국엔 가자미가 있는 셈이다.
가자미에는 여러 종류가 있는데 동해안엔 참가자미, 남해안엔 도다리(문치가자미), 서해안엔 돌가자미가 잘 낚인다.
'봄 도다리 가을 전어'라는 말처럼 도다리와 가자미는 봄에 가장 잘 낚이지만 원투력을 갖추고 깊은 물골을 공략하면
여름과 가을에도 풍족한 조과를 거둘 수 있다.

5월의 여왕

가자미 원투낚시는 봄과 함께 시작된다. 3월부터 6월까지 시즌이 형성되며 5월에 최고의 피크를 맞는다. 남해안에서는 3월 초부터 진해 내만, 통영 내만, 고흥 내만, 신안군과 해남군 내만 등에서 가자미와 도다리 원투낚시가 시작되며, 비슷한 시기에 동해는 부산, 울산, 영덕, 울진, 동해, 양양에서 가자미 어신이 시작되고, 서해 역시 3월 중순이면 보령과 태안에서 돌가자미 원투낚시가 시작된다.

가자미와 도다리는 맛있는 고급 생선으로서 연안에서 쉽게 잡히는 고기는 아니다. 횟집에 있는 도다리는 대부분 양식산이며 자연산 도다리를 맛보려면 직접 배를 타고 나가서 낚아야 한다. 그러나 봄철에는 산란기를 맞은 가자미와 도다리가 내만의 항포구 쪽으로 대거 몰려들기 때문에 해안 원투낚시로도 풍족한 조과를 거둘 수 있다.

가자미와 도다리는 겨울에 깊은 바다에 머물다가 봄에 얕은 연안으로 올라온다. 4월 중순~5월 중순이 가장 잘 낚이는 시기다. 이 시기엔 아침 일찍 나가 두세 시간만 낚시하면 20~30cm 도다리 대여섯 마리는 어렵지 않게 낚는다.

동해와 남해가 주산지

가자미 원투낚시의 중심지는 동해다. 삼척부터 부산까지 이르는 동해안 방파제나 백사장, 갯바위 어디서든 가자미를 낚을 수 있다. 씨알은 손바닥부터 30cm까지 다양하다. 서울에서는 영동고속도로를 타고 빠르게 찾아갈 수 있는 동해시 묵호방파제와 삼척시 정라진방파제가 가자미 낚시터

울진 후포방파제에서
굵은 도다리(문치가자미)를 낚은
쇼핑몰 TTRPD 대표 전용익씨.

1 가자미를 노리는 원투낚시인이 동해시 어달리 해변에서 힘차게 채비를 던지고 있다. 2 전용익씨가 가자미 원투낚시 장비를 보여주고 있다. 3 동해 원투낚시 전문점 SJ피싱의 임서준 사장이 묵호항 선착장에서 낚은 도다리를 보여주고 있다. 4 가자미낚시에 사용되는 청갯지렁이 미끼. 갯지렁이의 이빨이 있는 질긴 부위에 바늘을 꿰어야 캐스팅을 할 때 잘 떨어지지 않는다. 5 가자미낚시에 사용되는 봉돌과 참갯지렁이 미끼. 잡어가 많을 때는 참갯지렁이 대가리 부분만 바늘을 감출 정도로 짧게 꿰어준다.

로 인기가 있다.

그러나 가자미 원투낚시터로서 발전 가능성은 남해안 쪽이 더 크다. 남해안의 경우 모래로만 이뤄진 동해안보다 모래와 뻘이 함께 섞인 사니질(沙泥質) 바닥이 많은데, 이런 바닥에는 도다리(문치가자미)가 많기 때문이다. 조류 소통이 좋고 사니질 바닥에 잔 돌이 섞인 곳이라면 도다리를 쉽게 낚을 수 있다. 거제, 통영, 고성, 사천, 남해도, 여수 내만의 소규모 방파제들이 도다리 원투낚시터로 유명하다.

백사장보다 방파제가 안정된 조황

가자미나 도다리는 백사장에서도 낚이지만 방파제나 항만 안쪽에서 더 잘 낚인다. 백사장에서 더 잘 낚이는 보리멸과 차이점이다. 보리멸은 깨끗한 모래바닥을, 도다리는 뻘이 섞인 모래바닥을 좋아하기 때문으로 보인다. 특히 모래바닥에 암초가 드문드문 있다면 가자미들이 많이 모여 있을 가능성이 크다. 방파제는 바람과 파도가 이는 궂은 날씨에도 낚시할 수 있고, 접근성과 편리함에서 앞서기 때문에 원투낚시 초보자들은 백사장보다 방파제를 먼저 찾는 것이 좋다.

서프대에 합사 원줄이 유리

가자미 낚싯대는 롱캐스팅이 가능한 원투대 중 30-420 또는 7-530이면 적당하다. 가자미는 힘이 센 고기가 아니어서 일반 민물 릴대로도 낚아낼 수 있지만, 많이 낚으려면 30호 무게의 봉돌을 원투해야 하고 그러기 위해서는 허리가 경질인 원투 전용 릴대가 적합하다.

대중적으로는 안테나 식으로 뽑아내는 뽑기식 낚싯대를 주로 쓰지만 낚시인 중에는 일본에서 보리멸용으로 제작된 3절짜리 꽂기식 낚싯대를 쓰는 경우도 있다. 꽂기식은 원투력이 뛰어나고 감도가 좋아 주로 바닥을 끌면서 가자미를 유혹할 때 유리하다.

릴은 3~5호 나일론 원줄이 200m 이상 감기는 백사장 원투 전용 릴을 사용한다. 80~90m의 원투가 필요한 시즌 초반에는 대형 릴이 필수다. 하지만 본격 시즌이 돼 50m 안쪽의 근거리에서 가자미가 입질할 때는 3000번 내외 크기의 일반 스피닝릴을 써도 낚아낼 수 있다.

원줄의 경우 나일론사보다 가는 합사가 원투에 유리하다. 가자미는 보리멸보다 입질이 약한데 미끼를 입에 넣은 후 멀리 달아나지 않고 10~20cm만 움직이기 때문이다. 그래서 나일론 원줄을 쓰면 입질 여부가 표시 나지 않을 때도 많다. 이때 인장력이 없는 합사를 쓰면 이 짧은 당김이 대 끝에 확실하게 표시가 난다. 합사를 써도 가자미의 활성도가 떨어질 때는 입질을 알아채기 힘들다. 가자미가 미끼를 물고 앞으로 다가와서 원줄이 완전히 늘어진 것을 보고 챌 때도 있고 미끼로 갈아주려고 감아 보면 물려 있는 경우도 많다.

다단채비보다 2단, 3단 채비 적합

가자미 원투낚시에는 고리봉돌 2단채비나 구멍봉돌 유동채비를 사용한다. 바늘을 여러 개 달아 쓸 경우에는 윗바늘과 아랫바늘의 간격보다 목줄 길이를 짧게 해야 바늘끼리 엉키는 것을 방지할 수 있다.

바늘은 가자미(가레이) 바늘 12~14호가 적당하다. 과거에는 새끼 농어(세이코) 바늘 12~14호를 많이 썼으나 가자미 전용 바늘의 수입이 원활해지면서 인기를 끌고 있다. 가자미 바늘은 새끼 농어 바늘보다 폭이 좁아 주둥이 안으로 잘 들어간다. 또한 허리가 길어 원투 시 지렁이가 잘 빠지지 않는 장점이 있다.

채비를 직접 만들지 못하는 초보자들은 낚시점에서 판매하는 기성 제품을 구입해 사용하되 바늘은 2개 내지 3개만 달린 제품을 고른다. 더 많은 바늘이 달려 있다면 잘라 버리고 사용한다. 가자미는 암초가 있는 험한 지형에서 잘 낚이기 때문에 바늘을 여러 개 달면 밑걸림이 심하고 씨알 굵은 30~40cm급이 서너 마리 물리면 좀처럼 끌어내기 힘들다. 보통 기둥줄에 목줄이 달린 채비를 구입하여 별도로 봉돌을 달아 쓰면 되는데, 제품에 따라서는 기둥줄만 있어 자신이 원하는 규격의 목줄채비와 봉돌을 달아 쓰게 만든 제품도 있다.

식성이 고급, 참갯지렁이에 덥석!

미끼는 청갯지렁이와 참갯지렁이(혼무시)를 쓰는데 아무래도 비싼 참갯지렁이가 비싼 값어치를 한다. 청갯지렁이는 작은 종이곽 1곽에 2천원, 참갯지렁이는 1곽에 5천원 정도 하는데, 참갯지렁이만 가지고 하루 종일 낚시하려면 500g(6만~8만원)은 있어야 하므로 가격 부담이 상당하다.

동해와 남해에서는 참갯지렁이, 서해에서는 청갯지렁이를 많이 쓴다. 서해에서 청갯지렁이를 많이 쓰는 이유는 그 지역에서 청갯지렁이가 잘 먹힌다기보다 참갯지렁이 수급이 동해나 남해에 비해 어렵기 때문이다. 참갯지렁이는 가자미뿐만 아니라 모든 바닷고기들이 좋아하는 최고의 미끼다. 굵고 질겨서 잡어에 강하고 원투 시 잘 떨어지지 않는다는 점도 빼놓을 수 없다.

늦게 챌수록 이득이다

가자미낚시는 챔질 타이밍을 여유롭게 가져갈수록 유리하다. 미끼를 입에 문 가자미가 먹다가 도로 뱉어내는 경우란 없다. 차츰차츰 미끼를 삼켜서 가만히 놔두면 목구멍까지 삼키므로 예신 때는 그냥 놔뒀다가 원줄이 추-욱 늘어질 때 챔질하면 놓칠 일이 없다.

입질은 크게 두 가지 패턴이다. 하나는 대 끝을 '투두둑' 하고 당기는 것이고 또 하나는 팽팽했던 원줄이 추-욱 늘어지는 것이다. 유독 가자미낚시에서 원줄 늘어짐이 잦은 이유는 가자미의 당기는 힘이 약하기 때문이다. 무거운 봉돌과 줄을 끌고 낚시인의 반대편으로는 도망가기 힘드니까 다가오는 것이다.

가자미는 습성상 움직이는 미끼에 강한 반응을 보인다. 따라서 채비를 던진 후 5~10분 안에 입질이 없다면 채비를 살살 끌어주며 입질을 유도할 필요가 있다. 만약 특정 지점을 지속적으로 탐색했는데도 입질이 없다면 아예 원투 지점을 달리해 새 구역을 탐색해본다. 가자미류는 일정구간을 자신의 영역으로 삼고 독립생활을 하고 있어서 한 자리에서 폭발적인 입질이 들어오는 경우는 드물다. 그래서 낚싯대를 많이 펼수록 많이 낚을 확률이 높다. 10대가 넘는 릴낚싯대를 펴놓는 사람도 있다. 이렇게 낚싯대를 많이 펴놓아도 미끼를 삼킨 가자미는 빠지지 않기 때문에 현지 낚시인들은 낚시를 던져 넣은 뒤엔 테트라포드에 붙은 미역을 따러 다니거나 갈고리를 들고 문어를 잡으러 다니다가 돌아와 원줄이 축 늘어져 있으면 당겨서 가자미를 낚아낸다.

동해안에선 밤낚시도 잘돼

서해와 남해는 주로 이른 아침과 낮에 가자미가 잘 낚이는데 유독 동해는 밤에도 잘 낚인다. 특히 12월 초 감성돔 야간 원투낚시가 잘 될 때 가자미 초저녁낚시도 잘 되는 편이다.

동해안과 서해안의 낚시방법에도 차이가 있다. 조고차가 거의 없는 동해와 달리 서해는 수십 미터 이상 바닷물이 빠졌다가 들어온다. 들물 때는 불과 5분 만에 10m 이상 해안선이 후퇴하기도 하므로 여러 대의 낚싯대를 펴는 것은 불가능하며 많아야 2대 정도만 사용하여 밀물의 이동에 맞춰 뒤로 이동하는데, 낚싯대를 끌고 가는 것만으로도 가자미의 입질을 유도할 수 있어 별도의 유인동작은 필요하지 않다.

한편 물속 바닥이 모래로 이루어진 동해안에서는 파도가 높게 일고 나면 수중 지형이 바뀌고 입질 포인트도 바뀐다. 따라서 한 달 전 또는 일주일 전 재미 본 포인트만 노려서는 실패할 확률이 매우 높으므로 부지런히 바뀐 입질 포인트를 탐색하는 데 중점을 두어야 한다.

1 1월 하순의 묵호항 선착장에서 마릿수로 올린 도다리들.
2 강릉 남항진 백사장의 가자미 원투낚시. 큰 씨알을 노리는 낚시인이 힘차게 캐스팅하고 있다.

3 도다리를 낚기 위해 묵호항 선착장을 찾은 낚시인이 미끼를 꿰고 있다. 4 동해 SJ피싱 임서준 사장이 막 도다리를 올리고 있다.

일본 名人의 특강

하야시 켄지 일본 원투낚시 톱클래스 100인회 회원
마루큐, 가마카츠 인스트럭터

"입질이 오면 여유줄을 주세요"

나게츠리 파우더에 섞은 청갯지렁이(아래). 분말 덕분에 청갯지렁이가 미끄럽지 않고 집어 효과도 발휘한다. 위쪽은 참갯지렁이 미끼.

낚시터에 도착하면 먼저 낚싯대를 꺼내 채비를 세팅한 뒤 봉돌만 단 채 캐스팅을 한다. 80~100m 정도 던진 다음 낚싯대를 세운 상태에서 릴 핸들을 천천히 감아 끌면서 바닥을 탐색한다. 바닥을 탐색하는 이유는 평평한 바닥면에서 푹 꺼지거나 솟아오르는 지형에서 입질이 들어오므로 그런 곳을 찾기 위해서다. 그리고 돌이나 암초가 있는 곳도 미리 파악할 수 있어 밑걸림을 막을 수 있다.

바닥을 탐색하는 방법은 낚싯대를 세워서 채비를 일정한 속도로 천천히 감아오는 것이다. 물속이 산처럼 솟은 지형이면 채비를 감는 데 힘이 많이 들고 골을 만나면 쉽게 감긴다. 무언가 꽉 막혀서 잘 끌려오지 않으면 그곳은 돌무더기 같은 장애물이 있는 것이다. 이렇게 바닥 지형이 머리에 그려지면 어디에 던져야 하고 어디서 채비를 놓아야 하는지 알게 된다. 릴의 종류에 따라 다르겠지만 서프릴은 핸들을 30~33바퀴 돌리면 25m가 감긴다.

PE 1.5호 원줄에 PE 1.5~6호 테이퍼 힘줄

원줄은 장타를 위해 PE 1.5호의 가는 라인을 쓴다. 대신 강한 캐스팅에 원줄이 터지지 않도록 13m 길이의 PE 1.5~6호 테이퍼형 힘줄을 직결해 묶어준다. 내가 쓰는 낚싯대는 가마카츠 배틀 서프인데 추부하 24~27호의 4.05m 길이다. 상당한 경질대로 초원투가 가능하다.

참갯지렁이와 청갯지렁이를 함께 달아라

내가 선호하는 채비는 유동식 천칭에 연결한 3단채비다. 기둥줄 중간에 가지바늘이 달려 있고 맨 하단엔 두 바늘이 달려 있다. 지렁이는 청갯지렁이와 참갯지렁이를 같이 쓴다. 마루큐 '나게츠리 파우더' 분말을 갯지렁이에 뿌려주는데 새우, 어분 등의 성분이 들어있어 집어효과가 있다. 첨가제 분말이 갯지렁이 표피에 달라붙어 미끄럽지 않고 단단해져서 바늘에 꿰기 쉽고 물속에 들어가서는 분말이 풀어지면서 집어 효과를 발휘한다. '나게츠리 파우더'는 6봉지가 들어 있으며 한 봉지가 하루 낚시에 쓸 양이다.

가지바늘에 참갯지렁이와 청갯지렁이를 함께 달고, 하단 두 바늘엔 참갯지렁이와 청갯지렁이를 각각 다는데 참갯지렁이는 7cm 길이로 잘라서 한 마리만 달고, 청갯지렁이 역시 7cm 길이로 잘라서 여러 마리를 단다. 청갯지렁이와 참갯지렁이를 함께 쓰면 입질빈도가 높아진다. 참갯지렁이는 냄새가 강하기 때문에 집어력이 강하고 청갯지렁이는 냄새가 약한 대신에 움직임이 많아 물고기의 취이욕구를 자극하는 특성이 있다. 지렁이는 통째로 쓰는 것보다 잘라서 쓰면 지렁이 체액이 흘러나와 입질을 유도한다. 한 마리보다는 여러 마리의 체액이 더 효과가 있어서 3~4마리를 달아 쓴다.

다만 청갯지렁이는 잡어에 취약하므로 잡어가 많으면 청갯지렁이 대신 참갯지렁이만 쓴다. 참갯지렁이 한 마리만 7cm 길이로 잘라 목줄까지 올려서 꿴다. 너무 작게 잘라서 쓰면 미끼 효과가 작다.

20분에 한 번씩 미끼 교체

미끼를 던진 후에는 마냥 방치하지 말고 20분에 한 번꼴로 미끼를 갈아서 다시 캐스팅한다. 10분 동안 반응이 없으면 3~4초에 한 바퀴 정도로 서너 번 돌린 뒤 입질을 기다려보고 다시 10분 기다린 후 미끼를 갈아주는 식으로 반복한다.

입질이 들어오면 바로 챔질하거나 원줄을 팽팽하게 감아서 입질을 확인하려고 하는데, 오히려 원줄을 풀어서 물고기가 미끼를 더 먹기 쉽도록 도와줘야 한다. 가자미는 입이 작기 때문에 단번에 삼키기보다는 조금씩 삼킨다. 조금씩 삼킬 때 여유줄을 주면 줄이 팽팽할 때보다 쉽게 먹이를 먹을 수 있다.

일본 마루큐사 소속 나게츠리 인스트럭터 하야시 겐지씨가 참갯지렁이와 청갯지렁이 미끼를 함께 단 가자미 채비를 보여주고 있다.

5 하야시 겐지씨가 속초 동명항에서 낚은 참가자미를 들어 보이고 있다.　6 동해 원투낚시인 정용화씨가 도다리 채비를 던질 준비를 하고 있다.　7 동해 망상해수욕장을 찾은 하야시 겐지씨가 채비를 원투하고 있다.

알쏭달쏭 헷갈리는
가자미 패밀리 구분법

참가자미
동해안에서만 주로 낚이는 어종이다. 도다리보다 약간 깊은 바다의 모래바닥에 서식한다. 배 쪽에 노란 띠가 양쪽 지느러미 부위에서 꼬리 쪽으로 이어져 있다. 그래서 배만 뒤집어 보면 바로 구별할 수 있다. 용가자미나 물가자미보다 맛있는 고급 가자미다.

문치가자미(도다리)
동해부터 남해, 서해에 이르기까지 가장 넓게 분포하는 가자미다. 맛이 좋기로 소문나서 참가자미보다 비싸게 팔린다. 체형이 둥글고 통통하며 등이 매끈하고 배 쪽에 아무 무늬도 없으면 문치가자미로 보면 된다.

강도다리
하천수가 유입되는 기수역에서 주로 낚이는 강도다리는 동해안에만 서식하는데 지느러미에 검은 줄무늬가 있어서 단번에 구별할 수 있다. 또 특이하게 광어처럼 눈이 왼쪽으로 쏠려 있다.

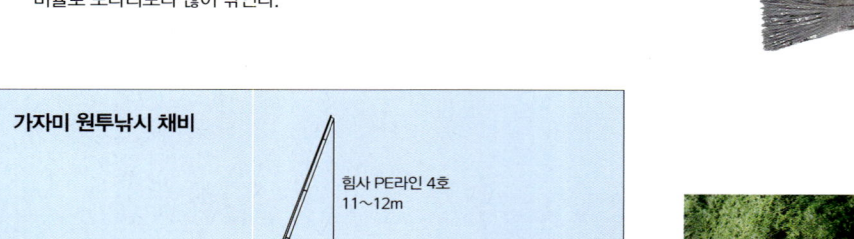

돌가자미
비늘이 없고 등에 양쪽 지느러미를 따라 돌기가 토돌토돌 나 있기 때문에 쉽게 구분할 수 있다. 찬물에 서식하는 종으로 초봄에 일찍 낚이며 수온이 낮은 서해안에서는 8:2의 비율로 도다리보다 많이 낚인다.

용가자미(어구가자미)
몸통이 마름모꼴인 것이 가장 큰 특징이다. 냉수성, 심해성 가자미로 참가자미나 도다리와 달리 군집을 이루며 연안으로 잘 나오지 않기 때문에 배낚시에 많이 낚이고 원투낚시에는 거의 낚이지 않는다.

넙치(광어)
가자미 낚시 도중 광어가 종종 걸리는데 외양이 흡사해 대형 도다리인 줄 착각하는 사람들이 많다. 광어는 입이 크고 이빨이 있는 게 가장 큰 특징이다. 또 '좌광우도'라는 말처럼 눈이 왼쪽으로 치우쳐 있다.

가자미 원투낚시 채비

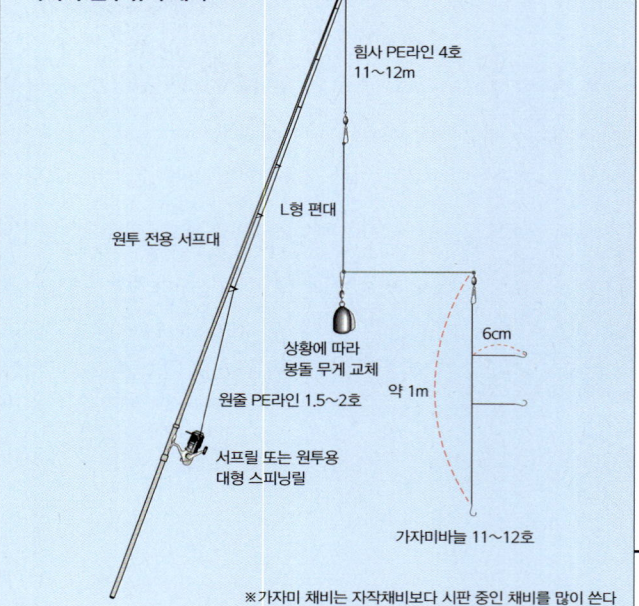

- 힘사 PE라인 4호 11~12m
- 원투 전용 서프대
- L형 편대
- 상황에 따라 봉돌 무게 교체
- 원줄 PE라인 1.5~2호
- 서프릴 또는 원투용 대형 스피닝릴
- 약 1m
- 6cm
- 가자미바늘 11~12호

※가자미 채비는 자작채비보다 시판 중인 채비를 많이 쓴다

호쾌한 캐스팅. 수평선 너머로 날려 보낼 기세다. 원투낚시의 묘미는 바로 이 캐스팅에 있다.

3 강도다리 원투낚시
기수역의 특급 횟감

강물이 바다로 유입되는 곳에서 잘 잡힌다고 해서 '강도다리'라는 이름이 붙었다.
동해북부의 특산종인 강도다리는 최근 정부에서 치어 방류를 활발하게 하여 동해안 전역에서 많이 낚이고 있다.
찬물에 강한 어종이라 참가자미와 도다리가 왕성하게 낚이기 전인 겨울과 초봄의 조한기에 넉넉한 손맛을 선사해준다.

찬물을 좋아하는 동절기 어종

강도다리는 동해에서만 사는 냉수성 가자미다. 평소에는 깊은 바다에 머물다 1월 하순이면 산란을 하기 위해 얕은 연안으로 나와 주로 강물이 흐르는 기수지역의 자갈과 모래바닥에 머물다가 5월 중순이면 다시 깊은 바다로 빠진다. 강어귀까지 올라온다고 해서 강도다리란 이름이 붙었다. 지느러미에 검은 띠가 있어 다른 가자미와 한눈에 구별할 수 있다. 강원도에선 때때로 참가자미보다 비싸게 유통되는 고급 횟감으로 통한다. 기름기가 적어서 고소함은 적지만 회를 오래 씹을 때 오는 느끼함이 없어 담백하고 오도독 오도독 씹히는 느낌이 신선하다.

여름에는 150m 수심 이내의 연안 저층에 머물다 산란기인 2~3월이면 강어귀의 자갈이나 모래밭에 알을 낳기 위해 강 하구에 몰려든다. 그리고 수온이 오르기 시작하는 4월 하순경이면 다시 깊은 바다로 빠져 여름에는 구경하기 힘들다. 소형 갑각류, 연체류, 갯지렁이류 등을 먹는다.

치어 방류로 동해안의 새 주력 어종 되다

동해북부에서 강도다리가 원투낚시에 낚이기 시작한 것은 2008년경부터이며 2010년부터 개체수가 크게 증가하였다. 원래는 동해북부에만 서식했는데, 최근 포항, 울산에도 치어를 방류하고 있어 삼척, 울진, 영덕, 포항할 것 없이 동해안 전역에서 강도다리가 모습을 드러내고 있다. 대진, 거진, 아야진, 봉포, 강릉항, 안목항까지 민물이 유입되는 곳마다 도다리와 섞여 낚인다.

낚시시즌은 1~5월이다. 1~2월에는 마릿수가 적은 대신 대부분 40cm를

양쪽 지느러미에 검은 띠가 있는 게 특징인 강도다리.

1 강릉항 남쪽 바다로 흘러드는 남대천 하구에서 강도다리를 노리는 낚시인들. 2 강릉 남항진 백사장에서 강도다리를 낚은 동해 SJ피싱 임서준 대표. 3 남대천 하구에서 낚인 강도다리들. 4 강릉 남대천 하구에 있는 강릉항 방파제. 동해안의 대표적 강도다리 낚시터이다. 5 강도다리 낚시에서 최고의 미끼인 참갯지렁이.

어디로 가볼까?
강도다리 낚시터 BEST 3

■ 양양 물치방파제

강원도 양양군 강현면 물치리. 7번 국도변에 있어 찾아가기 쉽다. 큰 방파제와 작은 방파제 중 흰 등대가 있는 작은 방파제가 주 포인트다. 등대 가까이 30m 구간이 주 포인트로서 내항 쪽과 맞은편 큰 방파제 사이에서 강도다리가 올라온다. 흰 등대 쪽에서 맞은편 빨간 등대를 보고 30m 캐스팅하면 수심이 깊어지는 물골에 채비가 닿는데 이곳에서 입질이 자주 들어온다. 백사장이 바로 붙어 있어 캠핑을 함께 즐기기에 좋은 여건을 갖추고 있다.
내비게이션 주소 물치리 7-9

■ 강릉 사천진방파제

강원도 강릉시 사천면 사천진리. 빨간 등대가 있는 큰 방파제와 흰 등대가 있는 작은 방파제 모두 포인트다. 큰 방파제는 방파제가 꺾이는 구간에서 내항 쪽을 노리고, 작은 방파제는 방파제 끝에서 외항 쪽으로 캐스팅한다. 두 곳 모두 수심이 깊은 물골을 공략하기 쉬운 포인트로서 강도다리가 자주 올라온다.
내비게이션 주소 사천진리 2-93

양양 물치항. 큰 방파제와 작은 방파제가 모두 강도다리 명당이다.

강릉 사천진방파제

■ 속초항

강원도 속초시 동명동. 사람들이 많이 몰리는 유명 낚시터다. 속초항엔 두 개의 방파제가 있는데 여객선터미널이 있는 북쪽의 큰 방파제를 동명항방파제, 남쪽의 작은 방파제를 청호동방파제라고 부른다. 낚시는 동명항방파제와 청호동방파제 사이에 있는 연안부두 끝 등대 주변과 청호동방파제에서 해수욕장을 끼고 있는 빨간 등대 방파제의 꺾인 구간에서 주로 한다. 2월에는 내항 쪽에서 주로 낚이고 날이 따뜻해지면 외항 쪽으로 포인트가 확산된다. 빨간 등대 방파제를 빠져나와 양양 쪽으로 향하면 설악대교를 건너게 되는데 그 아래 연안을 아바이 포인트라고 부르며 이곳에서도 강도다리가 자주 올라온다.
내비게이션 주소 동명동 1-143

■ 그밖의 낚시터

강릉 이북 : 고성 아야진항, 봉포 백사장, 장사항, 양양 수산항, 동산항, 강릉항, 안목항, 사천항, 안인항, 염정방파제, 강릉 주수천 하류 옥계항 주변

강릉 이남 : 삼척 정라진항, 울진 왕피천 하류, 영덕 오십천 하류 강구항 일대, 포항 형산강 하류, 울산 회야강

속초 전망대에서 바라본 속초항.

고성 아야진항 선착장에서 원투낚시로 강도다리를 노리는 낚시객들.

강릉 남대천 최하류에 있는 다리 밑에서도 강도다리가 잘 낚인다.

강릉 남항진 백사장에서 낚은 강도다리를 보여주는 동해 낚시인들.

웃도는 굵은 강도다리가 낚이다가 3월 중순이 지나면서 잔 씨알이 섞이기 시작하고 대신 마릿수가 많아져 한 사람당 평균 10수 이상씩 낚인다.

아침보다 한낮에 잘 낚여

강도다리는 해가 중천에 떠야 잘 낚인다. 대개 오전 10시부터 오후 1시 사이 그리고 오후 3시부터 5시 사이에 조황이 좋다. 구름이 낀 날보다 화창한 날 잘 낚인다. 입질이 예민할 때는 참갯지렁이를 바늘만 감출 정도로 잘라 사용하면 잘 걸려든다. 볼락웜 루어에도 낚일 정도로 움직이는 미끼에 대한 공격성이 강한 물고기다. 그래서 원투낚시에서도 미끼를 자주 끌어주면 더 잦은 입질을 받을 수 있다. 한편 낮에 소란스러운 방파제에서는 밤에 낚일 때도 있다.

작은 바늘을 써라

강도다리는 비교적 가까운 40~60m 거리에서 낚인다. 근투로 충분히 낚을 수 있으므로 서프 전용대를 쓰지 않아도 된다. 낚싯대 길이는 3.5m부터 5.2m까지 어떤 것을 사용해도 상관없으나 방파제에서 낚시를 한다면 4.2m 길이가 다루기 적합하고 백사장에서 한다면 캐스팅 거리가 나오는 5.2m 길이가 좋다. 주변에 사람이 없다면 짧은 대, 중간 대, 긴 대 세 대 정도를 펴놓고 거리별로 포인트를 고루 노려보는 게 좋다. 원줄은 합사 4호, 채비는 두바늘 이단채비 또는 외바늘채비를 사용하며 낚시점에서 판매하는 묶음추채비를 써도 상관없다.

중요한 것은 바늘이다. 강도다리는 씨알이 크지 않고 입도 작기 때문에 평소보다 조금 작은 바늘을 사용하는 게 입걸림 시키는 데 유리하다. 서해 도다리 원투낚시에선 보통 세이코(새끼 농어)바늘 14~16호 정도를 쓰는데 동해 강도다리 원투낚시에는 세이코(새끼 농어)바늘 12호 정도가 적합하다. 봉돌은 20~30호를 쓴다.

자주 미끼를 갈아주며 제물걸림 확인

강도다리의 특징은 항상 낚이는 자리에서만 낚인다는 것이다. 이리저리 활발히 회유하지 않는 물고기다. 그래서 낚시터에 도착해서는 강도다리가 낚이는 포인트를 탐색하는 게 중요하다. 입질을 기다리는 중간 중간 채비를 끌어주어야 한다. 캐스팅 후 5분마다 릴 핸들을 두세 바퀴 감아주는 식으로 채비를 끌어준다. 이렇게 하면 입질을 유도하는 효과가 있으며 조류에 떠내려가 느슨해진 원줄을 팽팽하게 유지하는 기능도 있다. 입질은 초릿대가 '콕콕'하고 내리찍는 식으로 나타나는데 사실 이 입질이란 게 뚫어지게 초릿대만 지켜보지 않고서는 파악하기 힘들다. 차라리 10분에 한 번, 늦어도 20분에 한 번씩 미끼를 갈아주는 게 고기를 낚는 현실적인 방법이라 할 수 있다. 강도다리는 미끼를 뱉거나 바늘털이를 하는 물고기가 아니므로 물려만 있다면 대부분 낚아낼 수 있다. 채비를 회수할 때는 낚싯대를 강하게 드는 것은 금물이다. 강도다리의 주둥이는 약하기 때문에 바늘을 강하게 박히게 한다고 힘껏 챔질하면 주둥이가 찢어질 수 있다.

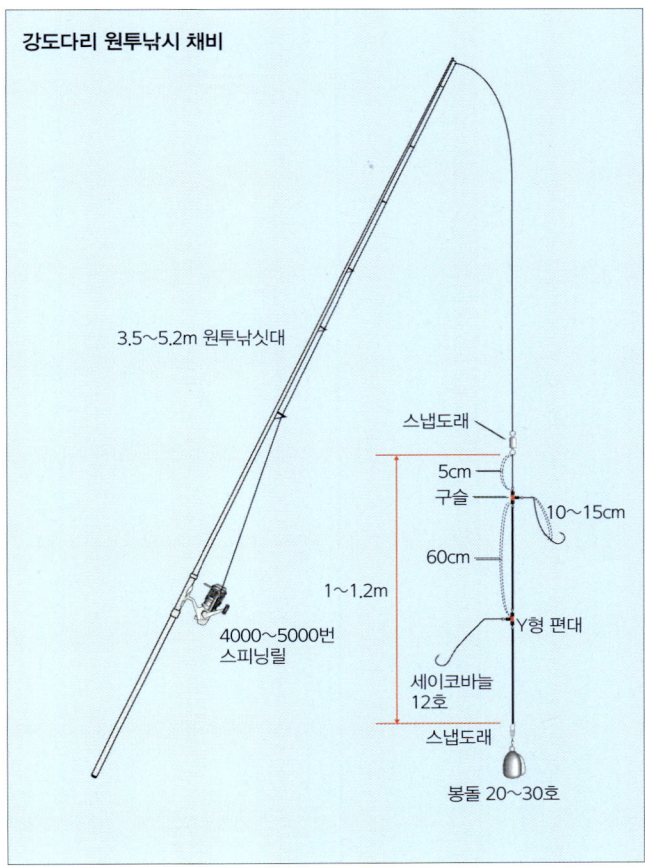

Chapter 5
어종별 강의

4 돌가자미 원투낚시
혜성처럼 등장한 서해의 뉴스타

구연권 대천 해동낚시 대표
PENN·아부가르시아 필드스탭

돌가자미는 서해에 원투낚시 붐을 몰고 온 일등공신이다.
2012년에 대천해수욕장에서 처음 그 존재가 확인된 후 태안, 당진 해변에서도 속속 낚이며
상당한 개체수가 존재함을 드러내고 있다. 돌가자미는 도다리나 참가자미보다 마릿수 조과가 뛰어나서
남녀노소 누구나 쉽게 낚을 수 있다.

초원투낚시클럽 정영제 회원이
대천해수욕장에서 낚은
돌가자미를 들어 보이고 있다.

서해를 대표하는 가자미

돌가자미는 외양이 도다리와 흡사하지만 비늘이 전혀 없는 것이 특징이다. 양쪽 지느러미 안쪽을 따라 등에 토돌토돌 돌기가 길게 두 줄로 나 있어 돌가자미라는 이름이 붙었다. '돌도다리'라 불리기도 한다. 우리나라 전역에 서식하지만 서해안에 특히 많다. 서해에서 가자미 10마리를 낚으면 8마리가 돌가자미이고 2마리가 도다리다. 남해의 대표 가자미가 도다리(문치가자미)이고, 동해의 대표 가자미가 참가자미라면 서해의 대표 가자미는 돌가자미다. 동해 백사장의 참가자미가 5월 중순이 되어야 낚이기 시작하는데 비해 서해 대천해수욕장의 돌가자미는 2월 하순부터 낚여 돌가자미가 찬물에 더 강한 어종임을 알 수 있다. 여름엔 당진, 태안, 안면도에서도 잘 낚인다. 그러나 백사장이 없고 갯벌만 있는 경기도 해변에서는 돌가자미를 낚기 힘들다.

2012년에야 낚시어종으로 두각

돌가자미가 낚시어종으로 떠오른 건 극히 최근인 2012년 봄이다. 그해 3월 초순께 대천해수욕장 짚트랙 타워 공사현장의 인부들이 심심풀이로 던진 미끼에 돌가자미가 연신 낚이는 걸 필자가 보고 본격 낚시어종으로 개발하기 시작했다.
돌가자미 씨알은 15~35cm로 크지는 않지만 개인당 10마리 이상 낚는 날이 많을 정도로 마릿수가 좋다. 흐린 날보다 화창한 날, 사리물때보다 조금물때에 잘 낚인다. 대천해수욕장의 경우 밀물보다 초썰물~중썰물 사이에 집중적으로 낚인다.
돌가자미는 타 어종에 비해 시즌이 긴 편이다. 저수온에 강하기 때문에 2월부터 낚이기 시작하며 4월 중순부터 피크 시즌을 맞아 6월 초까지 이어진다. 2월 말부터 보령 대천해수욕장에서 먼저 낚이고 3월 중순 이후엔 서산 삼길포, 태안 학암포, 만리포, 꾸지나무골해수욕장 등에서 돌가자미가 올라온다. 4월 초까지는 50m 이상 80m까지 먼 거리를 노려야 입질을 받을 수 있고, 4월 중순~6월 초엔 20~40m의 근거리에서도 마릿수로 낚이기 때문에 초보자들이나 여성들도 쉽게 돌가자미낚시를 즐길 수 있다. 여

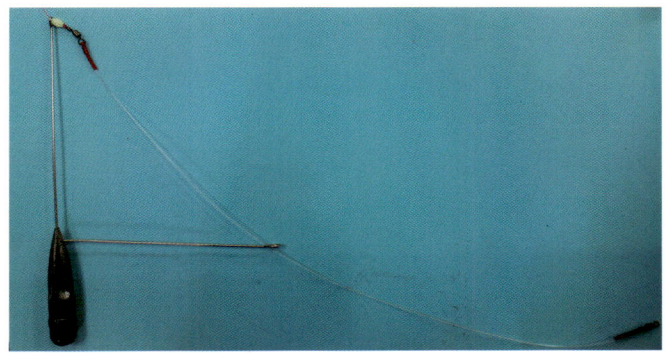
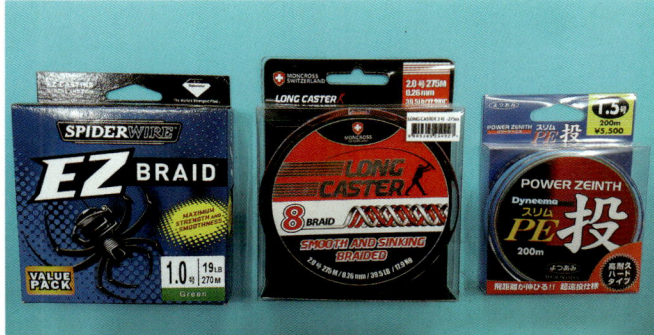

돌가지미낚시에 쓰이는 L형 편대. 초원투낚시의 유행으로 서프대 사용이 늘면서 L형 편대채비 사용이 많아지고 있다.

장타가 필요한 백사장에선 캐스팅 비거리가 뛰어나고 감도가 좋은 합사를 원줄로 많이 사용한다.

름엔 소강상태를 보이다가 10월부터 다시 낚이기 시작해 1월 초까지 이어진다. 가을엔 봄철보다 마릿수는 떨어진다.

돌가자미 장비 및 채비

■ 낚싯대
25호 추부하 4.2m 길이의 원투전용 서프대를 사용한다. 그러나 5월 피크 시즌에는 돌가자미가 연안 가까이 붙기 때문에 3m 길이의 저렴한 릴대로도 돌가자미를 낚을 수 있다.

■ 릴
5000번 이상의 중형 스피닝릴을 준비한다.

■ 라인
나일론 4~6호 또는 합사 0.8호~3호를 사용한다. 나일론 4호와 합사 3호가 무난하며, 비거리에 좀 더 욕심낸다면 원줄 PE 0.8호~1.5호 200m와 힘사 PE 5호(13m)를 연결하고 봉돌은 고리추 25~33호 사용을 권장한다.

■ 의자와 받침대
무거운 원투대로 장시간 낚시를 하다 보면 빨리 지치게 되므로 거치용 삼각대가 있으면 편리하다. 그리고 편안하게 앉아서 어신을 기다릴 수 있는 낚시의자가 반드시 있어야 한다.

모래먼지 일으키는 유동채비의 위력

'바다의 고양이'라 불릴 정도로 호기심이 많은 돌가자미는 의외로 극히 예민해지기도 한다. 돌가자미의 활성도가 좋을 때는 고정형 가지채비(묶음추 2단채비)로도 쉽게 낚을 수 있지만, 활성도가 떨어질 때는 목줄의 움직임이 자유로운 유동채비(L형 편대채비나 구멍봉돌 채비)를 사용하는 것이 유리하다. 봉돌이 맨 밑에 달린 묶음추채비보다 봉돌 밑에 바늘채비가 연결되는 유동채비는 조금씩 끌어주는 끌낚시에 유리한데, 봉돌이 선행하며 모래 먼지를 일으켜 돌가자미의 시선을 끌고 뒤따라오는 미끼가 돌가자미에게 어필하여 입질을 유도하기 때문이다.

구멍봉돌채비는 서프대로 던지면 목줄의 엉킴이 심하여 편대를 장착하여 목줄 엉킴을 줄인 'L형 천칭(L형 편대)'을 많이 사용하고 있다. 강선을 이용하여 90도의 각을 만들고 있는 L형 천칭은 싱커 뒤로 목줄을 둘 수 있어 채비의 유연성이 좋고, 캐스팅 시 천칭의 형태로 인해 목줄과 원줄의 간격을 유지하며 비행하는 특징이 있어 재비의 엉킴이 훨씬 적다. 특히 L형 편대는 끌낚시에 유리하다.

바늘은 흡입하여 먹이를 섭취하는 가자미 특유의 입질패턴을 감안하여 작은 입에 흡입되기 쉬운 도다리바늘 12호, 세이코바늘 12호 이하의 작은 바늘을 사용한다. 보통 동해나 남해안 도다리 원투낚시에선 세이코 14~16호 바늘을 많이 쓰는데(묶음추에 달려 있는 바늘이 대개 세이코 14~16호다.) 돌가자미는 가자미 중에서 입이 작은 편이라 그런 바늘을 쓰면 입걸림이 잘 안 된다.

청갯지렁이 여러 마리 꿰기로 유혹

돌가자미 원투낚시의 미끼는 청갯지렁이와 참갯지렁이(혼무시)를 사용한다. 서해에서는 탁한 물속에서 가자미의 시선을 끌기 위해 미끼의 볼륨을

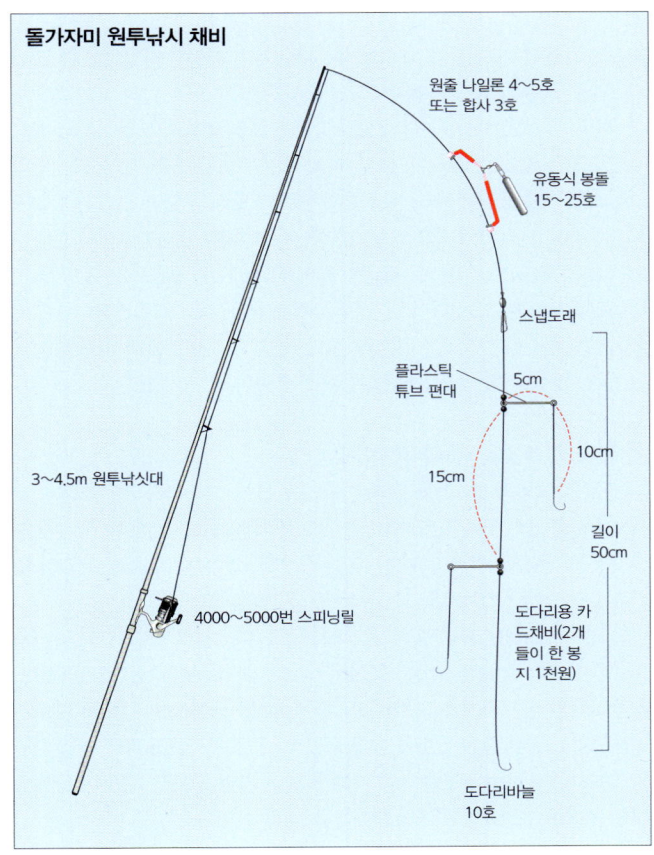

청갯지렁이를 꿴 모습.

키우는 것이 중요하다. 그래서 한 마리를 길게 꿰거나 여러 마리를 꿸 수 있는 청갯지렁이를 주로 사용한다.

가자미는 시각적으로 강한 반응을 하는 어종이라 미끼의 움직임이 중요하다. 싱싱한 갯지렁이를 자주 갈아주면 조황에 도움을 준다. 그리고 초원투 시 바늘에서 이탈을 방지하기 위한 방법으로 청갯지렁이를 염장하여 사용하기도 한다.

끌낚시로 호기심 자극

돌가자미는 호기심이 강하여 움직이는 물체에 반응한다. 그런 습성을 이용하여 채비를 끌어 모래먼지를 일으키는 끌낚시(속칭 끄심바리)를 해주면 효과가 있다. 돌가자미는 이동이 빠르지 않다. 잦은 캐스팅과 반복되는 끌낚시로 가자미가 집어될 때까지 약 1시간 가까이 끌어주기를 반복해야 한다. 물론 입질이 없을 시에는 신속히 포인트를 옮기는 판단력도 필요하다.

이렇게 채비를 조금씩 끌어주면 '툭툭'하는 돌가자미 입질이 들어온다. 이때 채지 말고 일단은 기다려 준다. 돌가자미는 입이 작아서 2~4번의 반복입질 후에야 미끼를 완전히 삼키기 때문이다. 입질이 들어왔을 때 잠시 기다려준 후 좀 더 먹성을 높여주기 위하여 채비를 아주 살짝 끌어주면 좀 더 빨리 본신으로 이어진다. 챔질을 강하게 하면 바늘이 주둥이에서 빠질 수 있으므로 짧고 부드러운 챔질 후 일정한 속도로 릴을 감아준다. 만약 낚싯대를 가볍게 들었을 때 묵직함이 전해져 오지 않으면 물고기가 걸리지 않은 것이므로 바로 움직임을 멈추어 2차 입질을 기다려주어야 한다.

미끼 투척 후 5분 간격으로 조금씩 끌어주며 입질을 유도하는데, 입질이 까다로운 날에는 15분마다 한 번씩 낚싯대를 들어서 좀 더 빠른 속도로 끌어주는 동작을 반복해주는 것도 좋다. 돌가자미는 조용히 바늘을 삼키고 있는 경우가 있는데, 이때는 어신으로 표현이 안 되기 때문이다.

유속 느린 13물~3물이 적기

서해 돌가자미낚시의 적합 물때는 사리를 피한 13물부터 5물까지다. 서해의 특성상 큰 조수간만의 차이로 인해 백사장에서는 바닷물 수위에 따라 전진과 후진을 반복해야 하는데, 사리 때는 물이 많이 빠지고 많이 들기 때문에 이동거리가 길어져 낚시하는 데 불편하다.

반면 조금물때에는 물이 적게 들고 빠지므로 이동거리가 짧다. 또 낚시시간도 길어진다. 사리물때에는 물살이 너무 빨라 조류가 죽는 간조와 만조 물돌이때만 낚시가 가능하지만 조금을 전후한 물때에는 간조와 만조가 아니더라도 하루 종일 입질을 받을 수 있다. 간조에서 초들물로 바뀔 때와 만조에서 초썰물로 바뀌는 시간대에 조황이 제일 좋은데, 수온이 급상승하는 봄에는 초썰물이 피크타임이다.

물골이냐 수중여냐?

돌가자미를 많이 낚으려면 물속 지형을 읽어야 한다. 백사장이라 해도 깊은 물골이 있고 수심의 차이가 있다. 작은 돌 주변이나 움푹 파인 백사장의 물골자리를 찾으면 입질 확률을 좀 더 높일 수 있다.

돌가자미는 군집을 이루는 특징을 보이기에 첫수를 올리면 그 자리에서 추가로 낚을 확률이 매우 높다. 수온이 낮은 초봄에는 흩어져 있는 경우가 많아 낱마리로 낚이지만 본격 시즌에 접어들면 군집을 이루게 되므로 마릿수 조황을 쉽게 올릴 수 있다. 따라서 첫수를 빨리 낚는 것이 중요하고 재빨리 갈무리한 후 입질 받았던 곳에 정확히 채비를 재투척하는 것이 다수확의 요령이다.

Tip

원투할 땐 염장 청갯지렁이

청갯지렁이는 원투낚시에서 가장 널리 쓰이는 미끼다. 그러나 캐스팅 시 잘 떨어지는 단점이 있다. 이때 염장을 하면 잘 떨어지지도 않고 낚시 후 냉동실에 보관하면 오래도록 사용할 수 있다.

먼저 청갯지렁이에 소금을 뿌려 햇볕 아래 건조시키면 피가 싹 빠진다. 두 시간 정도 지나 피를 따라낸 뒤 다시 소금(굵은 소금 70%, 가는 소금 30%면 더 좋다)을 뿌려 더 건조시키면 단단해지는데, 바닷물 속에 들어가면 금방 복원되어 물고기가 먹기 좋게 흐물흐물해진다.

염장을 한 청갯지렁이. 소금에 절이면 원투할 때 바늘에서 잘 떨어지지 않는 장점이 있다.

주의! 백사장에 바늘채비 버리지 마세요

돌가자미가 낚이는 해수욕장은 관광객들이 맨발로 다니는 장소이므로 쓰고 남은 바늘이나 각종 쓰레기는 반드시 수거하여 지정된 장소에 버려야 한다. 그리고 물이 빠지면 낚시자리를 이동해야 하는데, 이동이 귀찮아서 한 장소에서 낚시를 고집하는 사람들이 종종 있다. 그 경우 바닷가를 거닐던 사람들의 목이나 발에 낚싯줄이나 바늘이 걸려 사고가 발생할 수 있기 때문에 반드시 물가에 바짝 붙어서 낚시해야 한다.

1 4월 초순에 대천해수욕장에서 돌가자미를 노리는 원투낚시인들. **2** 청갯지렁이를 물고 올라온 돌가자미. **3** 대천해수욕장을 찾은 원투낚시인들이 자신들이 낚은 돌가자미를 보여주고 있다. **4** "돌가자미야, 내 미끼를 물어다오!" 호쾌한 캐스팅 모습. **5** 채비를 마친 낚시인이 낚시를 시작하기 위해 미끼를 꿰고 있다.

Chapter 5 어종별 강의

5 감성돔 원투낚시
겨울 백사장의 빅게임

감성돔은 우리나라에서 가장 인기 있는 바다낚시 대상어다.
구멍찌낚시의 제1순위 타깃이며 원투낚시에서도 전문가들이 노리는 최고의 게임피시다.
감성돔 원투낚시는 주로 동해에서 활발하게 이루어지는데 피크시즌은 행락객들이 떠나고 텅 빈 백사장에
하얀 파도가 부서지는 초겨울이다.

이현성
다이와 나게 필드스탭

해역마다 다른 감성돔 낚시시즌

감성돔 원투낚시의 시즌은 동해, 서해, 남해가 각각 다르다. 동해안은 초겨울과 봄이 피크시즌이며, 남해안에선 가을에 잘 낚이고, 서해안에선 5~6월 초여름에 대형 감성돔들이 낚인다.

동해안의 경우 9월 중순부터 감성돔이 낚이기 시작해 12월 말까지 피크를 이루다가 한겨울에 잠시 주춤하여 다시 수온이 오르는 3월 중순부터 5월 초까지 산란철 호황기를 맞게 된다. 그중 최고의 핫 시즌은 11~12월이다.

서해안의 감성돔 원투낚시는 늦봄 산란기에 한정된다. 겨울에는 강한 북서풍으로 서해 연안이 뻘물이 되고 수온이 5도 이하로 낮아져 모든 낚시가 스톱된다. 봄이 오면 물색이 맑아지고 수온이 오르면서 물고기들의 활성도가 높아지는데 4월 말부터 6월 말까지가 서해 감성돔낚시의 피크시즌이다. 이때는 40~50cm급이 주종이고 60cm급을 목표로 삼을 만큼 씨알이 굵게 낚이는 게 특징이다.

초원투클럽 회원이 울진 영신해수욕장(일명 망양휴게소 백사장)에서 낚은 감성돔을 자랑하고 있다.

남해안의 감성돔은 봄철 산란기에도 잘 낚이지만 9~10월에 가장 뛰어난 마릿수 호황을 보인다. 가을에 남해 해안도로변이나 섬 방파제를 찾아 원투낚시를 시도하면 어렵지 않게 감성돔을 낚을 수 있다. 남해안은 감성돔 자원은 가장 많지만 구멍찌낚시 위주로 이뤄지고 있어서 원투낚시는 제대로 시도되지 않고 있다. 그만큼 개척의 여지가 많은 곳이며, 일부 원투낚시 애호가들이 통영, 사천, 여수, 고흥 지역의 해안과 섬에서 원투낚시를 시도하여 감성돔을 낚아내고 있다.

동해안이 감성돔 원투낚시의 메카

현재 감성돔 원투낚시는 대부분 동해에서 성행하고 있다. 동해안 백사장 감성돔 시즌은 갯바위낚시와 얼추 비슷한 편이지만 그보다 더 길고 기복도 적은 편이다. 7~8월 두 달만 어한기이며, 9월이면 강원도 고성부터 감성돔 시즌이 시작되어 속초, 강릉, 동해 순으로 내려온다. 10월이면 울진권(후포~죽변)에서도 본격적인 시즌에 돌입한다. 최고의 피크시즌은 11~12월이다. 이때는 계절적 특성상 북풍이 부는 날이 많아 파도가 일고 물색이 흐려져서 연안으로 접근하는 감성돔의 양이 많아진다. 그러나 1월 이후 한겨울로 접어들면 수온이 떨어지고 파도가 너무 높아져서 감성돔낚시가 힘들다. 이후 3월부터 6월까지 다시 백사장 원투낚시에 감성돔 입질이 전개된다.

삼척, 울진권은 가을부터 이듬해 봄까지 꾸준하게 시즌이 지속된다. 4월 말이면 삼척, 울진권의 감성돔 시즌은 막을 내리고, 동해북부권(속초~거진)의 시즌이 열려서 아카시아꽃이 질 무렵인 6월 중순까지 이어진다.

씨알이 굵게 낚이는 시기도 지역마다 약간씩 다르다. 울진권은 봄철인 4월 한 달이 마릿수나 씨알 면에서 최고조를 이루고, 동해~삼척권은 수온이 제일 떨어지는 2~3월 두 달 동안 굵은 감성돔들이 잘 낚인다. 동해안의 감성돔 평균 씨알은 30~40cm급이다. 초겨울에는 35cm 이하의 작은 씨알이 마릿수로 낚이고 봄에는 마릿수가 적은 대신 40~50cm급이 낚인다.

5m 이상의 긴 중경질대가 최적

동해 원투낚시에서는 4.2~4.3m 길이의 낚싯대를 주로 사용하지만 감성돔 원투낚시에서는 5m 이상의 긴 낚싯대가 유리하다. 낚싯대가 짧으면 원줄이 수면 가까이 늘어져서 파도의 영향을 많이 받기 때문이다. 파도에 원줄이 계속 밀리면 수중의 채비가 질질 끌려오다가 수중여나 해초 같은 곳에 처박혀서 미끼가 파묻히거나 밑걸림이 생긴다.

과거에는 갯바위낚시용 3~5호대를 동해안 원투낚시에서 즐겨 썼는데, 길이는 충분히 길지만 연질이다 보니 파도가 원줄을 밀 때마다 지나치게 휘어졌고, 그 결과 약한 어신 파악에 어려움이 있었다. 최근에는 한국다이와사에서 동해안 감성돔 원투낚시를 위해 전용대를 출시하는 등 현장에 맞는 새로운 낚싯대들이 개발되고 있다. 이런 대들은 원투가 잘되고 강한 파도에도 잘 견디는 중경질 액션에 초릿대는 입질 시 이물감을 줄여줄 수 있도록 부드럽게 휘어지는 특성을 지니고 있다.

릴은 중대형 원투 릴이면 어느 릴이나 무방하다. 동해안에서는 2~3호의 가는 나일론 원줄을 사용하기 때문에 스풀이 깊은 딥 스풀보다 얕은 섈로우 스풀이 멀리 던지기에 한결 유리하다. 아울러 산란철에는 대형급들이

3월 중순 영신해수욕장의 감성돔 밤낚시. 동해 백사장의 감성돔은 낮보다 밤에 잘 낚인다.

1 울진 영신해수욕장에서 야간에 입질을 받은 초원투클럽 장석현씨가 감성돔을 끌어내고 있다. 2 울진 나곡 백사장에서 마릿수 감성돔으로 손맛을 만끽한 태백 낚시인들. 3 서울 낚시인 박경원씨가 삼천포대교가 보이는 경남 사천의 해안도로에서 감성돔을 노리고 있다. 4 원투낚시 전용 릴. 5 백사장에서 사용하기 편리한 외받침대. 6 개불을 통으로 꿴 채비를 보여주고 있다. 잡어가 많을 때는 개불 한 마리를 통째 사용한다. 7 감성돔 원투낚시에 사용하는 다양한 용품들.

많이 입질하므로 서프 전용 논드랙릴보다 드랙 기능을 갖춘 릴을 사용해야 한다.

샌드폴 외받침대로 높이 세워라

받침대는 방파제에서 흔히 쓰는 삼각대보다 흔히 샌드폴 또는 비치폴로 불리는 외받침대를 사용한다. 이 받침대는 모래밭에 깊숙이 박을 수 있고 수시로 박았다 뺐다 할 수 있어 포인트를 이곳저곳 옮겨가며 낚시할 때 유리하다. 이 받침대가 좋은 또 하나의 이유는 낚싯대를 바닥에서 50cm 이상 높게 거치할 수 있다는 점이다. 그만큼 원줄이 파도와 맞닿는 상황을 줄여주기 때문에 채비가 안정적으로 포인트에 머물 수 있도록 도와준다. 낚싯대는 보통 두 대만 사용한다. 두 대의 초리를 나란히 붙여 놓으면 입질을 쉽게 파악할 수 있기 때문이다. 밤에는 대 끝에 케미라이트를 달아놓기 때문에 입질 파악이 더 쉽다. 감성돔의 입질은 시원하다. 까딱까딱 움직일 때 채면 헛챔질이 되므로 완전히 가져갈 때까지 기다려야 한다.

편대 대신 구멍봉돌채비 사용

감성돔 원투낚시 채비는 단순하면서 강도가 높은 구멍봉돌채비를 사용한다. 원줄은 나일론 2~3호를 쓴다. 원투낚시에 주로 쓰는 PE라인 대신 나일론줄을 쓰는 이유는 대물급을 상대할 때 어쩔 수 없이 발생하는 여쓸림 (수중 암초에 낚싯줄이 긁히는 현상)에 나일론줄이 더 강하기 때문이다.

원줄의 끝에는 4~5호 합사를 연결해 쇼크리더(힘줄)로 사용한다. 힘줄을 연결하는 이유는 캐스팅 충격으로 인한 원줄 끊김을 방지하기 위해서다. 감성돔 원투낚시에는 30호 이상의 무거운 봉돌을 쓰는데 나일론사 2~3호에 바로 매달아 던지면 순간 충격으로 원줄이 끊어질 수 있다. 그래서 훨씬 강한 합사를 10~15m 길이로 연결해 힘줄로 사용한다. 힘줄은 충분히 길어야 캐스팅 준비 단계에서도 릴 스풀에 감겨있기 때문에 충격을 견딜 수 있다. 나일론 원줄과 합사 힘줄을 연결할 때는 이지블러드노트나 FG노트 묶음법을 사용한다.

구멍봉돌 밑에 도래로 연결하는 목줄은 카본사 4~5호를 50~70cm 길이로 쓴다. 나일론사가 부드러워 입질을 받기에는 좋으나 원투 시 봉돌과 잘 꼬이는 단점이 있어 다소 빳빳해서 꼬임이 적은 카본사를 사용한다. 같은 굵기일 경우 카본사의 강도가 나일론사보다 높다.

바늘은 감성돔바늘 5호가 표준으로 쓰인다. 감성돔 씨알이 굵거나 미끼가 크면 감성돔 6~7호로 올려 쓴다. 지렁이류에는 5호, 개불에는 6~7호 바늘이 적합하다.

잡어 덤빌 땐 개불이 특효 미끼

감성돔 미끼는 참갯지렁이와 개불 두 가지를 쓴다. 참갯지렁이는 어떤 상

서해안 감성돔 원투낚시의 특징
근거리에서 입질, 쏙이 으뜸 미끼

서해 감성돔 원투낚시는 4월 말부터 시작돼 낱마리로 낚이다가 5월 중순~6월 중순에 피크를 맞는다. 감성돔 하면 낚기 어려운 물고기의 대명사지만 원투낚시를 하면 쉽게 낚을 수 있다.

낚싯대는 원투전용대가 알맞지만, 서해안 현지 낚시인들은 감성돔 찌낚시용 1.5~2호 릴대에 10호 봉돌을 달아서 감성돔을 낚기도 한다. 왜냐하면 서해안 감성돔은 상당히 가까운 거리에서 낚이기 때문이다. 원줄은 나일론사 3~4호, 미끼는 살아있는 쏙을 쓴다. 서해안 낚시점에서 쏙 한 마리에 800~1000원에 구입할 수 있다. 보통 하루 낚시에 20마리 정도 준비하면 충분하다.

서해안에서 잘 먹히는 쏙 미끼.

감성돔 원투낚시 포인트 유형은 크게 두 가지다. 백사장에서는 수중여가 있는 '걸밭'이나 걸밭 주변을 노리며, 갯벌지대에서는 주변보다 깊은 웅덩이 또는 물골을 노린다. 무작정 멀리 던지기보다 이런 곳을 찾아내는 게 요령이다. 감성돔 입질은 아주 화끈하다. 대 끝을 톡톡 건드릴 때는 놔뒀다가 릴대가 완전히 처박힐 때 채주는 게 좋다.

서해안 주요 감성돔 원투낚시터
▶ **서천** 서천화력발전소 수문구 일대, 동백정 일대, 홍원항동방파제(흰 등대 방파제), 홍원항 청해수산 앞, 마량방파제 외항, 부사방조제 수문구 일대
▶ **보령** 대천해수욕장 남쪽 용머리 일대, 무창포 해수욕장, 오천항 가숭구지 연안, 천북면 소성리 연안, 남포방조제 죽도 서쪽 연안
▶ **태안** 안면대교 서쪽 연안, 안면도 황도 동쪽 연안, 남면 당암리 연안, 남면 곰섬 연안

감성돔 랜딩 요령
파도가 밀려나갈 때는 릴링 멈춰라

백사장 원투낚시에선 랜딩할 때 요령이 필요하다. 파도가 밀려들고 나가는 타이밍에 맞춰 릴링 속도를 조절해야 한다. 백사장에 거의 다 왔을 때는 감성돔이 파도와 뒤엉키는데 바다 쪽으로 밀려나가는 파도에 무작정 릴링하면 파도와 감성돔의 하중을 견디지 못해 목줄이 터지기 십상이다. 밀려나가는 파도에는 릴링을 멈추고 바다 쪽으로 살짝 걸어 나가면서 라인에 부하가 많이 걸리지 않게 해주었다가 파도가 다시 밀려 올 때 과감하게 당겨내는 것이 요령이다.

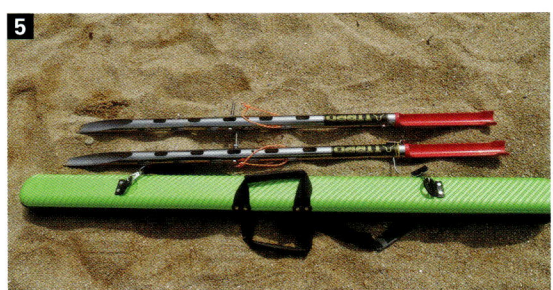

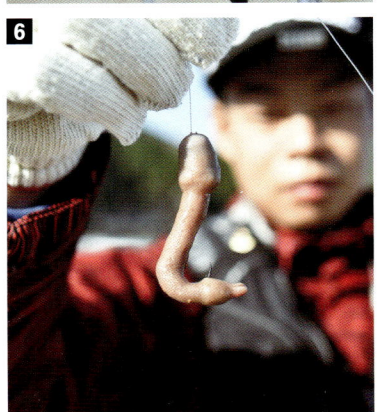

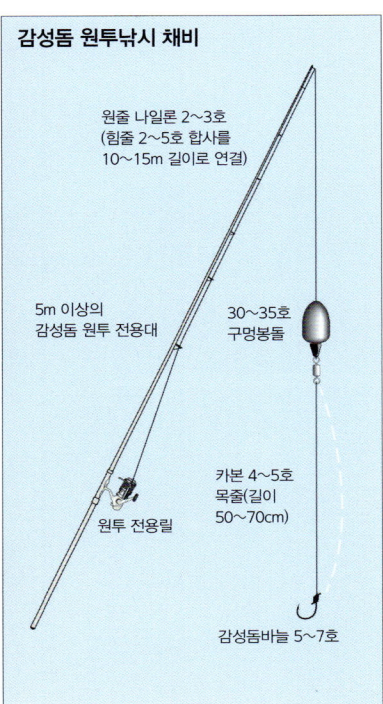

황에서든 잘 먹히며 입질도 빠른 만능 미끼다. 그러나 모든 바닷고기가 좋아하는 미끼라서 그만큼 잡어에게 따먹힐 위험도 높다. 참갯지렁이는 한 마리를 통으로 쓰거나 반토막 내어 꿰는데, 갯지렁이의 2/3까지 바늘 위로 꿰어 올려야 원투 시 잘 빠지지 않고 잡어에게 쉽게 따먹히지 않으면서 감성돔 입질을 확실하게 유도할 수 있다.

개불은 잡고기가 많은 상황에서 사용한다. 개불을 미끼로 쓰면 감성돔과 참돔 외에 다른 물고기는 거의 낚이지 않을 정도로 선별력이 탁월하다. 작은 크기의 개불은 한 마리를 통째로 꿰어서 쓰며 큰 개불은 잘라서 바늘 크기에 맞춰 누벼서 꿰어 쓴다.

제1미션 : 수중여지대를 찾아라!

백사장에서 감성돔을 낚기에 가장 좋은 여건은 바닥에 여러 수중여가 산재한 곳이다. 이런 곳은 감성돔의 회유로인 동시에 은신처가 되므로 수중여 주변을 집중적으로 공략해야 한다. 다만 수중여를 바로 공략하면 복어, 쥐노래미 같은 잡어의 입질이 많이 들어오기 때문에 수중여 옆에 채비를 떨어뜨려야 한다. 수중여와 모래가 만나는 지점이 가장 좋은 여건이라고 할 수 있다.

백사장의 수중여 지대는 네이버나 다음의 위성지도(고고도 항공사진)를 보고 파악할 수도 있다. 동해 백사장은 물이 맑아 거뭇거뭇하게 박힌 물속여가 위성지도에 그대로 나타난다. 이 물속여들이 전부 감성돔 포인트이므로 이런 곳을 찾아 가면 확률이 아주 높다.

만약 수중여가 없는 곳이라면 물속 지형이 변하는 곳을 찾아야 한다. 주변보다 갑자기 깊어지거나 얕아지는 곳이 포인트가 되는데, 특히 서해안의 봄 시즌에는 깊은 골자리가 감성돔의 주요 포인트가 된다.

파도 없으면 감성돔도 없다

동해안 감성돔 원투낚시에서 가장 중요한 것은 파도다. 파도가 적당히 일어야만 물색이 탁해지고 감성돔의 경계심이 소멸되어 깊은 수심에 있던 감성돔의 연안 접근이 활발해지기 때문이다. 파도가 너무 약한 날은 거의 입질 받기 힘들다.

그러나 파도가 너무 높아도 낚시가 불가능하므로 출조 전 미리 일기예보

를 체크해 낚시 당일의 파도 상황을 살피는 게 중요하다. 확률이 높은 출조타이밍은 이삼일 높은 파도가 일어서 연안의 물색이 흐려진 뒤 바람과 파도가 죽어가는 날이다.

대체로 파도가 높아 물색이 탁해지면 어디서나 감성돔이 입질하지만 물색이 지나치게 탁하거나 반대로 맑으면 감성돔이 은신하기 좋은 수중여나 골자리 등으로 입질 지점이 한정된다.

낮보다 밤에 입질 활발

동해안의 감성돔은 주로 야간에 낚는다. 경계심이 많은 감성돔들이 어둠을 틈타 접근하기 때문이다. 그것은 추운 겨울도 마찬가지다. 그래서 겨울밤에 방한복으로 중무장하고 낚시를 해야 하는데 하룻밤에 10마리 넘게 낚는 날도 많을 만큼 마릿수가 뛰어나서 추운 줄도 모르고 낚시에 열중하게 된다.

속초의 물치 백사장, 울진의 후정 백사장과 영신 백사장이 겨울 감성돔 밤낚시가 특히 잘되는 곳이다. 이곳의 감성돔들은 밤이면 50~70m 거리까지 접근해오므로 원투가 힘든 일반 낚시인들도 감성돔을 낚을 수 있다. 낮에도 감성돔이 낚이지 않는 것은 아니지만 밤보다 입질이 뜸한 편이어서 밤낚시에 집중하기 위해 낮에는 휴식을 취한다. 입질이 활발한 시각은 해질 무렵부터 초저녁까지, 그리고 동틀 무렵이다. 겨울철에는 오후 3시부터 낚는다.

1 초원투클럽 회원들이 2016년 4월 중순 울진 영신해수욕장에서 거둔 마릿수 조과를 자랑하고 있다. 2 야간에 사용하기 편리하게끔 자작한 받침대. 3 영신해수욕장에서 밤낚시를 즐기고 있는 원투낚시인. 4 봄철에 낚은 50cm급 감성돔을 자랑하고 있는 낚시인.

Tip

모래만 있는 곳은 감성돔 포인트가 아니다

모래만 있는 곳은 포인트가 되지 않고 모래 밭에 수중여가 듬성듬성 박혀 있는 곳에 감성돔들이 서식하고 있다. 낮에 높은 곳에서 올라 내려다보면 물속에 있는 수중여가 시커멓게 보이므로 쉽게 알 수 있다. 단지 가까운 곳(70m 이내)에 있는 수중여는 포인트가 되지 않으며 100m 이상 먼 거리에 있는 수중여 주변에 감성돔이 몰려 있다.

5 싱싱한 갯지렁이로 미끼를 바꿔 꿰고 있다.
6 가세마을 백사장을 찾아 감성돔 원투낚시를 즐기고 있는 동해 낚시인들.
7 감성돔을 노리고 영신해수욕장을 찾은 초원투클럽 회원.

어디로 가볼까?
감성돔 원투낚시터 BEST 5

울진 후정백사장

울진 영신백사장

동해 가세마을 백사장

▶울진 후정백사장
죽변항 북쪽에 있는 후정백사장은 인근 원자력 발전소에서 흘러나온 따뜻한 냉각수의 영향으로 감성돔이 몰려들어 겨울철이면 기복 없는 조황을 보여주는 곳이다. 백사장이 넓어 많은 인원이 낚시할 수 있다.

▶울진 영신백사장
봄철 포인트로 해마다 마릿수 조과를 선보이고 있지만 외부에는 잘 알려지지 않은 곳이다. 감성돔이 낚이는 구간이 넓지 않아 많은 사람들을 수용할 수 없다. 120m는 던져야 감성돔 소굴에 집어넣을 수 있기 때문에 일반 장비로는 어렵다. 밤새 감성돔이 낚이지만 초저녁부터 자정 이전에 입질이 활발하다.

▶동해 천곡동 가세마을 백사장
길이가 150m 정도로 규모가 작지만 동해시에서는 바로 옆에 있는 하평백사장(동해시 평릉동)과 함께 거의 꽝이 없는 감성돔 명당이다. 하평백사장과 가세마을은 묵호항 바로 남쪽에 차례로 붙어 있다. 양쪽으로 유명한 갯바위 포인트가 있고, 칠팔십 미터 전방에 물속여가 잘 발달해 있어 다른 백사장처럼 초원투 캐스팅을 하지 않아도 감성돔을 낚을 수 있는 게 매력이다. 특히 큰 씨알들은 양쪽 갯바위에 가까운 곳에서 낚인다.

▶묵호 하평백사장
묵호항 큰 방파제가 바람을 막아준다. 쉼터와 화장실이 갖춰져 있고 식당도 가까이 있다. 하평 백사장은 가세마을보다 규모가 큰 편으로 묵호항에 가까운 북쪽 갯바위 근처가 감성돔 포인트다. 갯바위 끝에서 백사장을 따라 물속여가 듬성듬성 길게 뻗어 있는데 이곳에 채비를 투척하려면 족히 100m 이상 캐스팅을 해야 한다. 파도가 높으면 원줄이 밀려서 낚시가 어렵다.

▶속초 양양권
양양 물치 백사장과 정암리 백사장이 감성돔터로 유명하다. 두 백사장은 붙어 있는데 그 길이가 2km가량 된다.
속초 동명항 청호동 백사장과 외옹치 백사장에서도 감성돔이 잘 낚인다. 두 곳 모두 밤낚시가 가능하다. 동명항신방파제(청호동방파제)도 굵은 감성돔이 낚이는데, 방파제 공사를 하면 간혹 진입을 막는 날이 있다.

Chapter 5
어종별 강의

6 참돔 원투낚시
최고의 파워게임

박광호 시마노 필드스탭
대물던질낚시카페 매니저

참돔은 원투낚시 대상어 중 가장 큰 덩치와 힘을 자랑한다.
연근해에선 30~50cm 씨알이 주로 낚이지만, 추자도나 거문도 같은 원도에선 80~90cm 참돔을 낚을 수 있다.
참돔 원투낚시는 릴찌낚시보다 더 역사가 깊다. 구멍찌낚시가 일본에서 수입되기 전인 1980년대 이전에는 오직 원투낚시로만 참돔을 낚았다.

아름답고도 강한 바다의 여왕

참돔은 우럭, 광어와 같이 양식이 보편화되어 일반인에게도 친숙한 어종이다. 생김새가 아름답고 손맛이 뛰어나며 맛 또한 고급스러운 바다낚시 최고의 대상어 중 하나다.

참돔 원투낚시의 매력은 80cm, 90cm, 심지어 1m가 넘는 개체까지 노려볼 수 있다는 점이다. 연안의 대장격인 감성돔도 참돔에 비하면 중치급 수준에 지나지 않는다. 참돔은 초반 저항이 대단히 강한데 미끼를 먹고 수초 내에 질주하는 속도는 상당하다. 낚싯대를 바닥에 놓고 방심하고 있다간 바다에 수장시키기 딱 좋다. 감성돔처럼 쓰러진 장비를 다시 집어 들 시간을 주지 않는다. 따라서 참돔의 입질을 기다릴 땐 드랙을 풀어놓고 대기하는 게 현명하다. 오랜 기다림 끝에 예상했던 참돔의 길목에서 고요했던 정적을 깨며 드랙음이 "짜르르르" 하고 비명을 지를 때에는 자다가도 벌떡 일어날 정도로 엔돌핀이 솟는다.

참돔의 생태와 지역별 시즌

참돔은 감성돔보다 먼 거리를 오가는 회유성 어종이다. 조류가 빠르고 깊은 수심을 좋아한다. 감성돔은 20m 이상 깊은 수심에선 만나기 어렵지만 참돔은 40~50m 수심에서도 낚일 정도로 유영층이 폭넓으며 수압에 대한 내성이 강하다. 섬 갯바위 등에서 원투낚시로 노릴 수 있는 수심은 10~30m인데, 참돔에게는 얕은 수심 지역에서 원투낚시가 이루어진다고 볼 수 있다.

참돔은 난류성 어종이기 때문에 쿠로시오난류의 지류인 대마난류가 지나는 제주도와 거문도, 경남의 원도(국도, 좌사리도 등)에서 먼저 잡히기 시작하며, 수온이 오른 초여름이 되면 산란시기와 맞물려 남해안의 근해에서도 잡히고, 한여름이 되면 서해에서도 잡힌다. 동해안은 한류의 영향으로 참돔 서식량이 적은데, 포항과 울산에는 참돔 양식장에서 탈출한 양식산 참돔이 간혹 잡힌다.

거문도 동도 낭끝 포인트에서 참돔을 걸어 파이팅 중인 필자의 모습.

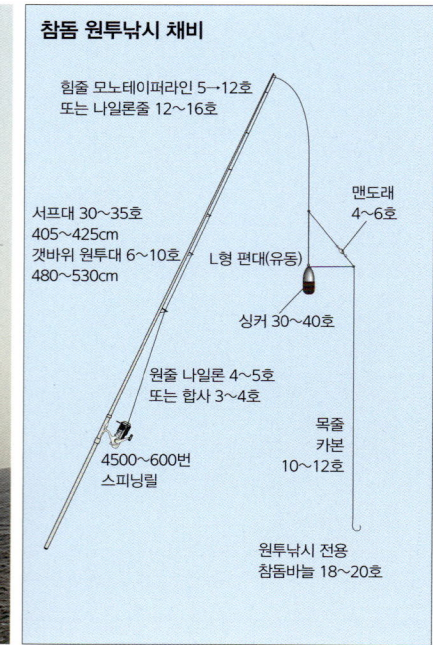

참돔 원투낚시 채비

힘줄 모노테이퍼라인 5→12호
또는 나일론줄 12~16호

서프대 30~35호
405~425cm
갯바위 원투대 6~10호
480~530cm

맨도래 4~6호

L형 편대(유동)

싱커 30~40호

원줄 나일론 4~5호
또는 합사 3~4호

4500~600번 스피닝릴

목줄 카본 10~12호

원투낚시 전용 참돔바늘 18~20호

참돔이 가장 잘 낚이는 시기는 늦봄부터 장마 전까지와 가을철이며, 대물 시즌은 산란철인 봄이다. 특히 초봄에는 70cm 이상 대물이 잘 낚인다. 산란철이 지나고 여름이 오면 씨알이 작아진다. 작은 개체들은 무리를 지어 일정지역을 회유하며 먹이를 찾아다니는 습성이 있어서 '상사리'라고 불리는 30cm급 참돔들은 종종 마릿수로 낚인다. 여름이 지나 가을이 되면 대물까진 아니더라도 40~50cm 중치급 참돔을 다시 갯바위에서 낚을 수 있다.

감성돔 포인트와 참돔 포인트 비교

감성돔 원투낚시의 중심지가 동해안이라면 참돔 원투낚시의 중심지는 남해안이다. 그 이유는 참돔이 감성돔보다 더 깊은 수심, 더 빠른 조류에서 잘 낚이기 때문이다. 동해 연안에는 참돔이 많이 서식하지도 않지만 깊은 수심이 없고 조류도 약해서 참돔을 낚아내기 어렵다.

남해안의 섬에서도 감성돔 포인트와 참돔 포인트는 다르다. 참돔은 빠른 본류가 흐르는 곶부리나 여에서 잘 낚이는 반면, 감성돔은 조류가 한 풀 꺾인 만입부의 지류대에서 잘 낚인다. 그리고 참돔이 잘 낚이는 수심대는 10~30m로 깊고, 감성돔이 잘 낚이는 수심대는 5~15m로 얕다.

낚시가 잘 되는 물색도 달라서 감성돔은 약간 흐린 물색에서 잘 낚이는 반면 참돔은 맑은 물색에서 잘 낚이며, 감성돔은 파도가 일 때 입질이 활발하나 참돔은 잔잔한 날 입질이 활발하다.

기동성 좋은 진출식 낚싯대 사용

참돔낚시에선 두 대 이상 여러 대를 펼치기 때문에 기동성이 좋은 진출식 낚싯대를 사용한다. 꽂기식(병계식) 낚싯대는 펴고 접는 시간이 많이 걸려 한 대 쓰기엔 적합하지만 여러 대 쓰기엔 불편하다. 참돔 원투낚시는 기본적으로 원거리, 근거리, 좌측, 우측으로 3~4대의 낚싯대를 던져두고 입질 예상지점을 찾는 낚시라서 기동성과 수납성이 좋은 진출식 로드를 선호한다.

꽂기식 로드는 보리멸과 가자미에 중점을 두고 출시되어 가이드 구경이 작아 굵은 원줄과 힘줄을 사용하는 대물낚시에는 적합하지 않다. 릴시트 또한 꽂기식 대는 끌낚시를 위해 가벼운 클립 방식을 장착하지만 참돔 등 대물 원투낚시에서는 튼튼한 스크루 방식의 릴시트가 장착된 낚싯대를 써야 한다.

현재 필자가 참돔과 민어 원투낚시에서 사용하고 있는 로드는 시마노 스핀파워PF이다. 참돔대의 라인업은 최소 30호부터 33호, 35호까지 있으며, 호수가 올라갈수록 리프팅 능력과 파이팅 능력은 올라가고, 깊은 수심에서 무거운 봉돌을 사용할 수 있다. 물론 그만큼 무게가 늘어나므로 다루기 불편하고 손맛이 반감되는 단점이 있다.

릴 드랙 풀어놓고 대기

참돔은 일단 미끼를 물고 돌아서면 단숨에 10~15m를 차고 나간다. 따라서 드랙을 잠가 놓은 상태로 삼각대에 거치해놓았다가는 순식간에 차고 나가는 파워에 장비를 잃어버리기 십상이어서 항상 드랙을 풀어놓은 상태로 대기한다. 원투낚시 전용 스피닝릴 중에는 논드랙 제품이 있는데, 참돔 원투낚시에는 반드시 드랙이 있는 제품을 준비해야 한다.

채비를 원하는 방향에 던져놓고 나면 드랙을 적당히 풀어서 원하는 강도의 입질 대기 상태를 만들고 기다린다. 이 방식의 낚시에 편리한 릴은 시

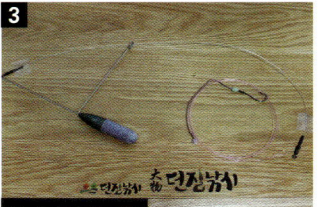 

1 참돔 원투낚시에 사용하는 릴. **2** 참돔 원투낚시에 사용하는 라인들. 왼쪽이 나일론 원줄, 가운데가 힘사, 오른쪽이 카본 목줄이다. **3** 참돔낚시용 L자 편대채비. **4** 거문도 낭끝에서 필자가 낚은 64cm 참돔.

마노 스핀파워와 후리겐TD이다. 이 두 제품은 모두 '트윈 드랙'을 채용하고 있다. 트윈 드랙이란 원터치로 드랙을 풀었다 조였다 할 수 있는 원투용 릴 특유의 '퀵 드랙'에서 진일보한 시스템이다. 별도의 미세 드랙 조절 노브가 중앙에 하나 더 달려있어 노브를 돌려 드랙을 낚시인이 원하는 수준으로 임의 조절할 수 있다. 싱글 드랙인 퀵 드랙 제품이 노브 한 바퀴 회전으로 모든 상황에 대응하는 반면, 트윈 드랙 제품은 입질 대기상태 강도를 세미드랙으로 미리 설정해 둘 수도 있고, 입질이 들어오면 본드랙 노브를 90도(반에 반 바퀴)만 돌려 풀드랙으로 전환할 수도 있는데, 이러한 드랙 조절 방식은 유영속도가 빠른 참돔에 대응하기 편리한 장치다.

원줄은 합사보다 나일론 단사

참돔 원투낚시에는 합사 대신 나일론 계열의 모노라인(단사) 원줄을 쓴다. 단사는 합사 원줄에 비하여 늘어나는 성질이 있어서 충격 흡수성이 높다. 또 물에 대한 비중이 합사보다 높아서 참돔낚시가 이루어지는 빠른 조류에서 운용하기 좋다. 그리고 참돔낚시는 낮보다 밤에 많이 하기 때문에 야

필자가 2018년 3월, 거문도 낭끝에서 올린 64cm 참돔을 보여주고 있다.

간에 투척 방향 및 회수 상황을 쉽게 알 수 있는 형광색 계열의 라인이 운용하기 편하다.

필자가 참돔 원투낚시에서 사용하고 있는 원줄은 선라인 이소스페셜 원투KB이다. 원줄의 호수는 중투를 위한 8호, 원투를 위한 4호, 5호를 함께 준비하며, 원줄 끝에는 끝치수 12호인 모노테이퍼 힘줄을 꼭 부착해 낚시한다.

목줄은 감성돔보다 한 치수 높게 쓴다. 참돔은 입질 초반에 감성돔보다 힘을 더 쓰기 때문에 감성돔낚시보다 더 굵은 목줄이 필요하다. 한여름에 30~40cm급을 대상으로 할 때는 카본사 5호, 가을에 30~50cm급을 노릴 때는 카본사 6호를 사용하며, 초겨울과 봄 산란철에 원도권에서 대물 참돔을 노릴 때는 카본사 8~12호를 사용한다.

받침대와 뜰채

참돔낚시에서는 드랙을 풀어놓고 낚시하기에 삼각대의 이용도 가능하나, 낚시터가 갯바위라면 안정되게 세울 수 있는 자리가 마땅치 않을 수 있고, 입질 예상지점으로 장비 정렬을 원활히 하기 위해 갯바위 전용 팩 받침대를 사용하는 것이 좋다. 망치로 때려서 갯바위 틈에 고정하는 팩 받침대는 돌돔낚시용으로 출시되어 있다. 쌍받침대와 외받침대가 있는데 한 대씩 받칠 수 있는 외받침대라야 여러 낚싯대를 각각 다른 방향으로 펼칠 수 있다.

그리고 또 하나의 필수품이 뜰채다. 대부분의 어종은 원투낚시 로드의 특성상 강제 리프팅이 가능하지만 참돔 등 대물의 경우라면 육중한 무게 때문에 낚싯대로 든다는 것이 위험하므로 장비의 안전을 위해서라도 뜰채를 준비해야 한다.

유동식 채비가 베스트 매칭

베일을 열어놓고 입질을 기다리는 '전유동 방식'의 낚시에서는 유동식 채비가 베스트 매칭이다. 수심이 깊은 곳에서 1m 이상의 긴 목줄을 사용해 꼬임 없이 전유동으로 낚시하려면 유동식 외에는 사용이 불가능하다. 원투가 필요한 곳에서는 L형 편대 유동식 채비를 쓰고, 밑걸림이 심한 곳에서는 심플한 구멍봉돌채비를 사용한다. 봉돌은 수심과 조류의 세기에 따라 최소 30호에서 40호 정도를 사용한다.

빅 원 노린다면 미끼는 개불!

작은 사이즈의 참돔을 마릿수로 원한다면 참갯지렁이를, 온리 빅 원(Big One)을 원한다면 개불을 사용하자. 참돔은 작은 어류나 갑각류, 두족류, 패류 등을 모두 섭취하는 잡식성이다. 결국 낚시인이 구하거나 운용하기 편한 먹이라면 다 미끼로 쓸 수 있다. 낙지, 새우, 조개, 작은 게 등을 미끼로 써도 참돔을 낚을 수 있다.

기본적으로 생미끼를 이용해 대상어를 낚는 원투낚시에서 대상어를 잡고자 한다면 최소한 세 가지 정도의 미끼를 다양하게 준비하고 그 미끼와 궁합이 맞는 원투낚시 전용 바늘을 준비하자. 감성돔바늘처럼 바늘의 축이 미늘과 수직이어서 챔질에 유리한 릴찌낚시 전용 바늘은 원투낚시에 이로운 점이 없다.

필자가 참돔 원투낚시에서 사용하고 있는 바늘은 오너사의 컷빅서프(대물용 원투낚시 바늘)와 가마카츠사의 유무시코우지다. 유무시코우지는 개불 미끼 전용 바늘로서 '유무시'는 붉은 색 개불, '코우지'는 검은 색 개불을 뜻한다. 개불을 통째로 쓸 때는 유무시코우지 20호 바늘을 쓰는데, 감성돔 10호 바늘과 비슷한 크기다. 한편 상사리급 참돔이 낚일 때는 한결 저렴한 가마카츠 등침 세이코도 즐겨 쓰는데, 농어용 바늘로 만들어졌지만 참돔낚시에 써도 될 정도로 충분히 강하다.

입질 예상지점 찾기

참돔은 감성돔과 같이 일정한 장소에 머물면서 입질을 하는 것이 아니라, 조류의 흐름에 따라 먹이를 찾아 회유하는 물고기이다. 따라서 참돔이 회유하는 경로를 예측하고 찾아내는 것이 포인트 선택의 관건이다.

출조지를 정하고 나면(특히 처음 방문하는 곳이라면) 지도, 해도, 조류도를 통해 낚시하고자 하는 갯바위 주변의 상황을 전체적으로 그려본다. 섬과 섬 사이, 갯바위가 바다로 돌출된 곶부리는 조류가 빠르고 수심이 깊어서 참돔낚시를 하기에 적절한 장소다.

갯바위에 내리고 나면 참돔을 낚을 방향 및 거리 선정을 위해 먼저 빈 봉돌만 달아서 갯바위 주변 수심 및 해저지형을 파악한다. 수심은 봉돌이 바닥에 안착하기까지 걸리는 시간을 통해 유추할 수 있고, 봉돌 채비로 바닥을

추자도의 변화
참돔 원투낚시 유행 조짐

▲ 추자 횡간도 마당바위에서 원투낚시로 올린 대형 참돔을 자랑하고 있는 광양낚시인.

우리나라 최고의 갯바위낚시터인 추자군도는 참돔 원투낚시터로도 최정상의 낚시여건을 갖추고 있다. 2017년 봄, 광양의 돌돔낚시 전문가 심근섭씨 일행은 3월 초부터 4월 중순까지 매주 출조하여 대형급 참돔들을 원투낚시로 낚아냈다. 미끼는 개불을 사용했다.

심근섭씨는 "우리는 참돔 원투낚시를 10년 전 여서도에서부터 하였다. 돌돔 입질이 약할 때 미끼로 쓴 개불에 참돔이 잘 낚이는 사실을 그때 알았다. 참돔을 노리기 위해서는 돌돔보다 훨씬 멀리 캐스팅해야 한다. 2월이 되면 거문도를 먼저 찾아 참돔을 빼먹고 4월이 되면 추자도로 출조하기 시작하는데 올해는 추자도에서 대물급이 일찍 붙어 3월 초부터 출조하기 시작해 매번 꽝이 없을 정도로 참돔을 낚았다. 횡간도 마당바위에서는 4월 중순경 16마리를 낚은 적이 있다. 원투낚시에는 50센티 이하의 참돔은 낚이지 않고 대부분 60센티 이상만 낚인다. 횡간도 마당바위에서는 96센티미터까지 낚았다"고 말했다.

개불 미끼 원투낚시 조황이 찌낚시보다 앞서

참돔 원투낚시 포인트는 찌낚시 포인트와 같다. 돌돔은 갑각류를 먹기 때문에 갯바위에 붙어서 먹이를 찾지만 참돔은 작은 물고기 떼를 쫓기 때문에 본류대를 타고 논다. 따라서 원투낚시도 찌낚시처럼 70m 이상 캐스팅하여 본류대를 노린다. 봉돌은 세찬 조류 때문에 100호까지 사용한다. 캐스팅을 한 다음 원줄을 잡고 있으면 조류를 타고 채비가 알아서 훈수지대를 찾아 안착하는데, 찌낚시보다 훨씬 정확하게 들어가기 때문에 입질 받을 확률이 높다.

추자도에서 개불 원투낚시로 참돔을 많이 낚은 곳은 공여, 횡간도 마당바위, 직구도 추자코지, 시린여 등이다.

▲ 밤바다에서 참돔을 걸어 파이팅을 벌이는 필자.
◀ 갯바위 참돔 원투낚시 대편성. 다양한 지점을 커버하기 위해 4~5대까지 편다.

더듬어 수심이 급격히 변하는 수중턱의 위치나 수중여의 위치를 파악할 수 있다. 이렇게 해저지형 파악이 완료되면 참돔을 낚을 준비가 완료된다. 낚시 중에는 계속해서 바뀌는 조류의 속도와 방향을 알기 위해 간간이 리트리브를 실시하여 봉돌과 그 뒤에 따르는 미끼의 무게감을 감지하여 조류의 방향과 속도를 파악하고 이를 통해 입질 가능지점을 예측한 뒤 채비를 재투입한다.

다대편성으로 입질 확률 높인다

밑밥으로 유혹하는 릴찌낚시나, 배를 타고 이동하며 포인트를 찾는 배낚시에 비해 갯바위 원투낚시는 참돔을 찾아낼 확률이 다소 낮은데, 이를 조금이라도 보전하는 방법은 다대편성뿐이다. 앞서 파악한 여러 입질 예상 포인트에 거리별, 지형별로 준비된 장비 세트를 나누어 던져두자. 일반적으로는 2대의 세트가 사용되나 자리가 넉넉한 경우 4대까지 운용할 수 있다. 참돔의 입질은 빠른 조류가 느려질 때나, 느린 조류가 빨라질 때 집중된다. 따라서 조류의 속도나 방향의 변화를 놓치지 않도록 해야 한다. 만약 이 변화의 시점을 놓쳤다면 다음 기회까지 몇 시간을 기다려야 한다.

여름철에 낚이는 30~40cm 참돔은 대물로드보다는 연안에서 사용하는 일반적인 낚싯대와 합사 원줄로 낚는 것이 더 편하다. 쉽게 말해 쥐노래미를 낚는 것과 별 차이가 없다. 그러나 초겨울과 봄철에는 대물 전용 장비가 필요하다. 70cm가 넘는 대형급 참돔이 입질하면 전유동 상태로 대기 중이던 원줄이 풀려나가며 릴의 드랙소리가 강렬히 울려 퍼지고 원투낚시의 가장 짜릿한 순간을 경험하게 된다.

입질 후 참돔이 달리고, 낚시인은 장비를 집어 들었다면, 적당한 세기로 릴의 드랙을 잠근 뒤(풀드랙으로 잠그는 것은 참돔을 놓치는 길이다.) 릴의 드랙 소리와 달려가는 속도로 참돔의 크기를 추정하여 그에 걸맞은 힘으로 릴의 드랙을 조절해가며 랜딩에 임해야 한다. 참돔을 거의 다 끌어왔다면 참돔의 크기를 육안으로 확인하고 30호 로드라면 50cm급(2~3kg), 35호 로드라면 60cm급(3~4kg) 참돔까지 뜰채 없이 강제 리프팅이 가능하므로 랜딩경로가 안전한 완경사 갯바위일 경우 리프팅을 시도하되, 5kg이 넘는 대물의 경우 무조건 뜰채를 사용해야 한다. 참돔낚시는 언제 대물이 걸려들지 모르므로 뜰채는 항상 낚시 전 확인해둔 랜딩경로의 마지막 위치에 펼쳐 두는 게 좋다.

서해 제일의 참돔 원투낚시터
격포 위도를 주목하자

▲ 제주 낚시인 김광우(선라인 필드스탭)씨가 위도 원정낚시에서 낚은 참돔을 보여주고 있다.

2015년 추석 때 위도(전북 부안군 위도면)에서 원투낚시로 참돔을 많이 낚았다는 소문이 들려 그 소문의 진위를 확인하고자 2016년 7월 23~24일 낚시춘추 취재팀이 위도를 찾았다. 위도 서울식당의 김선옥 선장이 모는 5톤급 영광호에 올라 식도 옆에 있는 수리바위에 내려 청갯지렁이 미끼 원투낚시로 45cm급 참돔 한 마리를 낚았다.

위도에는 참돔이 많은데 찌낚시에는 낚이지 않고 원투낚시에만 낚인다고 한다. 아직 원투낚시인들이 위도까지 오지 않고 있어 베일에 가려져 있다. 식도의 오지바위, 딴두룹여, 그리고 남쪽에 있는 외조도, 내조도, 증조도에서도 참돔이 낚였다고 하며 어장 그물에는 70~80cm 참돔도 많이 든다고 한다.

김선옥 선장의 말로는 "2013년 8월 중순 부산에서 낚시인 3명이 청갯지렁이와 원투낚싯대를 가지고 와서 수리바위와 노랑부리에서 이틀 동안 40~55cm 참돔을 2~3마리씩 낚아간 적이 있고, 2015년 추석에도 와서 많이 잡아갔다"고 한다. 위도 참돔은 6월 초부터 10월 말까지 낚이는데, 추석 이후 한 달이 피크다. 위도에서 원투낚시를 하면 참돔 외에도 대형 붕장어가 낮에 마릿수로 낚이고 쥐노래미, 우럭도 잘 낚인다.

위도 해안은 일주도로가 잘 뚫려 있어 드라이브코스로 좋고 서쪽에 있는 위도해수욕장과 깊은금해수욕장은 피서철 관광명소다. 서울식당은 낚싯배와 민박을 겸하고 있다. 민박은 3만원(방1칸), 식사는 1인 7천원. 뱃삯은 근거리 2만원, 먼 섬은 3만원을 받고 있다.

▲ 위도 맨 북쪽에 있는 딴두룹여에서 바라본 식도. 식도 맨 우측 콧부리가 수리바위다.
■ 위도 서울식당 김선옥 010-3671-0560

Chapter 5
어종별 강의

7 망둥어 원투낚시
갯벌의 귀염둥이

얕은 갯벌에 서식하는 망둥어는 원투낚시 대상어 중 가장 쉽게 낚을 수 있는 물고기다.
특히 서해안은 갯벌이 넓어서 망둥어의 황금어장을 이루고 있다.
수도권 낚시인들에게 망둥어가 '국민물고기'로 불리는 이유는
서해바다 어디에나 있고 누구나 쉽게 낚을 수 있기 때문이다.

가을은 망둥어의 계절

망둥어(망둑어)는 일년생이다. 3~5월에 태어난 망둥어들은 무서운 속도로 자라는데 여름까지는 잘고 왜소해 볼품이 없지만 9월을 넘겨 찬바람이 솔솔 불기 시작하면 급격히 살이 오르고 맛도 좋아진다. 10월 중순이면 25cm까지 성장한 놈들이 낚인다. 그래서 가을이 망둥어낚시의 계절이 된다. 겨울엔 더 큰 망둥어를 볼 수 있는데 수온이 떨어져서 잘 낚이지는 않는다.

망둥어는 자원도 풍부하다. 서해와 남해에 걸쳐 갯벌에는 어김없이 망둥어가 서식한다고 보면 된다. 특히 민물이 유입되는 강 하구에 많이 서식하며 더러는 바다와 연결된 민물에서도 낚인다.

망둥어는 탐식성이 강한 고기여서 미끼를 보면 꿀꺽 삼켜버린다. 그래서 힘들게 챔질 타이밍을 맞출 필요가 없다. 그저 낚싯대가 흔들릴 때 끌어내면 된다. 낚시를 한 번도 안 해본 초등학생도 쉽게 낚을 수 있는 고기가 바로 망둥어다.

3.6m 릴대에 3000번 릴 추천

수심이 깊은 곳이나 물속에 들어가서 낚시를 한다면 민장대로도 망둥어를 낚을 수는 있지만, 일반적으로는 얕은 연안에서 채비를 멀리 던져 깊은 곳을 노려야 하므로 릴낚시가 유리하다.

망둥어낚시용 릴낚시 장비는 고급 제품을 구입할 필요가 없다. 저렴한 중국산 릴낚시 세트로도 충분하다. 서해안 출조길에 있는 대형 낚시매장에 가면 망둥어낚시용 릴낚시 세트가 많으므로 비교해보고 구입할 수 있다.

아빠와 함께 망둥어낚시를 즐기러 온 아이들. 화성시 화성 방조제 중간 선착장에서.

가장 싼 구성은 1만6천원~2만5천원대지만 여러 해 쓰려면 5만원대 세트 제품이 적당하다.

릴은 3호 원줄이 150m 감기는 3000번 릴이 좋다. 망둥어낚시는 30~40m 근투하므로 작은 릴을 써도 되지만, 릴이 작으면 줄을 감아 들이는 속도가 느려 불편하다. 도다리 원투낚시나 숭어 던질낚시에도 쓸 수 있는 3000번이나 4000번 크기의 중형급 릴을 선택하는 게 활용 폭이 넓다. 다만 5000번은 너무 크고 무거워 불편하다.

낚싯대의 길이는 3.6m 정도가 좋다. 4m가 넘어가면 불편하다. 세트 상품으로 기획돼 나온 릴대는 대부분 3~3.6m이다. 간혹 서해안 낚시점에서 2m 길이의 낚싯대에 낚싯줄과 바늘이 모두 세팅된 제품을 판매하는데 망둥어보다는 돌 틈에 서식하는 새끼 우럭이나 노래미를 낚기 좋은 제품이다.

바늘 3개보다 2개짜리 묶음추가 좋다

망둥어낚시에는 묶음추로 불리는 값싼 기성품 채비를 사서 쓴다. 한 봉지에 봉돌, 목줄, 바늘이 모두 세팅된 채비 세 개가 들어 있다. 묶음추의 종류는 다양하지만 기본 형태는 유사한데 바늘이 세 개 달린 제품보다 두 개 달린 제품이 좋다. 바늘이 세 개 달린 제품은 바늘끼리 잘 걸리고 미끼를 꿰는 시간도 많이 걸려서 불편하다. 바늘 두 개짜리 제품은 2~3세트에 1천원으로 1천원에 4세트를 주는 바늘 세 개짜리 제품보다 비싸다.

밀물에 맞춰 낚시해야

망둥어낚시를 떠날 때는 반드시 밀물에 낚시를 할 수 있도록 출조시간을 맞춰야 한다. 망둥어는 밀물이 밀려올 때 떼를 지어 얕은 곳으로 몰려들기 때문에 밀물 때 조황이 썰물 조황을 크게 앞선다. 썰물 때는 수심이 깊은 몇몇 물골 자리에서나 입질이 들어오는데 그나마 밀물에 10마리 낚이면 썰물엔 1~2마리밖에 안 낚인다. 특히 조고차가 큰 서해안에선 썰물이 되면 길게는 수백 미터까지 갯벌이 드러나 낚시가 불가능한 곳이 태반이다.

밀물 중에서도 초밀물 즉 간조를 지나 1~2시간의 입질이 가장 왕성하다. 특히 11월 이후의 겨울 시즌에는 초들물 시간에만 반짝 입질이 집중되고 말 때가 많다.

미끼는 청갯지렁이, 염장 고등어살도 효과

망둥어낚시용 미끼로는 청갯지렁이가 무난하다. 간혹 오징어살이나 꽁치살을 잘라 쓰는 경우도 있는데 청갯지렁이에 비해 입질이 더디다. 오징어살이나 생선살은 질겨서 바늘에서 잘 안 떨어지는 것은 장점이나 여러 번 던지면 뻘이 묻어 색상이 뻘색으로 변하는데 이러면 입질 확률이 크게 떨어진다. 그래서 이런 생선살 미끼는 첫 캐스팅 때는 망둥어가 잘 물어도 그 상태로 재차 던져 넣으면 입질 빈도가 크게 떨어지므로 꼭 새 미끼로 갈아주어야 한다. 생선살 중에서 망둥어낚시 고수들이 추천하는 미끼는 고등어살이다. 생선살은 부드러워 바늘에서 잘 떨어지는데 염장 후 사용하면 질기고 냄새도 강해 집어력이 높다고 한다.

원투보다 근투가 유리

망둥어낚시에선 멀리 던질 필요가 없다. 특히 밀물이 막 밀려드는 상황에서는 썰물 때 멀리 빠져있던 망둥어들이 얕은 곳으로 전진하여 활발한 먹이활동을 하므로 오히려 가까운 곳으로 채비를 던지는 게 활발한 입질을 받아내는 비결이다.

망둥어는 움직이는 미끼에 왕성하게 입질하므로 한 포인트에서 입질이 뜸할 때는 릴을 몇 바퀴씩 감아보면서 채비를 끌어주는 것도 도움이 된다. 10분 이상 놔뒀는데 입질이 없다면 채비를 회수한다. 이 경우 채비를 걷어보면 게나 쏙 같은 생물들이 미끼를 뜯어먹었을 경우가 대부분이다. 식탐이 강한 망둥어도 미끼가 부실하게 달려있을 때는 입질하지 않는다. 따라서 미끼는 자주 건져서 체크해주고 늘 온전한 상태로 꿰어주는 게 빠른 입질을 받아내는 비결이다.

▶ 석축에서 원투낚시를 즐기는 낚시인들.
▼ 남해안에서 주로 낚이는 문절망둑. 서해안의 풀망둑보다 덩치는 작지만 맛은 더 좋다.

망둥어의 종류

서해는 풀망둑, 남해는 문절망둑

서해와 남해에 사는 망둥어는 비슷해 보이지만 다른 종이다. 서해에서 많이 낚이는 망둥어의 정식 이름은 풀망둑, 남해에서 많이 낚이는 망둥어는 문절망둑이다.

풀망둑은 문절망둑보다 대형으로 자라서 겨울이 되면 40cm에 이른다. 이에 반해 문절망둑은 커야 20cm 내외다. 풀망둑은 문절망둑보다 가늘고 길쭉하며 대가리가 큰 편이다. 제2등지느러미의 줄기 수가 풀망둑은 19개, 문절망둑은 12~14개다.

서해에서는 풀망둑을 망둥이, 망둥어로 부르지만 남해에선 문절망둑을 '문저리'라고 부른다. 아마도 문저리란 방언을 따서 문절망둑으로 이름 지은 듯하다. 진도, 여수, 순천 지역에서는 '운저리', 경남에서는 '꼬시래기'로도 불린다. 지역에 따라 풀망둑과 문절망둑이 섞여 낚이는 곳도 있다.

맛으로는 문절망둑이 풀망둑보다 한 수 위다. 문절망둑은 뼈회를 해 놓으면 고소한데 반해 풀망둑은 회는 맛이 없고 꾸덕꾸덕하게 말려서 쪄먹거나 조림이나 매운탕을 해먹으면 맛있다.

풀망둑은 1년생, 문절망둑은 2년생

풀망둑은 단년생으로 알려져 있다. 산란기는 3~5월인데 산란을 마친 후에는 바로 죽어버린다. 봄에 낚시를 하다보면 길이는 40cm가 넘지만 몸이 홀쭉하게 빠진 망둥어를 종종 낚을 수 있는데 이런 망둥어들은 이미 알을 쏟고 곧 일생을 마칠 놈들이다. 산란을 마친 망둥어는 맛도 크게 떨어진다.

이에 반해 남해안에서 주로 낚이는 문절망둑의 산란기는 1~5월로 길다. 알에서 깬 후 1년 만에 11~12cm까지 성장하며 2년이면 18~20cm가 된다. 수명은 2년으로 알려져 있으나 최대 3~4년까지도 사는 놈들도 있어 풀망둑보다는 장수하는 편이다.

1 바늘이 여러 개 달린 열기낚시용 카드채비를 달아 망둥어를 다수확한 낚시인. **2** 묶음추 채비. 1천원짜리 1봉에 3~4개의 채비가 포장돼 있다. **3** 가장 대중적으로 쓰이는 청갯지렁이 미끼. **4** 입이 큰 망둥어. 제 살 미끼에도 낚일 만큼 미끼를 가리지 않는다.

문절망둑 낚시요령

깊은 물골보다 얕은 수중턱을 노려라

남해의 문절망둑은 하천 하구에서 주로 낚인다. 배가 드나드는 깊은 물골은 중심은 깊고 연안은 얕은데 이런 곳에서는 깊은 곳으로 원투해서는 문절망둑을 낚기 어렵다. 얕은 수심을 좋아하는 문절망둑이 얕은 경사면에 모조리 몰려있기 때문이다. 따라서 릴대를 가까이 던지거나 아니면 민장대를 이용해 수심이 깊어지기 시작하는 경사면을 집중적으로 노리는 것이 좋다.

다만 멀리까지 밋밋하게 얕은 갯벌에선 멀리 던져서 조금씩 끌어당기면서 입질을 유도한다. 밑걸림이 심한 돌밭이면 두 대를 던져서 기다리는 낚시를 하고, 밑걸림이 적은 모래바닥이면 한 대만 던져서 끌어주는 낚시를 한다.

하천수가 유입되는 다리 밑에서 망둥어를 노리는 낚시인들.

5 화성방조제 중간 선착장 끝에서 망둥어 낚시를 즐기고 있다. **6** 한 여성 조사가 깔끔하게 손질해 말린 망둥어를 보여주고 있다. **7** 충남 당진시 신평면의 맷돌포 선착장에서 굵은 망둥어를 올린 낚시인. **8** 로켓추가 달린 묶음추 채비를 사용한 소년 조사가 한 번에 두 마리를 낚았다. **9** "망둥어낚시 너무 쉽고 재밌어요." 방금 올린 망둥어를 보여주며 의기양양해하는 아이들. **10** 아빠 따라 망둥어 낚시터에 왔다가 물통 가득 게를 잡은 어린이. **11** 건조대 안에서 꾸덕꾸덕 말라가는 망둥어.

입질은 크게 두 가지다. 초릿대가 강하게 흔들리는 경우와 팽팽했던 원줄이 갑자기 느슨해지는 경우다. 팽팽했던 원줄이 늘어지는 것은 미끼를 문 망둥어가 낚시인 방향으로 올 때 발생하는 현상인데 재빨리 걷어내야 한다.

다수확 원한다면 열기용 외줄채비를 써봐라

단시간에 마릿수 조과를 거두고 싶다면 열기낚시용 외줄채비를 사용해보자. 열기용 외줄채비에는 7~10개의 바늘이 달려있는데 입질이 왕성할 때는 바늘 10개에 몽땅 망둥어가 걸릴 때도 있다. 채비의 맨 아래에 봉돌을 달고 각각의 바늘에 미끼를 꿰어 던지면 된다. 그런 후 입질이 올 때마다 살짝살짝 챔질해주면서 채비를 앞쪽으로 약간씩 끌고 들어온다. 입질 때마다 챔질해주는 것은 완벽한 걸림을 유도한다기보다는 채비를 앞쪽으로 약간 이동시켜 다른 망둥어의 입질을 유도하기 위해서다. 바늘이 10개 달린 10단 채비는 너무 길어 불편하고 7단 채비가 적합하다. 7단 채비도 구입한 뒤 바늘 2개를 잘라내고 5단 채비로 사용하는 게 좋다.

망둥어낚시 실전 테크닉

■ 초밀물엔 가까이, 중밀물 이후에는 멀리

망둥어는 초밀물에 입질이 가장 왕성하다. 그래서 초밀물에는 멀리 원투하는 것보다 발 앞 3~4m 거리를 노리면 훨씬 빠른 입질이 들어온다. 이후 만조 무렵이 돼 물이 다 차오르면 얕은 곳으로 몰렸던 망둥어들이 넓게 퍼지는데 이때는 원투낚시로 먼 거리를 노리는 게 유리하다.

■ 갯벌 수중전에서는 민장대가 유리

만약 물속에 들어가 낚시를 하거나 물이 차오르는 야트막한 선착장 끝에서 낚시한다면 릴낚시보다 민장대낚시가 유리하다. 앞서 언급했듯이 밀물 때는 망둥어가 얕은 곳으로 빠르게 올라붙기 때문이다. 민장대로 발밑에 내려서 미끼를 살살 끌어주거나 자주 고패질해주면 빠른 입질을 받을 수 있다.

■ 가을에는 가까이, 겨울엔 멀리

망둥어는 의외로 수온 변화에 민감하다. 여름과 초가을에는 얕은 곳에서도 잘 낚이다가 수온이 내려가면 깊은 곳에서만 낚인다. 겨울로 갈수록 봉돌 무게가 많이 나가는 채비를 선택해 원투하는 것이 유리하다.

■ 입질 없으면 약간씩 끌어줘라

망둥어는 움직이는 미끼에 적극적으로 반응한다. 묶음추 채비가 바닥에 떨어지면 뻘이 들썩이게 되는데 이 파동을 느끼고 망둥어가 달려와 입질한다. 따라서 채비를 던진 후 입질이 없다면 2~3분 간격으로 채비를 끌었다 놓으면 잦은 입질을 받을 수 있다. 이때 질질 끌지 말고 약간 세게 챔질해 채비가 살짝 떴다 가라앉을 수 있도록 하는 게 좋다. 그래야 미끼가 뻘 속에 묻히지 않는다.

■ 미끼 전체를 꿰지 말고 걸쳐 꿰라

대개 바늘에 갯지렁이 전체를 누벼 꿰지만 대충 걸쳐 꿰면 더 빠른 입질을 받을 수 있다. 갯지렁이의 몸통을 두 번 정도만 관통해 꿰면 물속에서 오래 꿈틀거려 망둥어를 빨리 유인하는 효과가 있다.

1 원투낚시를 즐기기 위해 시화방조제 오이도 선착장을 찾은 낚시인들. 2 멀리 보이는 누에섬까지 약 2km 거리의 바닷길이 열리는 탄도항. 주변에 먹거리와 볼거리가 많아 가족 야유회 코스로도 그만이다. 3 영흥도 진두방파제 인근에서 원투낚시를 즐기고 있다. 조류가 세서 무거운 봉돌이 필요한 곳이다.

■ 입질이 뜸할 때는 작은 바늘을

수온이 낮거나 동풍이 불어 망둥어 입질이 현저히 떨어진 날은 바늘 크기를 줄이면 입질 빈도를 높일 수 있다. 망둥어용 묶음추채비의 바늘은 보통 감성돔바늘 10호 크기와 맞먹는데 감성돔바늘 4호나 5호 크기로 줄여주면 한결 잦은 입질이 들어온다.

망둥어 낚시터

경기도 서해안

경기도에서 망둥어 시즌인 가을에 가장 많은 낚시인들이 붐비는 곳은 화성 궁평항 일대의 항포구다. 고급 요트와 이국적인 마리나를 구경할 수 있는 전곡항, 누에섬 길목의 대형 풍력발전기와 캠핑장으로 유명한 탄도항이 망둥어 낚시터인데 모두 20분 안쪽 거리에 있다. 전곡항과 탄도항에는 주차장과 잔디밭에 텐트를 설치하고 캠핑낚시를 즐기는 사람들도 많다. 망둥어는 아이들도 쉽게 낚을 수 있어 캠핑낚시 대상어로 좋다.
궁평항 입구에서 장안면 우정읍 매향리를 잇는 화옹방조제도 좋은 낚시터다. 길이가 8km에 달하는 화옹방조제의 망둥어 포인트는 방조제 중간에 있는 선착장과 화옹호 본류다. 화옹호는 민물이라서 수질은 바다보다 떨어지지만 망둥어가 잘 낚인다.

충남 서해안

충남 당진시 송악읍 서해대교 남쪽, 서해안고속도로 송악IC 인근 2.5km 길이의 해안도로변(부곡공단로)도 한적한 망둥어 낚시터로 인기가 높다. 해안도로 포인트는 탁 트인 전망이 시원하고 웅장한 서해대교를 바라보며 낚시하는 묘미가 있다. 물빛이 다른 곳보다 맑아 망둥어 외에 우럭, 노래미도 잘 낚이며 밤에는 만조 무렵을 노려 청갯지렁이를 서너 마리 꿰어 찌낚시를 하면 사오십 센티미터 농어도 종종 올라온다.
해안도로를 빠져나와 38번 국도를 타고 삽교호 방면으로 5분 정도 달리면 좌측으로 맷돌포선착장이 나온다. 선착장 길이가 50m밖에 안 되지만 망둥어 낚시터로 유명하다. 들물이 밀려들면 먼 바다에 있던 망둥어들이 아산호 방면으로 올라가다가 맷돌포선착장을 거치게 돼 있다. 이때는 굳이 멀리 던지지 않아도 쉽게 망둥어 입질을 받을 수 있다. 맷돌포선착장 입구에는 저렴한 횟집과 새우구이집들이 많아 식사 문제도 손쉽게 해결할 수 있다.

경남 남해안

남해안에서 낚이는 망둥어는 서해안의 풀망둑보다 덩치는 작지만 맛은 더 좋은 문절망둑이다. '문저리' 또는 '꼬시래기'라 불린다. 부산, 진해, 창원, 고성, 하동 등지의 경남 해안에서 잘 낚인다. 하천이 유입되는 기수역 중 뻘과 모래가 섞인 곳에 많이 서식한다. 서해 풀망둑은 특유의 흙냄새가 강하고 살점이 물러 회 맛이 떨어지는 반면 문절망둑은 잡내가 없고 살이 단단해서 뼈회로 먹으면 아주 고소하다.
부산에서는 낙동강 하구둑에서 가까운 강서구 명지동 일대, 창원에서는 마산만과 진동면, 구산면 일대의 선착장과 방파제가 망둥어가 잘 낚이는 곳들이다. 경남의 망둥어낚시는 수질 오염으로 인기가 많이 줄었지만 부산이나 창원 같은 대도시를 벗어나 거제도, 통영, 사천, 하동 등지로 나가면 여전히 오염되지 않은 맑은 물에서 토실토실 살찐 망둥어들을 쉽게 만날 수 있다. 전남의 여수와 순천, 고흥, 강진, 해남 등의 내만에서도 문절망둑이 쉽게 낚인다.

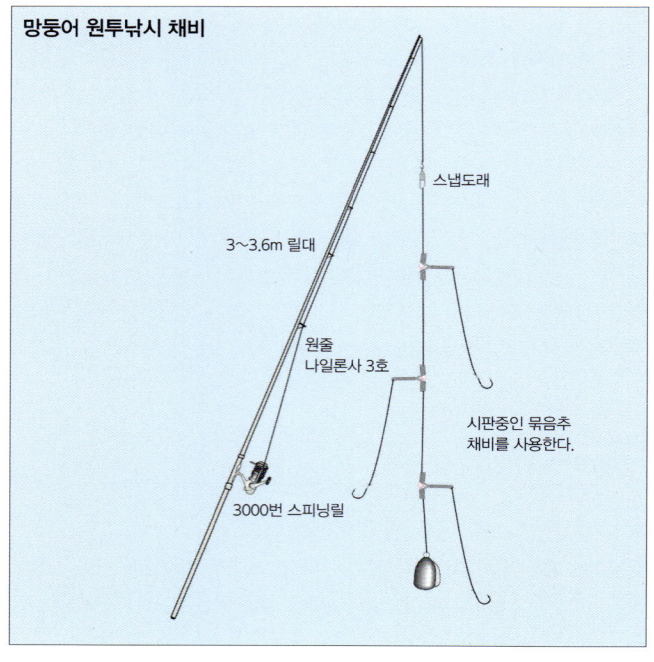

망둥어 원투낚시 채비

어디로 가볼까?
가족과 찾기 좋은 망둥어 낚시터 10

강화도 창후리선착장
교동도행 여객선이 뜨던 곳인데 교동연륙교가 놓임과 동시에 여객선이 뜨지 않으면서 낚시를 허용하고 있어 많은 낚시인들이 찾고 있다. 수심이 깊어 썰물 때도 낚시가 가능하며 여객선터미널 주차장에 주차할 수 있어 편리하다. 내비에 창후리해상여객터미널 입력.

영종도 을왕리해수욕장
영종도의 대표 해수욕장인 을왕리해수욕장 우측에 있는 선착장에서 망둥어낚시를 많이 하는데 해수욕장 방향으로는 망둥어, 반대편 갯바위 방향으로는 우럭과 노래미를 노릴 수 있다. 유명 관광지답게 식당과 모텔 등이 많다. 내비에 을왕리해수욕장 입력.

영흥도 진두선착장
영흥도에서 가장 큰 선착장이다. 수심이 깊고 조류 소통이 좋아 망둥어가 잘 낚인다. 경사진 슬로프가 주요 포인트로서 밀물이 차오르면 뒤로 이동하며 낚시한다. 주차공간이 많고 횟집, 어판장이 있다. 내비에 진두선착장 입력.

대부도 방아머리선착장
시화방조제 서쪽 끝에 있는 방아머리선착장은 덕적도, 이작도, 승봉도 등지로 출항하는 철부선이 뜨는 곳으로 수심이 깊어서 썰물 때도 낚시가 가능하다. 주말에는 여객선 이용자들의 차량이 많아 주차공간이 협소하므로 일찍 출발하는 게 좋다. 시화방조제 중간에 있는 작은 선착장에서도 망둥어가 잘 낚인다. 내비에 방아머리선착장 입력.

안산 불도선착장
안산시 단원구 선감동(불도)에 있는 작은 선착장이다. 탄도항에서 불도 방면으로 1.5km 정도 달리다보면 불도방조제 못미처 좌측에 횟집촌이 나온다. 맨 왼쪽 서산횟집 옆길로 들어가면 선착장이 나온다. 내비에 정문규미술관 입력.

안산 제부도 피싱피어
햇빛을 피할 수 있는 파고라가 설치돼 있고 간조 때도 수심이 유지돼 낚시도 잘 된다. 피싱피어 초입 우측의 선착장에서도 망둥어가 잘 낚인다. 제부도에는 횟집, 조개구이집, 모텔 등이 많다. 내비에 제부도 어촌체험마을 입력.

안산 제부도 피싱피어 낚시터

화성 매향리선착장
화성시 우정읍 매향리에 있는 600m 길이의 긴 선착장으로서 방파제보다 망둥어 조황이 뛰어나다. 주변에 있는 궁평항과 전곡항의 유명세에 가려 찾는 이가 적다. 초입에 대형 회센터와 미니 백사장이 있다. 내비에 매향항 입력.

당진 안섬포구
서해안고속도로 송악IC를 나와 대호 방면으로 6km 정도 달리면 도착하는 작은 포구다. 넓은 주차장을 갖추고 있다. 간조가 되면 바닥을 모두 드러내므로 밀물 때 찾아야 한다. 인근 한진포구에 횟집과 어판장이 있다. 내비에 안섬포구 입력.

당진 성구미포구
당진시 석문면에 있는 작은 포구다. 주차 여건이 좋고 주변에 작은 횟집이 있다. 가을에는 루어에 삼치도 잘 낚인다. 성구미포구 가기 전에 낚시점들이 있다. 내비에 성구미포구 입력.

삽교호함상공원선착장
아산시 인주면 방면에서 삽교호를 건너면 수문을 지나자마자 바로 우측에 진입로가 있다. 1일 주차에 승용차 기준 2천원의 주차비를 받는다. 퇴역한 군함을 전시 중인 곳으로 이동하다보면 건어물 판매장 옆에 선착장이 보인다. 군함 내부 체험, 미니 곤충박물관 견학도 가능하다. 내비에 삽교호함상공원 입력.

화성 매향리선착장

안산 불도선착장

Chapter 5 어종별 강의

8 붕장어 원투낚시
밤바다의 낭만

붕장어는 어둠을 좋아하는 야행성 물고기로 주로 밤에 낚이는데,
물색이 흐린 서해와 서해남부에선 낮에도 곧잘 낚인다.
우리바다 전역에 서식하고 얕은 내만에서 잘 낚여 초보자도 쉽게 낚을 수 있다.
무더운 낮을 피해 시원한 밤낚시를 즐길 수 있기 때문에 바캉스 캠핑낚시에 가장 인기 높은 어종이다.

이광석 초원투카페 회원 아이디
바로, 하남 홍태공 팀장

여름부터 시작, 가을이 피크

탁수를 좋아하는 붕장어는 서해에 가장 많고 남해서부–남해동부–동해로 갈수록 그 자원이 적다. 서해와 남해 모두 붕장어낚시가 가장 활기를 띨 시기는 여름과 가을이다. 한낮의 무더위에 땀이 송송 맺힐 무렵부터 제 시즌이다. 시즌 초반으로 볼 수 있는 7, 8, 9월엔 엿가락 굵기로 작은 씨알이 낚이다가 10월에 접어들면 박카스병 굵기만 한 씨알이 낚인다. 그래서 굵은 씨알을 원하는 전문 낚시인들은 무더운 여름보다 찬바람이 솔솔 불기 시작하는 10월 무렵부터 대물 사냥에 나서는 경우가 많다. 보통 10~11월이 최고의 씨알 피크이며 12월이 돼 수온이 내려가면 입질이 뜸해진다.

만조 전 두 시간과 만조 후 두 시간이 찬스

붕장어낚시는 물때를 크게 가리지 않는다. 조류가 가장 느린 조금과 가장 빠른 사리만 피하면 언제 가든 무난히 낚아낼 수 있다. 통상 2~4물, 10~13물이 적기로 손꼽히는 물때다. 붕장어는 밤에 낚이고 썰물보다 밀물 때 잘 낚이므로 초저녁에 밀물이 받혀 자정 무렵 만조가 되는 물때를 선정해 출조하는 게 여러모로 유리하다.
초밀물도 좋지만 중밀물 이후 만조까지, 즉 거세게 차오르던 밀물 조류가 주춤거리는 타이밍이 최고의 찬스다. 붕장어가 안정적으로 먹이를 사냥할 수 있는 좋은 흐름일 때이고, 채비 역시 조류에 밀리지 않는 타이밍이라서 그만큼 낚시하기에도 편하기 때문이다. 그러나 조류가 완전히 멈추는 만조 때는 입질이 뜸해진다. 따라서 만조 때 잠깐 낚시인들은 긴장을 풀고 휴식을 즐기거나 야참을 즐기는데 이후 썰물이 시작되면 중썰물 무렵까지 다시 입질이 전개되므로 두 시간 정도 긴장해서 낚시할 필요가 있다.

▲ 인천의 원투낚시 전문가 하헌식씨가 태안 만대포구 갯바위에서 굵은 붕장어를 낚았다.

◀ 석양이 물들어가는 시간. 초릿대 끝에서 빛을 발하는 케미가 붕장어의 입질을 기다리고 있다.

붕장어낚시가 꼭 밤에만 가능한 것은 아니다. 낮에도 간헐적으로 입질을 받을 수가 있는데 특히 조류가 빠른 전남 진도, 신안군 섬에선 낮에 더 잘 낚인다. 최고의 적기는 '물돌이' 타이밍이다. 특히 간조 직후 들물이 시작되는 초들물 때는 낮에도 붕장어가 입질하므로 포인트에 일찍 도착했다면 반드시 이 타이밍을 노려볼 필요가 있다. 예를 들어 밤 10시가 만조라면 초들물은 약 5시간 전인 오후 5시경부터 흐르기 시작한다. 이때는 깊은 곳으로 빠져있던 붕장어들이 본능적으로 움직이는 타이밍이라 씨알에 관계없이 입질하게 된다.

그래서 전문 낚시인들은 낮에 일찍 포인트에 도착해(밤 10시가 만조인 날짜의 경우) 오후 5시경 초들물 때부터 낚시를 해보다가 중들물(밤 8시 무렵) 때까지 별다른 입질이 없다면 재빨리 짐을 싸 다른 포인트로 이동한다. 일단 붕장어 포인트라고 알려진 곳에서 이때까지도 입질이 없다면 만조 무렵에도 입질을 기대하기 어렵기 때문이다. 만조에 가까운 시간에 맞춰 포인트에 도착했다면 선택의 여지가 없지만 일찍, 낮에 포인트에 도착했다면 상황에 맞춰 이동해볼 제2의 포인트를 염두에 두는 것도 좋은 방법이 될 수 있다.

뻘과 자갈이 섞인 바닥 찾아라

바닥이 모래와 잔 돌로 이루어진 해안. 들물이 밀려들면 붕장어들의 놀이터로 변한다. 태안 안면도 샛별해수욕장 인근 해안이다.

포인트를 선정할 땐 바닥 토질을 봐야 한다. 흔히 '붕장어는 뻘 속에 사니까 뻘밭을 노리는 게 좋다'는 얘기가 있으나 이는 잘못 알려진 통설이다. 전문 붕장어낚시인들이 찾고 있는 포인트는 뻘밭 중에서도 잔자갈이 집중적으로 섞여있는 바닥이다. 특히 자갈밭 지형에 깊은 골이 형성된 곳은 최고의 명당으로 꼽히는데, 씨알과 마릿수 모든 면에서 뻘밭을 압도한다. 서해안의 경우 뻘밭에는 미끼를 따먹는 망둥어 성화가 심하고 게 같은 갑각류도 많기 때문에 낚시가 피곤해진다.

날씨도 포인트에 영향을 미친다. 바람이 없고 조용한 밤에는 내만 깊숙한 포구나 항구 주변에서도 붕장어가 잘 낚인다. 반면 바람이 거세게 불거나 수온이 낮을 경우엔 내만(내항)보다는 외해(외항)에서 입질이 활발하다.

장비와 채비

붕장어는 채비를 크게 따지지 않고 기법도 단순한 편이라 기본적인 원투 장비로 충분하다. 다만 2kg 이상 되는 대형 붕장어를 노릴 때는 강력한 장비로 강제집행해야 하므로 30호 이상의 원투대와 원투 전용 릴을 사용하는 게 유리하다.

원줄은 합사 2호에 힘줄 4호를 연결하고 그 끝에 기둥줄을 단다. 기둥줄의 고리에 다는 목줄은 카본사 5호를 쓴다. 기둥줄은 아주 굵은 20~30호를 쓰는데 서해안의 경우 밑걸림이 잦기 때문에 그때마다 목줄만 쉽게 끊어낼 수 있도록 굵은 기둥줄을 쓰는 것이다.

목줄의 길이는 외바늘로 쓸 때와 두 개 이상의 가지바늘로 쓸 때가 다르다. 외바늘로 쓸 때는 20~30cm로 사용하고, 목줄을 두 개 이상 달 때는 엉킴 방지를 위해 윗바늘은 10~15cm로 짧게 쓰고 아랫바늘은 30~50cm로 길게 쓴다.

외바늘을 쓸 것인지, 가지바늘을 쓸 것인지는 개인 취향에 달려있지만 가지바늘을 더 선호한다. 아무래도 미끼가 하나인 것보다 두 개인 것이 붕장어의 눈에 띌 확률이 높기 때문이다. 그런 면에서 보면 바늘이 세 개 달린 묶음추채비도 결코 효과가 떨어지는 채비는 아니다. 앞서 얘기했듯이 붕

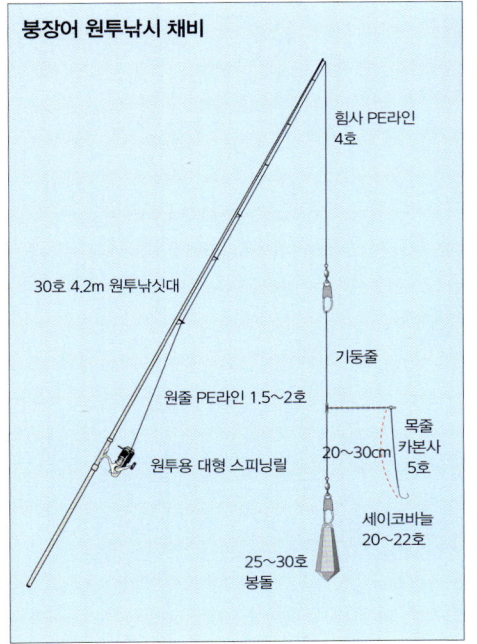

1 붕장어낚시에 사용하는 원투낚싯대와 릴. 2 원투낚시용 소품들이 담긴 케이스. 3 붕장어를 노릴 때 사용한 가지바늘 원투 채비. 4 동결 건조해 만든 원투낚시용 새우 미끼. 물에 담그면 생미끼처럼 변한다. 5 청갯지렁이(위)와 염장 깐새우. 소금으로 염장하면 살점이 질겨져 원투 때 잘 떨어지지 않는다. 6 뻣뻣한 원투대의 초리에 연질의 초릿대를 덧댄 모습. 약한 입질 파악에 유리하다. 7 쇠봉돌에 날개를 붙여 용접한 자작 봉돌. 조류가 거센 곳에서 봉돌이 구르는 것을 막기 위한 아이디어 소품이다.

장어는 채비를 크게 가리지 않기 때문이다. 다만 바늘이 세 개이면 그만큼 밑걸림 위험도 높기 때문에 전문 낚시인들은 묶음추채비를 거의 쓰지 않는다.

봉돌은 조류 세기에 맞춰 쓴다. 보통 서해에서는 30호 내외를 쓰며, 조류가 빠른 곳에서 봉돌이 구르는 것을 막기 위해 삼각봉돌도 많이 사용한다. 바늘은 세이코바늘이 널리 사용된다. 일본어로 우나기(뱀장어)로 표기된 장어 전용 바늘도 있지만 국내에서는 세이코바늘이 구하기 쉽다. 중치급 씨알을 노릴 때는 20~22호, 굵은 씨알이 낚이는 가을 시즌에는 24~25호 바늘을 많이 쓴다.

미끼는 오징어채가 으뜸, 대물은 중하에 잘 낚여

붕장어낚시에서 가장 많이 사용하는 미끼는 갯지렁이와 채를 썬 오징어살이다. 갯지렁이와 오징어채는 서해안 낚시점에서 쉽게 구입할 수 있다. 붕장어낚시 전문가들은 마트에서 오징어를 사서 직접 채를 썰어 미끼로 준비한다. 오징어 살점은 희고 밝아서 어두운 물에서 붕장어 눈에 잘 띄고 아주 질겨서 잡어 성화에도 오래 견딜 수 있다.

대물 붕장어를 노릴 때 인기가 높은 미끼는 중하(바다새우)다. '박카스병'

이색 붕장어 낚시

테트라포드 붕장어 구멍치기

최광용 울산, 강원산업 필드스탭

나는 원투낚시보다 테트라포드 구멍치기 낚시로 붕장어를 낚는다. 그 이유는 굵은 씨알을 만날 확률이 더 높기 때문이다. 단골로 찾는 곳은 울산 방어진 신·구방파제, 포항 신항만방파제, 구룡포방파제, 감포방파제, 양포방파제, 온산방파제 등이다. 방파제의 수심이 깊고 테트라포드가 클수록 굵은 붕장어가 잘 낚인다. 열 번 가면 여덟 번은 낚는 편이며 한 번 출조에 적게는 한두 마리, 많게는 열 마리까지도 낚고 있다. 5~6월엔 300~400g이 주종으로 낚이다 피크시즌인 7월에는 1.5~2kg짜리 대형급(굵기가 소주병만 하다.)이 낚이는데, 하룻밤에 1.5~2.5kg 붕장어를 12마리까지 낚은 적이 있다.

하지만 붕장어 구멍치기 낚시가 쉽지는 않다. 입질이 독특하여 감을 잡기 전까지는 못 낚을 수도 있다. 붕장어의 습성은 먹잇감이 크고 질길 때는 한입 꽉 깨물어서 몸을 회전시키면서 먹이를 끊어서 먹는다. 그때 잔챙이급(300~500g)은 초릿대 끝이 톡톡 치며 까딱까딱하는 것으로 오다 크게 휘어질 때가 챔질 타이밍이며, 1kg이 넘는 녀석들은 초리가 10~20cm 정도로 크게 휘어지는데, 미끼를 삼키고 돌아설 때 갑자기 초릿대가 처박히므로 그때가 챔질타이밍이다.

붕장어는 보통 어둠이 오고 두 시간 정도 집중적으로 입질이 오고 나면 그 후에는 뜸하기 때문에 초저녁 짧은 낚시로 손맛을 볼 수 있다.

붕장어 구멍치기 장비와 채비

낚싯대: 25호 이상의 원투낚싯대(길이 4.5m 전후)
릴: 장구통릴 또는 6000번 내외의 대형 스피닝릴
뜰채: 붕장어용 뜰채는 망이 길어야 한다. 감성돔용 5m짜리 뜰채를 구입하여 민물장어용 뜰망처럼 그물 사이가 오밀조밀하고 깊이가 1m쯤 되도록 개조해서 사용한다.
원줄: 12~14호 나일론 또는 합사
목줄: 10호 나일론사
봉돌: 20호 내외
바늘: 감성돔 7~8호
미끼: 참갯지렁이, 오징어살, 꽁치살, 고등어살 등

시즌 및 입질 시간대

5월 중순부터 1월 중순까지가 시즌이며 7~8월 두 달이 피크다. 어두워진 뒤부터 2시간 안에 집중적으로 온다. 파도가 적당히 쳐 주는 날 조황이 좋으며 여름밤 갑자기 소나기가 내릴 때는 대박 조황을 올릴 수 있다. 특히 전갱이가 붙어 연안까지 붙는 날이면 무조건 출조할 것. 동해는 조고차가 많지 않아 물때는 큰 상관없으나 달의 밝기가 입질에 큰 영향을 미친다. 달이 밝으면 입질이 뜸해지고 그믐밤이 좋다.

포인트 선정방법

무조건 조류소통이 좋은 곳을 찾을 것, 방파제 끝부분이나 방파제 꺾인 부분의 외항 테트라포드 지역, 다른 곳보다 깊은 곳이 일급 명당이다. 단 밤에 낚시를 하게 되므로 미끄러지지 않는 신발을 착용하고 포인트 이동을 삼갈 것.

채비 내리기

포인트를 골랐으면 테트라포드에 들어가기 전 채비를 하고 진입한다. 편하게 앉아 테트라포드 사이에 채비를 내리고 봉돌이 바닥에 닿은 걸 확인하면 릴을 한 바퀴 감아올려 채비가 바닥에서 20cm가량 떠오른 상태로 기다린다. 약 2~3분 간격으로 고패질을 해준다. 15~20분 정도 입질이 없으면 다른 구멍으로 옮긴다.

집어(밑밥과 케미 불빛)

붕장어 구멍치기 낚시는 밑밥을 주면 좋은 조과를 기대할 수 있다. 밑밥은 크릴을 사용하는데 그냥 뿌려주면 파도에 쓸려 효과가 없고 구멍 크기가 1cm×1cm인 그물망을 구해서 크릴을 싸서 바늘에 걸어서 바닥까지 내린 뒤 구멍을 빠져 나가도록 흔들어 준다.

또한 4mm 케미라이트를 목줄에 달아주면 입질 빈도가 30~40% 증가한다. 멈춘 상태로 두면 효과가 떨어지고 고패질을 하여 흔들어주어야 잘 낚인다. 파도가 있는 날은 자연스럽게 흔들리기 때문에 고패질을 하지 않아도 효과를 볼 수 있다.

1 필자가 동해남부 방파제에서 사용하는 구멍봉돌채비. 붕장어가 입질하면 기둥줄만 봉돌 사이로 빠져 초기 이물감이 덜하다. **2** 캔 음료수 굵기와 맞먹는 붕장어들. 가을이 붕장어낚시의 대물 시즌이다. **3** 해 질 무렵 감포방파제 테트라포드에서 붕장어를 노리고 있다.

1 한 낚시인이 안면도 샛별해수욕장 연안에서 붕장어 채비를 원투하고 있다.
2 미끼를 탐하다 걸려든 붕장어. 물때만 맞으면 해 지기 전에도 붕장어가 낚인다.
3 갯바위 물웅덩이에 살려놓은 붕장어들.

이상급의 대물을 노릴 때는 중하를 사용한다. 갯지렁이나 오징어채보다 바늘에서 떨어질 위험은 높지만 씨알 선별력이 뛰어나 전문 낚시인들은 늘 지참하고 있다.
한편 고등어, 꽁치살도 붕장어 미끼로 좋으며, 전남 진도에선 저수지에서 쉽게 채집할 수 있는 참붕어라는 작은 물고기를 미끼로 써서 붕장어를 낚기도 한다.

■ 갯지렁이 꿰는 법

굵은 갯지렁이 한 마리를 이빨이 있는 대가리 쪽부터 바늘에 꿰어 목줄까지 밀어 올린다. 이빨 부위는 단단해서 바늘이 잘 꿰어지지 않으므로 이빨 바로 밑 살점부터 꿰어나가는 게 좋다. 꼬리까지 완전히 꿰어 올려 끄트머리가 남지 않도록 한다. 이 상태에서 캐스팅을 하면 목줄 위로 꿰어졌던 갯지렁이가 바늘 쪽으로 밀려 내려오지만 바늘에서 이탈되지는 않는다.

■ 오징어채 꿰는 법

1~2cm 너비로 길게 썬 오징어 살을 서너 겹으로 겹친 뒤 바늘로 두 번 정도 누벼 꿰어 사용한다. 오징어채가 길어도 캐스팅 충격에 결국은 바늘 쪽으로 몰리기 때문에 입질 받는 데는 문제가 없다.

■ 중하 꿰는 법

살아있는 중하는 살이 질겨 원투 때도 잘 떨어지지 않는다. 산 중하를 미끼로 쓸 때는 등을 두 번 관통해 쓴다. 우선 바늘로 등을 한 차례 관통해 빼낸 후 바늘에 달린 목줄로 몸통을 서너 바퀴 감는다. 그런 후 한 번 더 등에 바늘을 꽂아서 사용하면 된다. 산 중하를 구하지 못했을 때는 냉동새우를 사서 염장한다. 집에서 미리 소금에 중하를 절이면 매우 질겨지므로 원투할 때 편리하다.
고스트실이라는 투명한 실을 사용하는 방법도 있다. 이 실은 건조 상태에서는 질기지만 물에 들어가면 쉽게 녹는 성질을 갖고 있다. 우선 낚싯바늘로 중하의 몸을 꿴 뒤, 고스트실로 중하의 몸체와 바늘을 여섯 바퀴 정도 감으면 강한 원투에도 떨어지지 않는다.

입질과 챔질 요령

붕장어는 공격성이 강해 한 번 미끼를 물면 목구멍까지 삼키는 경우가 많다. 그래서 경질의 원투대를 사용해도 초릿대에 선명한 저항이 전달되기 때문에 쉽게 챔질 타이밍을 잡을 수 있다. 너무 급하게 또는 예신 때 챔질할 필요는 없으며 충분히 초릿대를 흔들어댈 정도의 본신이 올 때를 기다리는 게 좋다.
그러나 간혹 미끼를 물고 앞쪽으로 이동하거나 아예 움직임이 없는 경우도 있다. 이때는 마치 밑걸림인 듯 꿈쩍 안 할 때도 있는데 이때는 초반에 강하게 낚싯대를 당겨 더 이상 장애물에 처박지 못하도록 하는 게 중요하다.
입질 파악용 소품으로 방울과 케미라이트를 대 끝에 다는데 전문 낚시인들은 시끄러운 방울보다 케미를 선호한다. 그 중에서도 최근 유행하고 있는 스마트케미의 인기가 매우 높다. 스마트케미는 입질이 오면 색상이 변하기 때문에 입질 여부를 쉽게 알 수 있다.

근거리 붕장어터
태안 만대포구 갯바위

하헌식 네이버카페 '즐거운낚시 행복한캠핑' 운영자

서울에서 2시간이면 도착하는 충남 태안 만대항(이원면 내리) 갯바위는 원투낚시로 붕장어, 노래미, 우럭, 가자미, 감성돔 등 다양한 어종을 낚을 수 있는 곳이다. 갯바위에 굴이 많고 박하지(민꽃게)도 많아 해루질 포인트로도 훌륭하다.
중썰물 이후 물이 빠졌을 때 300m 거리를 걸어서 갯바위로 진입해 초들물까지 4~5시간 낚시할 수 있다. 들물이 시작되면 퇴로가 물에 잠길 수 있으므로 초들물 때 철수하는 것이 안전하다. 물이 많이 빠졌을 때 던지면 수중여 없이 밑걸림이 적은 바닥에 떨어지는데 대신 통발이 멀리까지 쳐져있어 캐스팅 때 유의해야 한다.
외바늘채비에 구멍봉돌 25호가 적합하다. 70~100m 전방에 채비를 투척하면 물살에 굴러가던 봉돌이 멈추는 갯골이 있는데 그런 곳이 붕장어 입질이 활발한 지형이다. 따라서 캐스팅 후 릴의 베일을 닫지 않은 상태로 채비를 흘려주는 것이 붕장어 포인트를 찾는 비법이다. 이곳은 물살이 센 7~8물때에 붕장어 조과가 좋은 곳이다.

태안 만대포구 갯바위

9 민어 원투낚시
여름바다의 귀족 물고기

여름철 보양식으로 비싼 몸값을 자랑하는 민어는 낚시로도 쉽게 잡기 힘든 귀한 물고기다.
민어는 서식처가 서해남부와 남해서부 일부 지역으로 제한되고 시즌도 짧기 때문이다.
그런 민어가 원투낚시에 잘 낚인다는 사실이 최근 알려지면서 민어 원투낚시 애호가들이 조금씩 늘고 있다.

6~8월 한여름이 시즌

민어는 깊고 먼 바다에서 살다가 산란을 하기 위해 내만으로 들어오는 여름에 한시적으로 낚인다. 그동안 민어가 대중적 낚시어종이 되지 못한 가장 큰 이유는 배낚시에서만 낚였기 때문이다. 그러나 전남 진도와 해남의 방파제에서 야간 원투낚시에 낚인다는 사실이 알려진 뒤로 민어는 한결 친숙한 대상어종이 되었다.
2014년 6월 중순 초원투낚시클럽 회원 박경원씨가 해남 내장리방파제를 찾았다가 현지민이 원투낚시로 민어를 낚은 걸 보고 방파제에서 민어가 낚인다는 사실을 알게 되었다. 현지민은 민어를 씨알 좋은 백조기로 알고 있었다고 한다. 박경원씨는 그날 밤 혼자 7마리의 민어를 낚았는데, 씨알도 전부 60~70cm급(2.5~3kg)으로 굵었다. 그 뒤로 8월 초까지 틈틈이 찾아서 30여수를 낚았는데 8월 중순에 접어들자 민어 마릿수가 줄고 씨알도 잘아졌다고 했다.

다시마 양식장 주변이 포인트

민어 원투낚시터는 우리나라 제일의 민어 배낚시터인 해남군 삼마도에서 가까운 해안에 대여섯 곳 파악되어 있다. 매년 6월경 제주도와 추자도에서 알을 밴 민어들이 진도와 해남반도 사이를 거쳐 북상하는데 그 물골 한가운데 삼마도가 자리하고 있다. 해남군 화산면 평호리에 있는 삼마도(三馬島)는 상마도, 안도, 중마도, 하마도라는 4개의 섬이 남북으로 늘어서 있는데 가장 큰 3개 섬을 통칭해 삼마도라고 부른다. 물때에 맞춰 상마, 중마, 하마도를 옮겨 다니며 민어를 낚는다. 삼마도 20km 남쪽의 어불도와 가막도도 민어 배낚시가 활발하게 이루어지는 곳이다.
민어는 산란철인 여름이 되면 다시마에 알을 붙이기 위해 연안으로 나오는데 지금 민어가 낚이는 방파제들이 대부분 다시마 양식장 부근에 있다. 수심이 깊고 조류가 빠른 곳일수록 민어 씨알이 좋고 마릿수도 많다.
제일 확실한 곳은 해남군 송지면 어란리에 있는 내장리방파제와 진도군 고군면 금계리에 있는 용호방파제다. 그리고 내장리에서 북쪽으로 7km 떨어져 있는 해남 평호리 해안도로(화산면 평호리 산 37-6, 해안도로 입구에 삼마도를 오가는 객선이 닿는 다박포선착장이

초원투클럽 박경원씨가 해남 내장리방파제에서 야간에 낚은 70cm급 민어를 보여주고 있다.

있다.)와 용호방파제 북쪽에 있는 원포리방파제에서도 민어가 낚였다. 원포리방파제(고군면 원포리 16-4)는 규모는 작지만 큰 도로에서 멀어 사람들로 붐비는 용호방파제에 비해 한적해서 좋다. 참고로 해남군 송지면 어란리에 있는 내장리방파제는 낚시인들이 버린 쓰레기가 문제가 되어 현지 주민들이 낚시인들의 차량 진입을 막는 경우가 잦다고 하니 미리 현지 상황을 알아본 뒤 출조하길 바란다.

서해의 민어 원투낚시 후보지

해남과 진도 외에 민어가 낚이는 곳은 서해안의 영광과 격포다. 따라서 영광과 격포 해안이나 주변 섬에서 원투낚시를 시도하면 민어를 낚을 확률이 높을 것으로 기대된다. 서해에선 해남보다 보름 내지 한 달가량 늦은 7월부터 민어 입질이 시작되며, 초반에는 안마도, 위도, 왕등도 같은 먼 섬에서 입질이 시작되다가 점차 근해로 어군이 이동하는 것을 확인할 수 있다.

영광에선 7~8월에 안마군도 쪽 조황이 좋고 9월이 되면 더 근해인 송이도로 민어 떼가 옮겨 붙는다. 부안 격포항에서는 위도의 부속섬 식도와 거륜도 일대 짝밭(자갈밭)에서 2~4kg(60~80cm)짜리 민어가 낚인다. 위도에서는 종종 1m가 넘는 민어도 선상 외수질에 낚이는데 격포항 위판장에는 매년 8월이면 위도 근해에서 어부들의 주낙에 잡힌 민어들이 하루 200~300kg씩 위판된다.

왕등도에서는 북암, 열도 인근의 20~30m 수심대의 수중여와 뻘이 섞인 곳에서 민어가 주로 올라온다. 8월 중순을 넘기면 위도보다 가까운 폭격섬(미여도)과 격포항에서 가까운 장안여, 형제섬, 임수도 같은 근해에서도 민어가 잘 낚인다. 격포 근해에서는 9월에서 10월 사이에 민어낚시가 잘 되는데 길게는 11월 중순까지도 민어가 낚인 적 있다.

좀 더 북쪽으로 올라가면 고군산군도 말도 북쪽 인공어초 부근 짝밭에 놓은 참돔 주낙에 민어가 종종 걸려나오며 횡경도, 명도, 슬픈여 일대에서도 민어가 낚인다. 충남 오천항 입구인 영보리, 학성리 해안에서 2015년 9월경 원투낚시에 35~40cm급 민어가 올라왔다는 얘기가 있다. 인천에서는 덕적도 어부들의 그물에 민어가 종종 걸려든다는 얘기가 있지만 낚시로 민어를 낚았다는 소문은 들리지 않고 있다.

민어낚시 장비와 채비

50~70m의 근거리를 노려도 민어는 낚이지만 멀리 던질수록 입질 받을 확률이 높다. 그래서 원투력이 좋은 추부하 25~33호의 원투용 서프대를 사용한다. 다만 초릿대가 빳빳하면 민어가 예신 단계에서 이물감을 느끼는지 입질이 바로 끊기거나 한참 뒤 본신이 오는 경우가 많으므로 보리멸 원투대보다 초릿대가 유연한 감성돔 원투대를 쓰는 것이 좋다.

원줄은 PE라인 3호 합사를 사용하고, PE합사 5호를 20m 길이로 잘라 힘줄로 연결해서 쓴다. 기본 채비 구성은 보리멸낚시나 가자미낚시와 동일한데 다만 편대채비 대신 구멍봉돌채비를 사용한다. 그 이유는 80~90cm급 대형 민어가 걸리면 강도가 높은 구멍봉돌채비라야 놓칠 위험이 적기 때문이다. 목줄은 대형어를 겨냥해 6~12호 카본사 또는 나일론사를 1~1.5m 길이로 사용한다. 민어낚시에서는 목줄 길이가 조과에 적잖은 영향을 미친다. 조류가 센 사리물때에는 1m, 조금물때에는 1.5~1.8m까지 길게 사용한다. 조류가 셀 때는 목줄이 짧아도 큰 상관이 없지만 약할 때는 목줄을 길게 써줘야 미끼 움직임이 활발해 입질이 잦다. 바늘은 자동걸림이 잘 되는 큰 세이코 20~24호를 쓴다. 민어는 입이 크

1 해남 내장리방파제에서 민어를 노리는 낚시인들이 해질녘 피크타임을 맞이하고 있다. **2** 해남 낚시인 최민형씨가 민어를 걸자 박경원씨가 뜰채로 떠내고 있다. **3** 중치급 민어를 낚고 즐거워하는 낚시인. **4** 박경원씨가 진도 용호항 큰방파제에서 민어를 랜딩하고 있다. **5** 서울 낚시인 노지철씨는 민어낚시 도중 수조기를 낚고 기뻐하고 있다. **6** 성남에서 출조한 이현주씨도 원투낚시 채비로 낚은 수조기를 들어 보이고 있다.

고, 흡입보다는 날카로운 이빨로 미끼를 물어뜯는 습성을 갖고 있어 작은 바늘은 걸림이 제대로 안 될 때가 많다. 그래서 전문꾼들은 민어 입질이 활발해질수록 바늘을 세이코 28호나 30호로 바꾼다.

봉돌은 20, 25, 30호를 쓰는데 30호를 가장 많이 사용한다. 민어가 바늘을 목구멍까지 삼켰을 때 바늘을 빼기 위해 바늘빼기나 펜치, 플라이어도 준비하는 게 좋다.

민어는 야행성, 밤낚시가 유리

민어는 야행성 고기여서 낮보다 밤에 더 잘 낚인다. 씨알도 밤이 우세하다. 또 밤에는 시원해서 낚시하기도 좋다. 해남의 낚시인들은 "민어는 비가 부슬부슬 내리는 잔뜩 흐린 날 잘 낚인다"고 하는데 민어의 야행성과 일맥상통하는 말이다.

하루 중에서는 초저녁이 피크타임이다. 해가 진 뒤 한두 시간이 피크이며 이후로는 마릿수는 떨어지지만 큰 놈들이 드문드문 문다. 민어낚시를 하다 보면 보구치(백조기)와 보리멸, 붕장어가 함께 낚인다. 특히 보구치가 생각보다 원투낚시에 잘 낚여 여름철 민어 원투낚시는 민어보다 보구치가 주 대상어종이다.

사리물때가 출조 적기

민어낚시는 사리물때 전후 2~3일을 최고로 친다. 민어는 유별나게 물색에 민감해 물이 맑은 날엔 입질도 예민해지기 때문이다. 사리물때에는 단번에 대 끝을 가져갈 때가 많지만 조금물때에는 예신 후 한참 만에 본신을 보낼 때가 많다. 특히 물이 맑을 땐 복어 등 잡어가 성화를 부린다. 민어는 탁수에 익숙하여 완전히 흙탕물로 변해도 잘 낚이는데 미끼를 눈으로 보고 찾는 게 아니라 냄새와 측선 감각을 통해 찾는다고 한다.

민어는 잔잔한 날보다 파도가 다소 있는 날 입질이 훨씬 잦고 씨알도 굵게 낚이는 편이다. 너울파도보다 조각조각 부서지는 잔파도가 때릴 때가 최고다. 방파제 원투낚시는 대체로 밀물에 맞춰 하지만 민어는 들물보다 썰물에 잘 낚이는 어종으로 알려져 있다. 조류가 빠른 시간대에 입질이 활발하기 때문인데, 연안 원투낚시에서도 유속이 빠른 초썰물 시간대에 집중할 필요가 있다.

참갯지렁이는 목줄 위까지 풍성하게 올려 꿰라

미끼는 참갯지렁이나 낙지다리, 호래기살을 사용하는데 참갯지렁이가 제일 효과가 좋다. 참갯지렁이는 잘라서 쓰면 안 되고 한 마리를 통째로 풍성하게 목줄까지 올려 꿰어야 자주 입질을 받을 수 있다. 지렁이의 끝부분은 바늘 끝에서 2~3cm만 내놓는 게 좋다. 너무 길면 끄트머리만 잘라먹고 가는 경우가 잦다. 바늘 끝이 돌출되면 민어가 경계심을 갖게 되므로 유의할 것. 참갯지렁이 꿰기가 서툰 사람은 지렁이바늘을 구입해서 사용하는 게 좋다. 참갯지렁이는 1인당 500g(약 5만원)은 준비해야 한다.

전남에선 '집거시'로 불리는 집갯지렁이도 종종 쓰인다. 집갯지렁이는 참갯지렁이와 비슷하게 생겼지만 약간 가늘고 푸른빛이 돈다. 현지꾼들은 "참갯지렁이보다 집갯지렁이에 입질이 활발할 때가 있다"며 약간씩 준비해 가는데 집갯지렁이는 대가리 밑 일부분만 단단하고 나머지는 흐물흐물해 금방 끊어진다. 그만큼 헤픈 데 비해 가격은 참갯지렁이와 비슷해 비경제적이다.

한편 민어낚시에 써볼 만한 미끼는 중하(바다새우)다. 서해 격포의 민어잡이 어부들은 살아 있는 중하를 미끼로 고패질을 하여 민어를 낚는다. 그리고 밴댕이 포를 떠서 바늘에 누벼 꿰면 특유의 강한 은빛이 어두운 물속의 민어를 유혹한다고 한다. 특히 야간낚시 때 밴댕이를 포 떠 쓰면 잘 먹힌다고.

민어는 아기 달래듯 천천히 당겨내라

민어는 활성도가 좋아도 초리가 고꾸라지는 입질은 좀체 기대하기 힘들다. 어떤 땐 예신 없이 톡톡 건드리는 입질이 본신인데 그걸 놓치지 않고 채야 입걸림이 된다. 그래서 좀 피곤한 낚시라 할 수 있고, 다른 낚시보다 집중력을 필요로 한다.

민어 입질은 단번에 대 끝을 가져갈 때도 있지만 잡어 입질과 구분이 쉽지 않을 때가 더 많다. 대체로 잡어들은 초릿대를 "타닥– 타다닥–" 치는 느낌이고 민어는 '살짝 살짝' 당기는 느낌이다. 한두 번 초릿대를 살짝 당긴 뒤 '쑤욱' 하고 초릿대를 가져갈 때가 챔질 타이밍이다. 입질이 불명확하다면 낚싯대를 손에 든 상태로 본신을 감지하는 것도 방법이다. 만약 민어낚시 경험이 없다면 예신 뒤 찾아오는 본신을 여유를 갖고 기다리는 게 좋다. 챔질이 빨라서 좋을 것은 하나도 없다. 밤 입질은 낮 입질보다 더 약한데 밤에는 초릿대가 두세 번 정도 휘청했다면 민어가 물고 있다고 보고 챔질해야 한다.

민어를 끌어내는 요령은 살살 다루는 것이다. 민어는 힘이 아주 센 물고기는 아니지만 입 주변 살이 의외로 약해 너무 세게 당기면 바늘이 빠지거나 입술이 찢어질 수 있기 때문이다.

최고의 특미
민어 부레

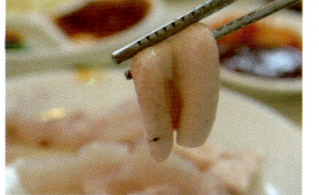

민어는 냉장한 선어를 회로 먹는다. 잡자마자 곧 죽기 때문에 활어로 유통할 수 없다. 몇 시간 이상 숙성한 민어가 맛있다고 하지만 사실은 살아있는 민어 회가 더 맛있다. 다만 낚시인이 아니고는 민어 활어회를 먹기란 불가능하다. 민어는 살보다 부레가 별미다. '민어는 부레 먹는 맛'이라는 말도 있다. 첫 느낌은 부드럽고 나중 맛은 쫄깃하고 고소한 게 참 독특하다.

민어 원투낚시 포인트

1 해남 내장리방파제에서 45cm급 민어를 낚은 최민형씨. 2 내장리방파제에서 밤낚시에 올라온 민어들 3 민어를 낚기 위해 진도 보전리방파제를 찾은 낚시인들이 날이 어두워지기를 기다리고 있다. 4 진도 용호항 큰방파제에서 민어 입질을 기다리고 있는 낚시인들.

민어 원투낚시 채비
- 원줄 합사 3호
- FG노트 직결
- 힘줄 합사 5호 20m
- 25~33호 서프 전용대
- 구멍봉돌 30호
- 도래
- 서프릴(드랙릴)
- 목줄 10~12호 1~1.5m
- 세이코 바늘 20~24호 미끼 참갯지렁이

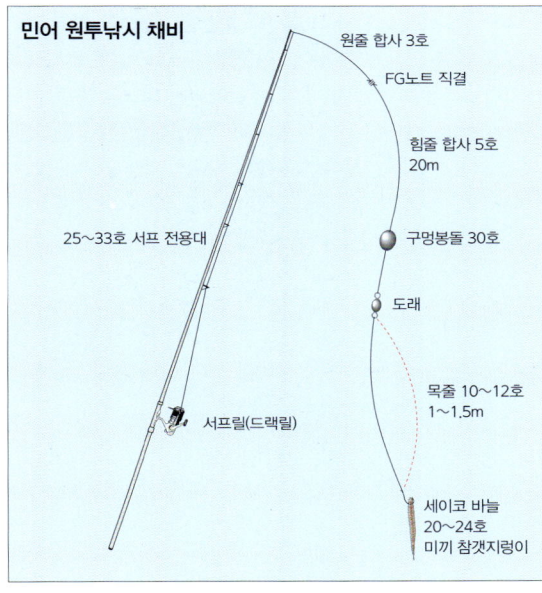

어디로 가볼까?
민어 원투낚시 양대 명당

해남 내장리방파제
전남 해남군 송지면 어란리 내장마을 앞에 있는 70m 길이의 소규모 방파제다. 가장 많은 민어를 배출해낸 곳이다. 내장마을 앞에 있는 큰 방파제는 민어가 나오지 않으며 마을과 큰방파제 사이에 있는 삼거리에서 산을 넘어 막다른 곳에 있는 작은 방파제가 민어 포인트이다. 방파제 끝보다 방파제 초입이 민어 명당이다. 이곳에는 전깃줄이 처져 있어 캐스팅이 다소 불편한 단점이 있다. 초들물과 초썰물에는 방파제 초입이 유리하고 중들물~만조, 중썰물~간조에는 방파제 중간~콧부리 쪽에서 낚인다. 전반적으로 들물보다 썰물에 잘 낚이는 편이다. 멀리 던질수록 입질 빈도가 높다.

해남 내장리방파제

내비게이션 주소 : '지지산방'이나 '송지면 어란리 772번지'를 찍고 가다 내비게이션이 끝나는 지점(삼거리)에서 우회전해 산을 넘어가면 내장리방파제가 보인다.

진도 용호방파제
전남 진도군 고군면 금계리에 있는 방파제다. 용호방파제라고 해서 용호리에 있는 줄 착각하기 쉬운데 금계리에 있다. 작은 방파제와 큰 방파제가 있는데, 큰 방파제에서만 민어가 낚인다. 큰 방파제의 길이는 300m로 꽤 길다. 40~60cm급 민어가 잘 낚이고 2016년 6월에는 90cm짜리 민어도 낚였다. 용호방파제는 내장리방파제보다 조황은 떨어지지만 화장실이나 편의시설이 잘 갖춰져 있다.

진도 용호방파제

내비게이션 주소 : 진도군 고군면 금계리 7-12

Chapter 5
어종별 강의

10 숭어 원투낚시
서해안의 생활낚시

'숭어를 원투낚시로 낚는다'고 하면 동해나 남해 지방의 낚시인들은 고개를 갸웃할 것이다.
동해에선 꽃낚시(훌치기의 일종), 남해에선 찌낚시로 숭어를 낚기 때문이다.
그러나 서해안에서는 숭어를 원투낚시로 낚는다.
민물 잉어낚시용 떡밥을 미끼로 사용하는 서해 숭어 원투낚시는 경기도와 강화도에서만 성행하는 지방색을 띠고 있다.

시즌과 낚시터

숭어 원투낚시(일명 숭어 떡밥낚시)는 주로 인천, 강화, 경기도와 충남 당진~태안 등 서해중부권 방파제에서 성행하고 있다. 수온이 오르는 4월부터 시작돼 가을인 10월까지가 숭어 떡밥낚시의 시즌이다. 숭어 떡밥낚시는 원래 바다에 만들어 놓은 수상좌대에서 하던 것이었으나 현재는 연안 방파제에서 원투낚시로 즐기고 있다. 원투용 릴낚시 장비와 채비만 있으면 누구나 쉽게 숭어를 낚을 수 있다.

사리 물때의 밀물 시간대가 찬스

숭어는 조금물때보다 사리물때에 입질이 잦고 씨알도 굵게 낚인다. 또 사리를 전후한 물때라야 밀물이 방파제가 있는 연안까지 깊숙이 밀고 들어오기 때문에 그만큼 낚시여건도 좋아진다. 7물을 기준으로 그 전의 3~6물때가 물색이 적당히 맑아서 가장 좋고, 그 후의 8~10물때는 뻘물이 져서 불리하다. 11물을 넘어서면 조류가 약해지고 숭어가 먼 거리에서만 회유해 입질 확률이 떨어진다.

1 서해안에서 봄철 보리누름에 많이 잡힌다고 해서 '보리숭어'라고도 불리는 가숭어. 눈동자가 노란 것이 특징으로 눈동자가 검은 참숭어보다 맛이 좋다.

하루 중에서는 밀물 때 입질이 집중된다. 초밀물부터 만조 전까지 5시간이 입질이 활발한 시간대다.

장비 : 3~5호 릴대에 3000~5000번 릴

숭어는 큰 놈은 씨알이 60~70cm에 달하고 힘도 세서 강한 장비가 필요하다. 릴은 나일론 원줄 4~5호가 100m 이상 감기는 3000~5000번 중형 스피닝릴이 적합하다. 2500번 이하 크기의 작은 릴은 굵은 원줄을 많이 감지 못하고 낚시 도중 낚싯줄이 끊어지면 캐스팅 거리가 짧아지기 때문에 부적합하다.

원줄은 나일론줄을 쓴다. 숭어낚시는 30~40m만 원투해도 되므로 굳이 가는 합사를 사용할 필요 없다. 방파제 인근 물속에는 축조 당시 무너진 바위가 많고 물속에 장애물이 많기 때문에 장애물에 잘 걸리고 여쓸림에 약한 합사 원줄은 부적합하다. 값이 저렴한 150m 길이의 나일론 원줄이면 충분하다.

낚싯대는 3.6~4.5m 길이의 3~5호 릴낚싯대가 적당하다. 민물낚시용 릴대라도 중경질 제품이면 충분히 사용 가능하다. 미끼로 주먹만 한 떡밥을 달아 던지기 때문에 허리가 강해야 한다. 힘이 센 숭어를 끌어내려면 최소 3호대는 돼야 수월하게 저항을 제압할 수 있다. 숭어 떡밥 원투낚시는 적게는 3대, 많게는 6~7대 정도의 낚싯대를 펴놓고 낚시를 한다. 그 외에 받침대, 받침대를 안정적으로 고정해줄 물통이나 두레박이 필요하다.

채비 : 잉어낚시용 스프링채비 사용

숭어 떡밥 원투낚시에서는 민물 잉어낚시 채비를 사용한다. 흔히 '멍텅구리 채비' 혹은 '숭어 스프링 채비'로 불린다. 떡밥을 뭉쳐 달 수 있는 스프링이 달려 있고, 그 둘레에 3~5개의 바늘이 달려 있다. 경기도 바닷가 낚시점에선 어디서나 구입할 수 있다.

스프링 채비를 연결한 원줄 하단에는 조류 세기에 맞춰 봉돌을 달아주는데 30~50호 봉돌을 사용한다. 숭어는 회유성이 강하기 때문에 한 번 무리를 지어 들어왔을 때 빨리 낚아내는 게 중요하다. 그래서 여벌의 스프링 채비 3~4개에 미리 떡밥을 뭉쳐서 달아 놓았다가 채비를 수거하면 원래 채비를 떼어내고 미리 세팅해 놓은 떡밥채비를 연결하여 바로 던진다. 채비를 던지고 여유줄을 사려준 뒤 입질을 기다리는 시간에 여벌 채비에 또

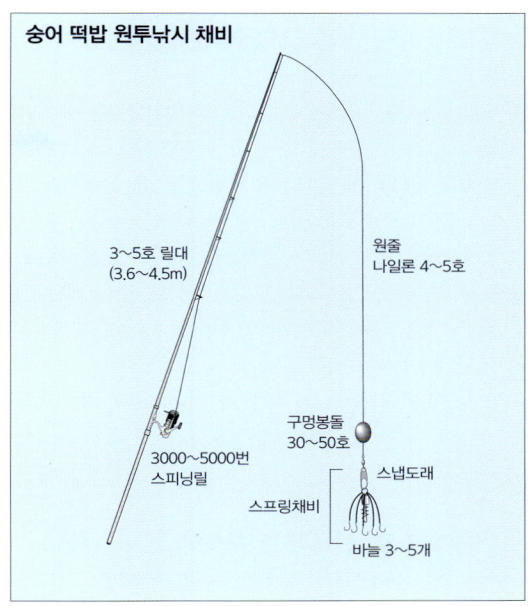

떡밥을 뭉쳐서 준비해 놓는다.

미끼 : 어분에 보릿가루, 크릴 가루 배합

숭어 떡밥낚시의 미끼는 주로 어분을 사용한다. 어분에 보릿가루, 크릴 가루 등을 섞어 만든 숭어 전용 떡밥이 서해안 낚시점에서 판매되고 있다. 간혹 숭어낚시용 떡밥보다 값이 싼 닭사료를 이용하는 낚시인들이 있는데 수질오염의 원인이 될 수 있으므로 사용을 자제하는 게 바람직하다.

떡밥을 넉넉한 용기에 담은 후 바닷물을 조금씩 부어가며 점도를 조절한다. 너무 무르면 캐스팅 때 떡밥이 풀어지므로 약간 단단하다 싶을 정도로 개는 게 좋다. 반죽한 떡밥을 어른 주먹 크기로 뭉친 다음 그 가운데에 스프링을 삽입하고 다시 꾹꾹 눌러 뭉쳐준다. 그 다음 3~5개의 바늘을 떡밥을 빙 둘러서 고르게 꽂아준다. 보통 물속에 들어가서 20분 정도면 풀어질 수 있을 정도의 점도로 맞춰주는 것이 좋다. 바늘에는 지렁이 같은 별도의 미끼는 달지 않는다.

떡밥 만드는 순서
① 큰 용기에 어분을 먼저 붓고 여기에 보릿가루나 혹은 크릴가루 등을 붓고 섞는다.
② 해수를 섞어 단단하게 점도를 조절하며 어른 주먹 크기로 미리 여러 개를 만들어 놓는다.
③ 미리 만들어 놓은 떡밥을 스프링채비에 단단하게 뭉친 뒤
④ 3~5개의 바늘을 적당한 간격으로 떡밥에 꽂는다.
⑤ 스프링 채비에 떡밥을 뭉친 모습.
⑥ 여섯바늘채비에 떡밥을 뭉쳐 단 채비를 보여주고 있다.

원투보다 정투 반복으로 밑밥군 형성

준비가 끝났으면 포인트를 향해 떡밥을 던진다. 너무 세게 던지면 그 충격으로 떡밥이 부서질 수 있으므로 낚싯대의 탄성을 이용해 가볍게 던져 넣는다. 떡밥낚시는 멀리 던지는 것보다 같은 자리에 반복적으로 던져서 떡밥을 바닥에 쌓아줘야 숭어들이 그 냄새를 맡고 모여들기 때문에 가장 던지기 편한 힘으로(그래야 비슷한 비거리가 나오니까) 계속 던지는 것이 좋다.

보통 3~5대의 낚싯대를 사용하는데 조류가 센 포인트에서는 원줄이 옆으로 밀리기 때문에 먼저 던진 낚싯대의 줄이나 옆 사람의 줄과 서로 엉키지 않도록 유의해야 한다. 떡밥이 착수해 가라앉으면 원줄을 감아 팽팽하게 유지한다. 떡밥채비가 바닥에 가라앉으면 숭어가 다가와 떡밥을 먹기 시작하는데 숭어가 떡밥만 먹는 게 아니라 물과 떡밥을 함께 빨아들이게 된다. 이때 떡밥 속에 묻어 놓은 바늘이 함께 입 안으로 흡입되면서 걸림이 되는 구조다.

뜰채는 필수품, 잔교에선 '두레박 뜰채' 사용

바늘에 걸린 숭어는 본능적으로 강하게 저항하며 도망가기 때문에 초리대가 크게 휘어지며 어신이 전달된다. 가볍게 챔질한 뒤 드랙을 적절히 풀어서 천천히 숭어를 끌어내면 된다.

이때 숭어가 큰 힘을 발휘하며 줄행랑치기 때문에 옆 낚싯대와 엉키지 않도록 숭어의 도주 방향을 잘 파악해야 한다. 숭어는 마지막까지도 강한 힘을 쓰기 때문에 드랙을 너무 세게 조여 놓으면 설 걸린 바늘은 입에서 빠질 위험이 높다. 따라서 큰 힘을 쓸 때마다 드랙이 찍찍 풀릴 수 있도록 드랙을 적당히 풀어놓는 게 바람직하다. 아울러 숭어는 몸무게가 많이 나가기 때문에 발 앞까지 끌려온 숭어를 안전하게 들어 올리려면 뜰채가 필수다. 대부분 방파제와 선착장에서 낚시하므로 5.3m 이상의 긴 뜰채가 유리하다. 만약 피싱피어의 잔교 같이 높은 곳에서 낚시한다면 뜰채로도 수면에 닿지 않기 때문에 '두레박 뜰채'를 사용한다. 뜰채 프레임의 서너 군데를 밧줄로 묶은 후 끌어온 숭어를 프레임 안에 들어오게 만들어서 밧줄로 끌어올리는 방식이다. 서해안의 피싱피어는 대부분 수면과 높이가 10m 이상이므로 그 이상 길이의 로프가 필요하다.

1 대부도 남쪽 탄도 선착장에서 한 낚시인이 숭어 떡밥채비를 캐스팅하고 있다. **2** 숭어를 낚고 즐거워하는 낚시인. **3** 탄도항에서 떡밥 원투낚시채비로 숭어를 낚은 낚시인. **4** 탄도선착장을 찾은 숭어 원투낚시인들. **5** 경기도 화성시에 있는 화성방조제 중간 선착장에서 숭어 떡밥낚시를 즐기는 낚시인들.

11 다금바리 원투낚시
제주바다의 헤비 매치

다금바리(표준명 자바리)는 원투낚시로 노릴 수 있는 가장 큰 고기다.
그러나 일반 원투낚시 장비로는 낚아내기 어렵고
낚시터도 제주도로 한정돼 있어서 대중화하지는 못하고 있다.
최근 제주도의 다금바리 자원이 많이 줄어들자 대형 다금바리가 많은 일본 대마도로 원정낚시를 가는 사람들도 늘고 있다.

이종식 제주도 낚시인
다금바리낚시 전문가

2018년 6월 일본 대마도로 원투낚시 원정을 떠난
경기도 화성 낚시인 김해수씨가
22kg 초대형 다금바리를 낚아 들어 보이고 있다.

제주도 가을바다의 빅 이벤트

제주도 다금바리낚시는 6월부터 시즌이 시작된다. 6월 중순경 동부권 성산포 일원에서부터 입질이 시작돼 11월에 서부권 모슬포 일원에서 막을 내린다. 시즌 초반으로 볼 수 있는 6월부터 8월까지는 2~3kg급의 소형이 주로 낚이며 본격 피크 시즌인 9월부터는 5kg 이상의 중형급 다금바리를 만날 수 있다. 수온이 낮은 겨울에는 깊은 곳으로 들어가기 때문에 낚시에는 거의 낚이지 않는다.

50호 초경질대에 20호 합사나 60호 나일론 원줄

다금바리낚시는 여타 갯바위낚시 장비와는 비교할 수 없을 만큼 강한 장비를 사용한다. 낚싯대는 보통 50호 이상의 경질 다금바리 전용대를 사용한다. 3~4kg급 다금바리는 돌돔낚싯대로도 제압이 가능하지만 그 이상이 되면 쉽게 끌어내기 어렵다. 어차피 다금바리낚시는 큰 놈 한 마리를 노리고 하는데, 어렵게 받은 입질을 낚싯대가 약해서 놓친다면 너무 아깝기 때문에 대부분 전용대를 구입, 사용하고 있다. 다금바리 전용대는 모두 일본 제품이며 가격은 150만원 안팎이다.

릴은 13kg 이상의 드랙력을 가진 장구통릴을 사용한다. 낚싯대와 마찬가지로 돌돔릴로도 잔 씨알은 제압이 가능하지만 큰 놈들은 챔질과 동시에 릴이 고장 나는 경우가 많다. 그래서 트롤링릴로 유명한 펜(PENN)사의 세네타 113H 릴을 다금바리용으로 사용하고 있다. 펜 릴의 가격은 50만원 안팎이다. 이렇게 강력한 장비를 사용해야만 끌어내는 도중 다금바리가 돌 틈이나 테트라포드 속으로 처박는 것을 방지할 수 있다.

원줄은 합사 20~30호를 쓴다. 바늘에 걸린 다금바리는 무서운 힘으로 수중여를 향해 처박기 때문에 이때 원줄이 가늘면 놓치기 십상이다. 다금바리낚시는 근거리 캐스팅을 하므로 원줄이 굵어도 큰 문제가 없다. 국내에서는 30호 이상의 합사를 구하기가 쉽지 않아 대부분 20호를 쓰고 있다. 나일론 원줄은 쓰지 않는다. 나일론줄(경심줄)은 늘어나는 성질을 갖고 있어 다금바리가 강하게 처박을 때 빠르게 머리를 돌리기가 쉽지 않기 때문이다.

1 육중한 다금바리 낚싯대와 릴을 판스프링 받침대에 거치해 놓은 모습. 오른쪽의 돌돔낚시 장비와 확연히 다른 중량감을 느낄 수 있다. 2 고등어를 통째로 꿴 모습. 바늘 두 개를 달아서 머리와 꼬리 쪽에 꿴다. 3 잡어가 뜯어 먹고 뼈만 남은 고등어. 잡어가 많을 때는 20분에 한 번씩 미끼를 갈아주어야 한다.

받침대는 무거운 장비를 거치할 수 있는 튼튼한 제품이라야 한다. 돌돔낚시용 받침대는 7~8kg이 넘는 다금바리가 물면 받침대에서 대를 뽑아내기 힘들어서 챔질 자체가 어려워진다. 그래서 다금바리 전문가들은 대형 판스프링 받침대를 전문가에게 주문 제작해 쓰거나 돌돔 받침대의 뒷뭉치 부분을 개조하여 쓰고 있다.

(3) 버림봉채비에 미끼는 고등어

채비는 버림봉돌채비를 사용한다. 약 1.5m 길이의 와이어 목줄의 중간에 버림봉돌을 달고 와이어의 맨 밑에 연결한 도래에 50호 나일론 목줄을 두 가닥 연결한다. 목줄의 길이는 42, 40cm가 좋다. 바늘은 다금바리 전용 26~32호가 적당하다. 바늘 하나는 고등어의 머리를 꿰고 또 하나는 배쪽을 꿴다. 그런 후 두 가닥 목줄을 함께 쥐어 꼬리를 묶는다. 이렇게 하면 미끼가 덜렁거리지 않고 캐스팅 때 미끼가 떨어질 위험도 적어진다.

다금바리낚시에서 가장 많이 쓰는 미끼는 고등어다. 고등어는 구하기 쉽고 덩치도 커서 다금바리의 시각과 후각을 자극하기에 적당하다. 굳이 살아있는 고등어를 미끼로 쓸 필요는 없다. 냉동 고등어도 상관없으며 25cm 크기를 주로 쓰는데 30cm 정도로 너무 크면 대가리를 잘라내고 써도 상관없다. 그 외에 한치, 전갱이, 꽁치, 정어리 등도 미끼로 사용한다.

다금바리 포인트 찾는 법

다금바리낚시에서 가장 중요한 테크닉 중 하나가 포인트를 찾아내는 것이다. 평소 깊은 수심에 머물던 다금바리는 물돌이시각 또는 해질녘이 되면 갯바위 연안으로 나오므로 보통 30~40m 이내에 포인트가 형성된다. 포인트를 찾는 요령은 다음과 같다. 일단 채비에 봉돌만 달아 던져본다. 바닥에 착지한 뒤 서서히 릴을 감아보면 봉돌이 구르며 유난히 깊이 잠기는 곳이 나온다. 그런 곳이 포인트다. 방파제의 경우 물에 잠긴 테트라포드가 끝나는 지점, 갯바위의 경우 30~40m 거리에 유난히 푹 파인 지형이 포인트가 된다. 다금바리는 그런 지형에 머물다가 지나가는 먹잇감을 덮치는 습성을 갖고 있다.

성산포방파제, 화순항, 서귀포 동부두방파제 등이 유명한 방파제 다금바리 포인트이고, 범섬 새끼섬, 섶섬 한개창 등이 섬 다금바리 포인트로 유명하다. 입질시간대는 해질녘부터 두세 시간이 가장 확률이 높으며 밤 11

한국 낚시인들의 단골 출조지
대마도 다금바리 인기 상승

우리나라에선 귀하디귀한 다금바리가 일본 대마도엔 풍족하게 남아 있다. 대마도는 일본 땅이지만 부산에서 더 가까워 한국 낚시인들의 단골 출조지가 된 지 오래다. 부산에서 대마도까지는 여객선으로 1시간30분(상대마도)에서 2시간 20분(하대마도) 소요된다.

대마도에서는 다금바리를 '아라'라고 부른다. 일본 관동지방 표준말은 '쿠에'지만 오사카, 큐슈, 대마도 등 관서지방에선 아라라는 방언으로 부르고 있다. 일본에서도 다금바리는 값비싼 고급 생선이다. 그러나 다금바리를 낚기 위해 대마도까지 오는 일본 낚시인은 거의 없다. 한국의 낚시인들도 아직까지는 돌돔낚시에만 몰두하고 있어 대마도의 다금바리 자원은 고스란히 남아 있다.

대마도 다금바리는 12~3월을 제외하면 연중 낚이는데 9~11월이 피크시즌이다. 하절기엔 밤에 낚이고 동절기엔 낮에도 낚인다. 대마도 어부들은 겨울을 제외한 전 계절에 걸쳐 다금바리 주낙을 놓고 있다. 3~6kg이 주종이지만 8~10kg급도 흔하게 올라오고 20kg 이상의 대형급도 1년에 한두 마리씩 낚아내고 있다. 어부들의 주낙에는 50kg급도 낚인다고 한다.

대마도 다금바리 원투낚시는 돌돔낚시와 같은 포인트에서 병행하는 경우가 많다. 낮에는 성게 미끼로 돌돔과 강담돔을 노리다가, 밤이 되면 미끼를 고등어로 바꾸어 다금바리를 노린다. 중소형 다금바리는 돌돔낚싯대로도 낚을 수 있지만 10kg이 넘는 다금바리는 전용 낚싯대와 받침대를 쓰지 않으면 끌어올리기 어렵고 입질 순간 낚싯대가 바다 속으로 수장될 위험도 있다.

미끼는 냉동 고등어를 쓴다. 대마도는 물속에 잡어가 많아서 여름과 가을에는 5~10분 간격으로 미끼를 갈아줘야 한다. 오후 6시부터 주위가 어둑해지기 시작할 시간대가 다금바리 입질 확률이 가장 높은 시간대다. 대마도 다금바리는 멀리선 입질을 받을 수 없다. 어둠이 깔리면 깊은 굴에서 얕은 연안으로 나와 먹이활동을 하기 때문에 어부들도 갯바위에서 20m 거리에 주낙을 놓는다. 따라서 미끼를 던질 때 30m가량만 원투한 뒤 뒷줄을 잡아 20m 안쪽에 미끼가 떨어지도록 하는 게 중요하다.

대마도산 다금바리를 들어 보이는 제주도 낚시인 방선배씨.

시 무렵이면 입질이 뜸해지므로 보통 낚시를 마치고 철수한다.

극한체험, 밑걸림 끊어내기

다금바리낚시에서 최악의 카운터펀치는 속칭 '앵커'로 표현하는 밑걸림이다. 다금바리낚시는 20호 합사나 60호 나일론 원줄에 35번 와이어, 50호 목줄을 쓰기 때문에 한 번 밑걸림이 발생하면 사람의 힘으로는 당겨서 끊기 어렵다. 그래서 일회용 줄 절단기인 라인커터기를 사용한다. 스프링에 칼날이 연결된 라인커터기를 원줄에 걸어서 내려 보내면, 내장된 종이가 물에 불어 찢어지고, 칼날이 튕겨 나와 원줄을 끊게 되어 있다. 그런데 라인커터기를 원줄에 걸어서 내려 보내도 좀체 끊어지지 않는 수가 많다. 결국 장구통릴에 20호 합사를 두어 바퀴 감은 뒤 갯바위 위로 기어 올라가면서 힘으로 줄을 끊을 수밖에 없는데, 16호나 18호 나일론 원줄을 쓰는 돌돔꾼들은 20호 합사 원줄이 어느 정도 강도인가 짐작할 수 있을 것이다.

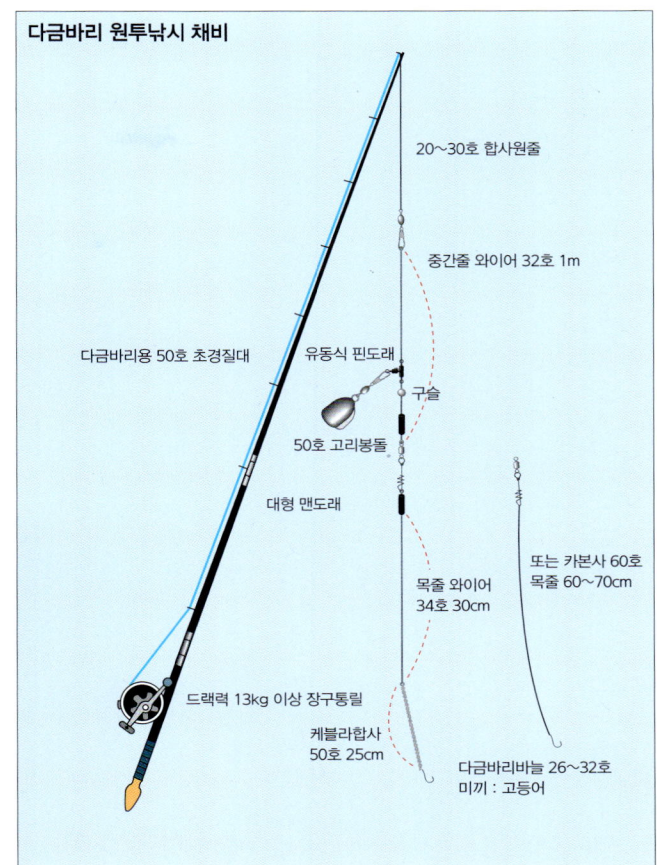

다금바리 원투낚시 채비

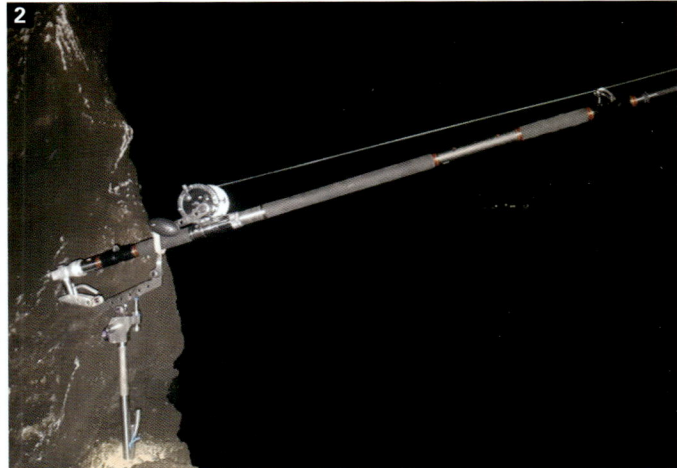

1 2017년 10월 제주 서귀포 강정항 방파제에서 80cm, 8kg급 다금바리를 낚은 필자. **2** 돌돔받침대의 뒷고리 뭉치를 개조해서 다금바리용으로 사용하고 있다. **3** 다금바리용 판스프링 받침대에 다금바리대를 세팅한 모습. **4** 전동드릴과 볼트를 이용해 판스프링 받침대를 갯바위에 설치하는 모습.

Chapter 6
원투낚시터

Chapter 6 원투낚시터 동해

속초 물치항 방파제

Profile

속초와 양양권에서 가장 많이 알려진 감성돔 원투 포인트이다. 주차장과 화장실 낚시점까지 있다. 방파제의 길이가 350m로 긴 편이어서 포인트가 많다. 수온과 파도만 좋으면 마릿수 조과가 가능하다. 외항 쪽에 표시된 포인트는 일반 해변 포인트보다 수심이 깊고 바닥도 깨끗하다. 감성돔은 50~100m 거리에서 잘 낚인다. 다만 본격 감성돔 시즌에는 어민들의 그물이 방파제에서 100m 거리에 설치되므로 그물에 걸리지 않도록 100m 이내로 캐스팅을 해야 한다. 보통 동해중남부 감성돔 시즌이 4월 말까지 이어지는데 이곳 물치항은 동해북부이면서도 5월까지 시즌이 이어진다. 문치가자미도 잘 낚인다.

이현성
다이와 나게 필드스탭

주 소 ▶ 강원도 양양군 강현면 동해대로 3584
주어종 ▶ 감성돔, 문치가자미
부어종 ▶ 복어, 황어
길 이 ▶ 북방파제 약 360m, 남방파제 약 220m

양양 후진항 방파제

조 주 ▶	★★★★
식당 및 숙박 ▶	★★★
황 차 핑 ▶	★★★
주변 볼거리 ▶	★★★

→N

지도상 표기:
- 물치항
- 정암해수욕장
- 백수모텔
- 동해대로
- 투와이호텔
- 몰디브모텔
- 해오름모텔
- 강원도 양양군 강현면 동해대로 3276-24
- 설악해수욕장
- 낙산해수욕장
- 70m, 80m - 감성돔, 문치가자미, 복어, 황어
- 50m - 감성돔, 문치가자미, 복어, 황어
- 50m - 감성돔, 문치가자미, 복어, 황어
- 70m - 감성돔, 문치가자미, 복어, 황어
- 60m - 감성돔, 문치가자미, 복어, 황어

Profile

물치항에서 차로 5분 거리여서 낚이는 대상어도 물치항방파제와 비슷하다. 물치항보다 규모도 작고 포인트도 분산돼 있지만 겨울부터 시작된 감성돔 입질이 늦봄까지 이어진다. 좌측 해안 포인트에는 작은 수중여와 해초가 많아 밑걸림이 있지만 감성돔이 입질하면 하루 저녁에 수십 마리 이상 잡아낼 수 있는 포인트이다. 수심이 깊지 않으므로 최대한 멀리 투척하는 게 관건. 방파제 포인트는 좌측 해안보다는 조금 더 수심이 나오기 때문에 가까운 곳부터 먼 곳까지 폭넓게 탐색하면 좋은 조과를 올릴 수 있다. 5월까지 감성돔 조과가 이어지는 늦봄 포인트이며 문치가자미도 잘 낚인다.

주 소 ▶ 강원도 양양군 강현면 동해대로 3276-24
주어종 ▶ 감성돔, 문치가자미
부어종 ▶ 복어, 황어
길 이 ▶ 약 300m

삼척 삼척해수욕장

조주 ★★★★
캠핑 ★★★
차량 ★★★★
식당 및 숙박 ★★★★
주변 볼거리 ★★★★

증산해수욕장 →
강원도 삼척시 새천년도로 513
삼척해수욕장
후진마을
바다마을민박
포시즌민박
교2동마을회관
70m 감성돔, 문치가자미, 황어, 복어, 농어
70m 감성돔, 문치가자미, 황어, 복어, 농어
↙ 삼척 시내
작은 후진 해변
80m 감성돔, 문치가자미, 황어, 복어, 농어
80m 감성돔, 문치가자미, 황어, 복어, 농어
후진항
후진방파제
삼척 시내
새천년도로
← 광진항

Profile

삼척시에서 개최하는 대규모 감성돔 원투 낚시 대회가 열리는 곳으로 해수욕장 전체가 포인트라고 할 수 있다. 그중에서도 해수욕장 우측에 있는 수중여 인근을 노리면 좋다. 수심이 얕기 때문에 최대한 멀리 캐스팅하는 게 유리하다. 파도가 셀 때는 우측의 후진방파제와 수중여가 많은 홈통 포인트에 감성돔이 마릿수로 들어온다. 손님고기로 황어와 복어가 낚이는데 복어 성화가 너무 지나칠 때는 갯지렁이 대신 개불 같은 단단한 미끼로 교체한다. 삼척 인근 포인트들은 동해중남부 지역보다 수온 편차가 심하고 냉수대가 형성될 때가 많다. 수온과 파도에 관한 정보를 충분히 수집한 후 출조하는 게 좋은 조과를 올릴 수 있는 방법이다.

주 소 ▶ 강원도 삼척시 새천년도로 513
주어종 ▶ 감성돔, 문치가자미
부어종 ▶ 황어, 복어, 농어

삼척 덕산해수욕장

조황	★★★★
주차	★★★★
캠핑	★★★★
식당 및 숙박	★★★★
주변 볼거리	★★★★

↑ 맹방해수욕장

덕산해수욕장

강원도 삼척시 근덕면 덕산해안로 124

오렌지 카운티 노인전문요양원

간후리펜션

길가에 주차 Ⓟ

90m → 감성돔, 문치가자미, 황어, 복어

100m → 감성돔, 문치가자미, 황어, 복어

80m → 감성돔, 문치가자미, 황어, 복어

덕산항

새바위

Profile

해수욕장 전체에 수중여가 골고루 발달해 전역이 포인트라고 할 수 있다. 해수욕장 우측의 작은 수중여가 발달한 곳이 최고의 감성돔 포인트다. 최대한 멀리 캐스팅해 포인트를 공략하는 게 유리하다. 물색이 맑은 날에는 야간낚시에 집중하는 게 유리하다. 33-405 이상의 경질 서프대에 1.5호 합사 원줄로 원투한 뒤 서프 트롤링 낚시(끌낚시)로 120~150m권부터 끌어오면 감성돔 입질을 자주 받을 수 있다. 밑걸림이 있는 곳이라 구멍봉돌 외바늘 채비를 사용하는 게 유리하다. 야간에는 40cm급 이상의 대형어가 자주 출몰하므로 채비를 더 튼튼하게 써야 한다.

주 소 ▶ 강원도 삼척시 근덕면 덕산해안로 124
주어종 ▶ 감성돔, 문치가자미
부어종 ▶ 황어, 복어

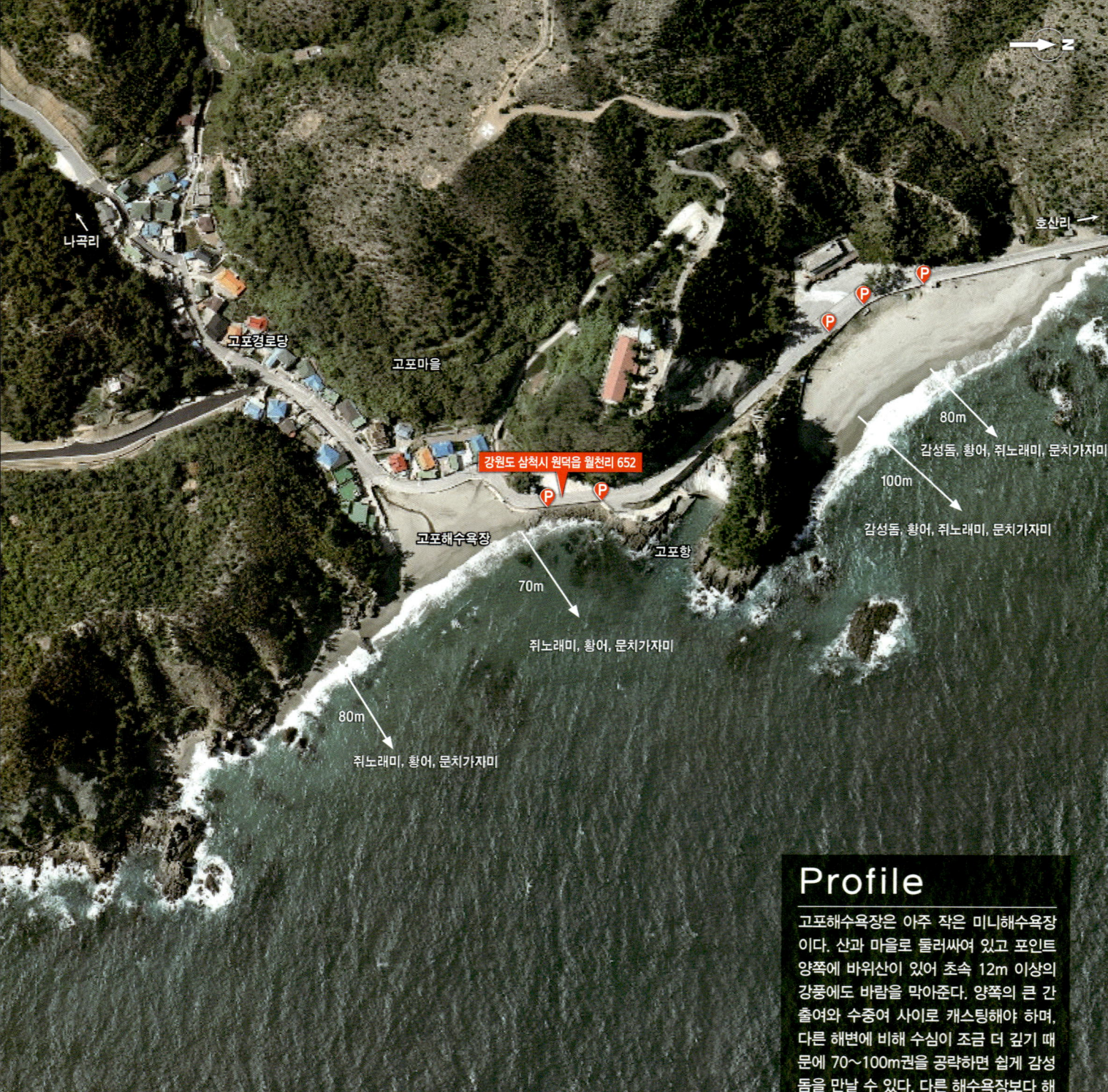

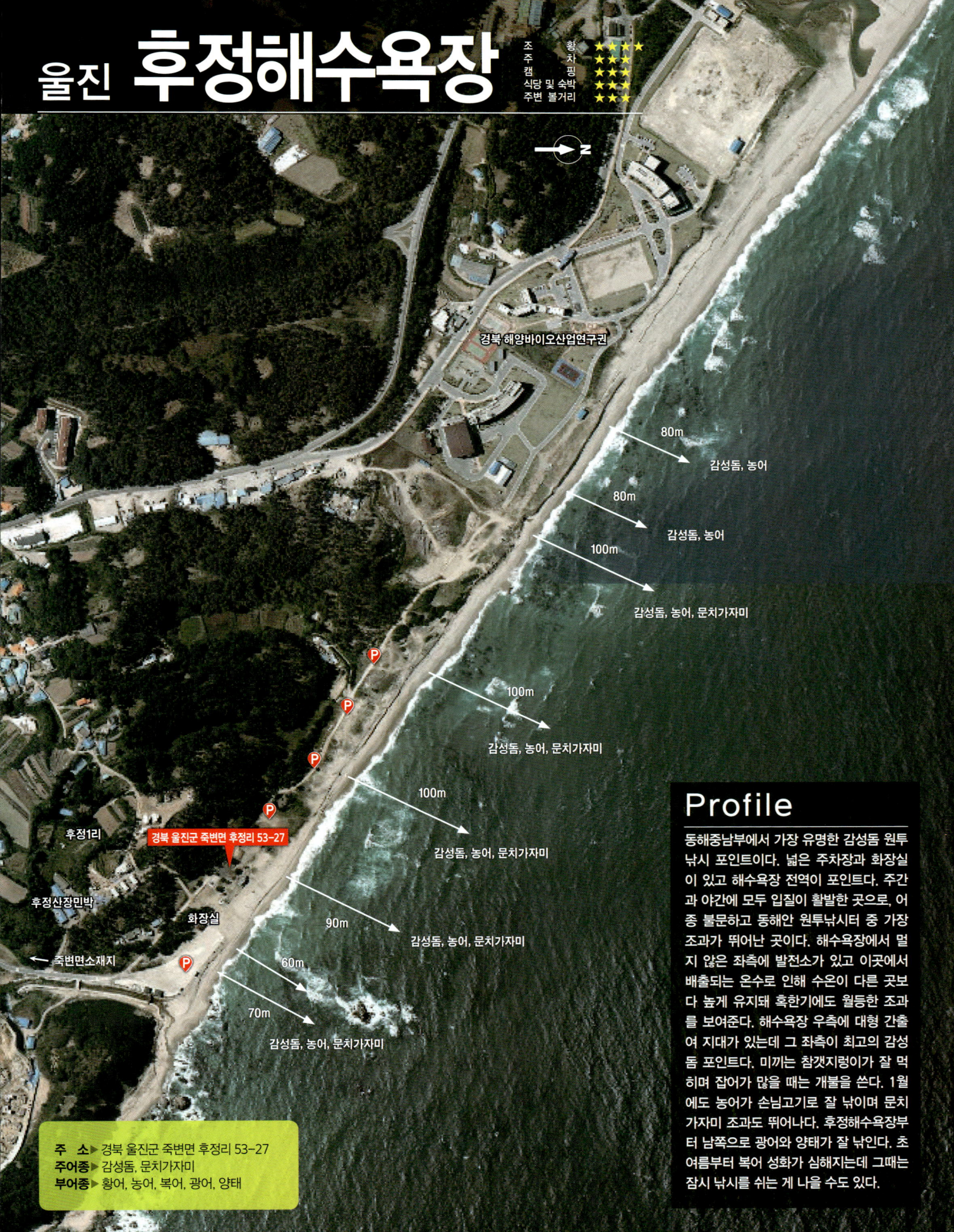

울진 오산2리 해변

조황 ★★★★
주차 ★★★
캠핑 ★★★
식당 및 숙박 ★★★
주변 볼거리 ★★

진복리
국립수산과학원 동해연구센터

70m
감성돔, 문치가자미, 농어, 광어, 양태

80m

60m

60m
감성돔, 문치가자미, 농어, 광어, 양태

경북 울진군 매화면 망양정로 175-2

오산2리 마을회관

오산항

Profile

산포3리 해변과 어종과 낚시여건이 비슷하나 수심이 약간 더 깊다. 연안 가까이에 밀집한 수중여와 간출여 부근을 노려 찌 낚시가 성행하는 곳이며, 원투 포인트는 여밭이 끝나는 지점 위쪽이다. 파도가 강한 날에는 낮에도 근거리 포인트에서 감성돔이 마릿수로 낚이며 야간에는 40~50cm의 대형 감성돔이 출몰한다. 거친 수중여와 굵은 감성돔 씨알에 대비해 원줄과 목줄을 평소보다 굵게 사용하는 것이 안전하다. 산포3리 해변과 마찬가지로 농어가 손님고기로 낚이며 여름이 되면 광어, 양태, 쥐노래미의 출현 빈도도 높다. 편의시설이 거의 없어 낚시에 필요한 모든 물품과 장비를 준비해서 진입하여야 한다.

주　소 ▶ 경북 울진군 매화면 망양정로 175-2
주어종 ▶ 감성돔, 문치가자미
부어종 ▶ 농어, 광어, 양태, 쥐노래미

울진 거일리 해변

조주	★★★★
황차	★★★
캠핑	★★★
식당 및 숙박	★★★
주변 볼거리	★★

↑ 직산리

울진대게로

거일 평화감리교회

한우리회관
경북 울진군 평해읍 기알길 55

70m → 감성돔, 문치가자미, 농어, 황어, 양태, 쥐노래미
50m →
70m → 감성돔, 문치가자미, 농어, 황어, 양태, 쥐노래미
60m →
80m → 감성돔, 문치가자미, 농어, 황어, 양태, 쥐노래미
70m →

일출민박

거일1리

울진바다목장해상공원

↙ 후포항

주　소 ▶ 경북 울진군 평해읍 기알길 55
주어종 ▶ 감성돔, 문치가자미
부어종 ▶ 농어, 황어, 양태, 쥐노래미

Profile

수중여가 발달되어 있고 준수한 씨알의 감성돔이 자주 낚이기로 유명한 곳이다. 수심은 얕은 편이나 수중여가 많아서 감성돔이 연안 가까이 붙을 때가 많다. 야간 낚시에는 50cm급 감성돔이 자주 낚이는 포인트이다. 간출여나 수중여를 넘겨 캐스팅해야 하는 경우가 많고 대상어의 사이즈를 고려해 낚싯줄을 강하게 써야 한다. 고기를 끌어낼 때 좌우로 이동하며 여 사이로 잘 끌어내야 한다. 파도로 물색이 탁해졌을 경우는 50m 근거리 수중여 근처에서도 입질을 받을 수 있다. 물색이 맑고 파도가 없을 때는 최대한 멀리 캐스팅해야 한다.

울진 후포 금음리 청솔횟집 앞

조 주	황 차 ★★★★
캠 핑	★★★
식당 및 숙박	★★
주변 볼거리	★★★

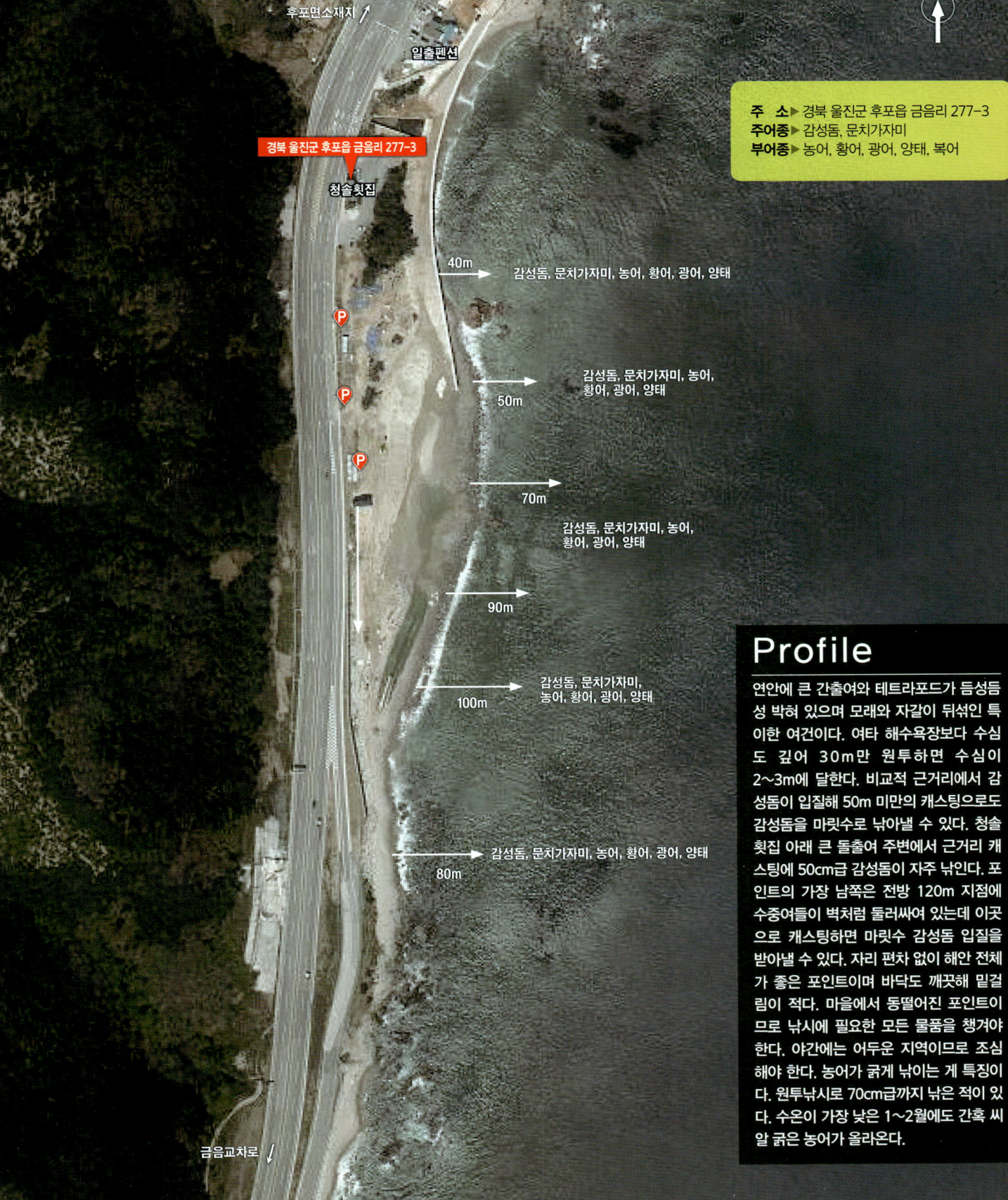

주 소 ▶ 경북 울진군 후포읍 금음리 277-3
주어종 ▶ 감성돔, 문치가자미
부어종 ▶ 농어, 황어, 광어, 양태, 복어

Profile

연안에 큰 간출여와 테트라포드가 듬성듬성 박혀 있으며 모래와 자갈이 뒤섞인 특이한 여건이다. 여타 해수욕장보다 수심도 깊어 30m만 원투하면 수심이 2~3m에 달한다. 비교적 근거리에서 감성돔이 입질해 50m 미만의 캐스팅으로도 감성돔을 마릿수로 낚아낼 수 있다. 청솔횟집 아래 큰 돌출여 주변에서 근거리 캐스팅에 50cm급 감성돔이 자주 낚인다. 포인트의 가장 남쪽은 전방 120m 지점에 수중여들이 벽처럼 둘러싸여 있는데 이곳으로 캐스팅하면 마릿수 감성돔 입질을 받아낼 수 있다. 자리 편차 없이 해안 전체가 좋은 포인트이며 바닥도 깨끗해 밑걸림이 적다. 마을에서 동떨어진 포인트이므로 낚시에 필요한 모든 물품을 챙겨야 한다. 야간에는 어두운 지역이므로 조심해야 한다. 농어가 굵게 낚이는 게 특징이다. 원투낚시로 70cm급까지 낚은 적이 있다. 수온이 가장 낮은 1~2월에도 간혹 씨알 굵은 농어가 올라온다.

인천 영흥도 진두방파제

Chapter 6 원투낚시터 서해

Profile

서울에서 가까운 손맛터. 영흥도와 선재도 사이의 물골이라 조류가 빠르고 고기들의 회유가 활발한 곳이다. 조류가 빠른 곳이라 사리물때는 피하는 게 좋고 조류가 약해지는 간조나 만조 전후를 노린다. 낮에는 배가 많이 다녀서 낚시하기 불편하고 밤 정조 시간대를 노려 붕장어나 우럭을 낚는다. 만조 때는 선착장 끝에서 100m가량 던져도 밑걸림이 없지만 간조 때는 밑걸림이 아주 심하다. 조류가 빨라지면 60m 이내로 근투해야 봉돌이 조류에 떠밀리지 않는다. 입질은 초들물에 활발하며 남쪽으로 흐르는 초썰물에는 채비가 다리 교각까지 밀려 걸릴 수 있으므로 60~80m만 던져야 한다. 캐스팅에 자신이 있다면 선착장 좌측 해안도로에서 100m 이상 던지면 좋은 조과를 얻을 수 있다. 이곳은 바닥이 뻘인데 박하지와 낙지도 곧잘 걸려 나온다.

전용익 한결산업, TTRPD 대표

주 소 ▶ 인천 옹진군 영흥면 영흥북로 37
주어종 ▶ 우럭, 붕장어, 까치상어(개상어), 망둥어
부어종 ▶ 쥐노래미, 문치가자미, 낙지, 박하지
길 이 ▶ 약 70m

당진 석문방조제 매점 앞

조황 ★★★
주차 ★★★
캠핑 ★★★
식당 및 숙박 ★★★
주변 볼거리 ★★★

↑ 장고항

N

석축 앞 브레이크 라인에서는
광어, 양태 잘 낚임

우럭, 쥐노래미
붕장어, 망둥어, 문치가자미

90m
80m
100m
42m

충남 당진시 석문면 삼화리 1392

매점·간이낚시점

수중여

썰물

들물

↙ 성구미 포구

Profile

방조제가 넓어 낚시자리에 여유가 있다. 만조 때는 물속에 석축이 약 40m 폭으로 잠기므로 최소 80m는 원투해야 밑걸림이 발생하지 않는다. 밤낚시는 주변에 불빛이 없어 위험하고 특히 여름밤에는 모기가 많다. 간조 때는 젖은 돌에 미끄러짐 주의. 간조 전후 끝썰물~초들물에 석축 끝부분 브레이크 라인에서 광어, 양태, 쥐노래미, 우럭의 입질이 활발하다.

주　소 ▶ 충남 당진시 석문면 삼화리 1392
주어종 ▶ 우럭, 붕장어, 쥐노래미, 망둥어
부어종 ▶ 양태, 광어, 감성돔, 문치가자미

태안 구름포 갯바위

조황 ★★★
주차 ★★★
캠핑 ★★★★
식당 및 숙박 ★★★
주변 볼거리 ★★★

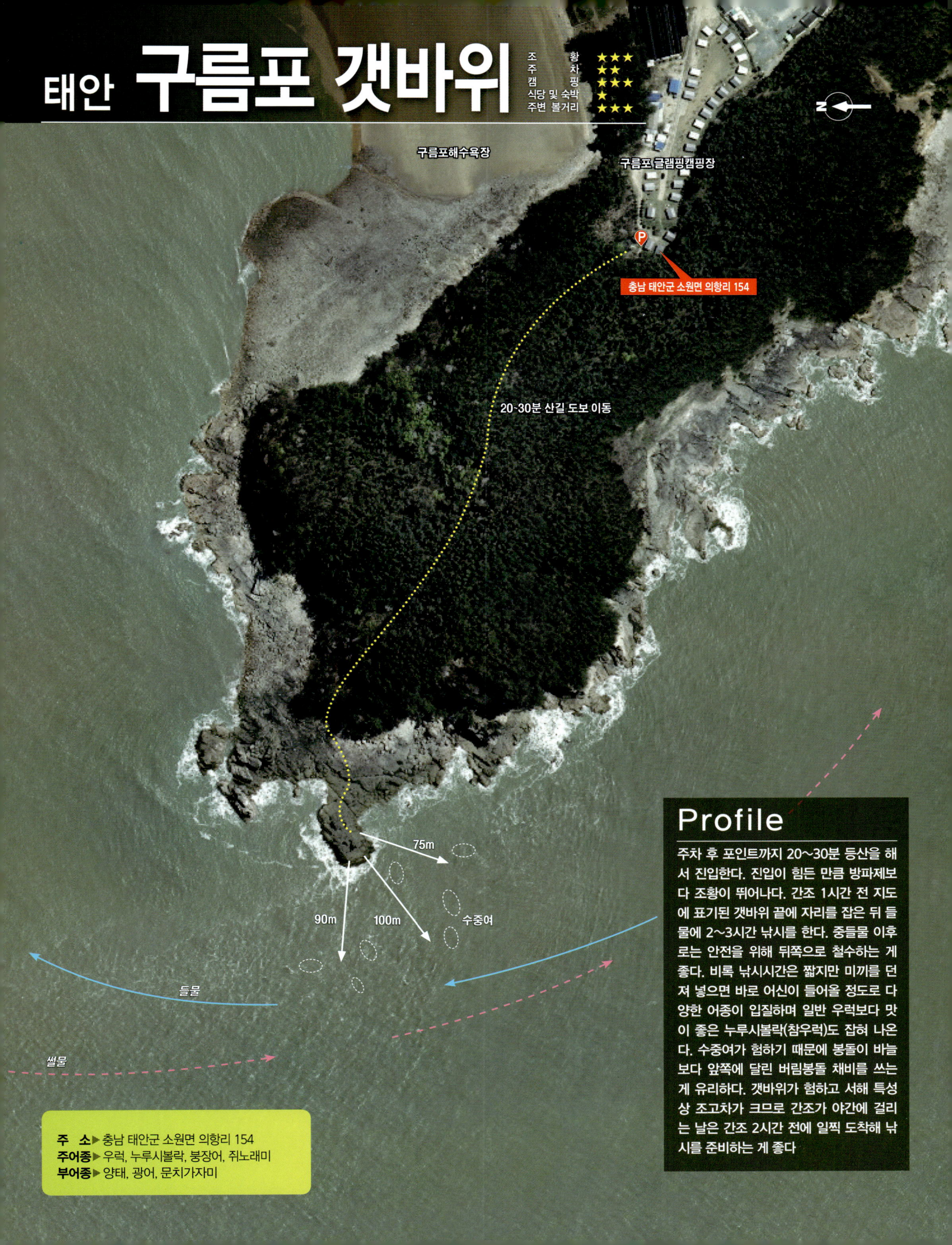

구름포해수욕장
구름포 글램핑캠핑장

충남 태안군 소원면 의항리 154

20~30분 산길 도보 이동

75m
90m 100m 수중여

들물
썰물

Profile

주차 후 포인트까지 20~30분 등산을 해서 진입한다. 진입이 힘든 만큼 방파제보다 조황이 뛰어나다. 간조 1시간 전 지도에 표기된 갯바위 끝에 자리를 잡은 뒤 들물에 2~3시간 낚시를 한다. 중들물 이후로는 안전을 위해 뒤쪽으로 철수하는 게 좋다. 비록 낚시시간은 짧지만 미끼를 던져 넣으면 바로 어신이 들어올 정도로 다양한 어종이 입질하며 일반 우럭보다 맛이 좋은 누루시볼락(참우럭)도 잡혀 나온다. 수중여가 험하기 때문에 봉돌이 바늘보다 앞쪽에 달린 버림봉돌 채비를 쓰는 게 유리하다. 갯바위가 험하고 서해 특성상 조고차가 크므로 간조가 야간에 걸리는 날은 간조 2시간 전에 일찍 도착해 낚시 준비를 하는 게 좋다

주 소 ▶ 충남 태안군 소원면 의항리 154
주어종 ▶ 우럭, 누루시볼락, 붕장어, 쥐노래미
부어종 ▶ 양태, 광어, 문치가자미

서천 마량포구 흰등대 방파제

조황 ★★★★
주차 캠핑 ★★★★
식당 및 숙박 ★★★
주변 볼거리 ★★★★

주 소 ▶ 충남 서천군 서면 마량리 339-8
주어종 ▶ 수조기, 백조기, 붕장어, 감성돔, 개소갱
부어종 ▶ 주꾸미, 갑오징어
길 이 ▶ 약 530m

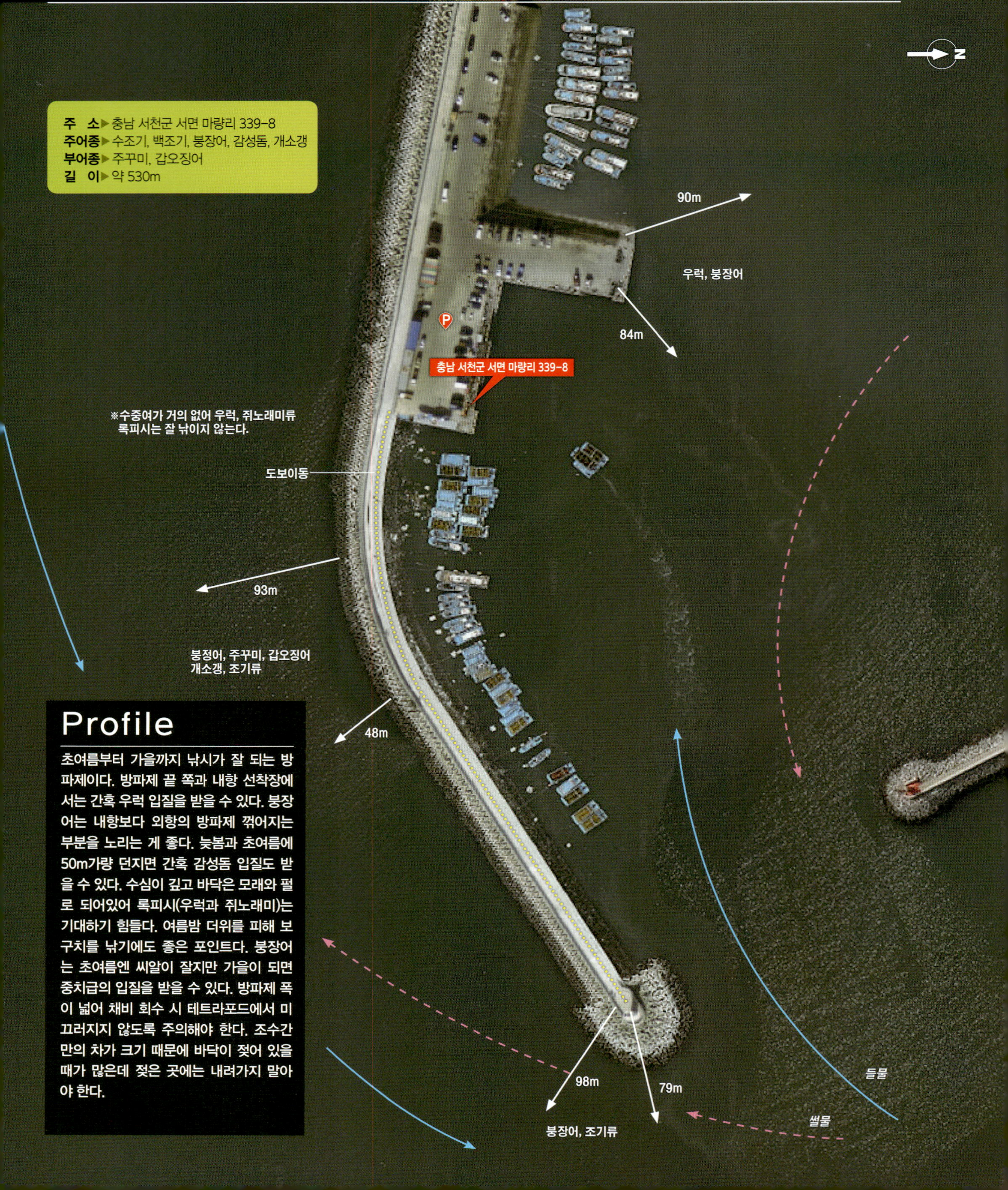

90m
우럭, 붕장어
84m

충남 서천군 서면 마량리 339-8

※수중여가 거의 없어 우럭, 쥐노래미류 록피시는 잘 낚이지 않는다.

도보이동

93m

붕장어, 주꾸미, 갑오징어
개소갱, 조기류

48m

98m 79m
붕장어, 조기류

들물
썰물

Profile

초여름부터 가을까지 낚시가 잘 되는 방파제이다. 방파제 끝 쪽과 내항 선착장에서는 간혹 우럭 입질을 받을 수 있다. 붕장어는 내항보다 외항의 방파제 꺾어지는 부분을 노리는 게 좋다. 늦봄과 초여름에 50m가량 던지면 간혹 감성돔 입질도 받을 수 있다. 수심이 깊고 바닥은 모래와 펄로 되어있어 록피시(우럭과 쥐노래미)는 기대하기 힘들다. 여름밤 더위를 피해 보구치를 낚기에도 좋은 포인트다. 붕장어는 초여름엔 씨알이 잘지만 가을이 되면 중치급의 입질을 받을 수 있다. 방파제 폭이 넓어 채비 회수 시 테트라포드에서 미끄러지지 않도록 주의해야 한다. 조수간만의 차가 크기 때문에 바닥이 젖어 있을 때가 많은데 젖은 곳에는 내려가지 말아야 한다.

군산 야미도 구선착장

조황	★★★
주차 캠핑	★★★
식당 및 숙박	★★★
주변 볼거리	★★★

썰물
들물
수중여
보리멸, 문치가자미, 보구치
89m
95m
전북 군산시 옥도면 야미도리 151
야미도항
도보이동
감성돔
108m
감성돔
107m
수중여

Profile

여름이면 산란을 앞둔 보리멸이 몰려들고, 가을이면 갯바위 원투낚시에 쥐노래미와 감성돔이 올라오는 곳이다. 새만금 방조제와 연결되기 전에는 섬이었던 곳이라 조류소통이 좋다. 야간에는 건너편 섬과 사이 물골에서 붕장어가 잘 낚인다. 선착장 안쪽 갯바위에서 원투를 하면 중치급 우럭을 낚을 수 있다. 여름에 갯지렁이 미끼에 작은 바늘을 사용하면 손바닥보다 큰 새끼 참돔이 잘 낚이며 인근 갯바위로 도선해주는 낚싯배를 이용해 갯바위에 내리면 50cm 이상의 굵은 참돔도 기대해볼 수 있다. 조류가 빠르기 때문에 7~8물에는 낚시를 피해야 한다. 특히 만조 때는 선착장 진입도로가 물에 잠겨 고립될 수 있으므로 물때를 잘 파악하고 진입할 필요가 있다.

주 소 ▶ 전북 군산시 옥도면 야미도리 151
주어종 ▶ 보리멸, 쥐노래미, 문치가자미, 감성돔
부어종 ▶ 붕장어, 우럭, 백조기

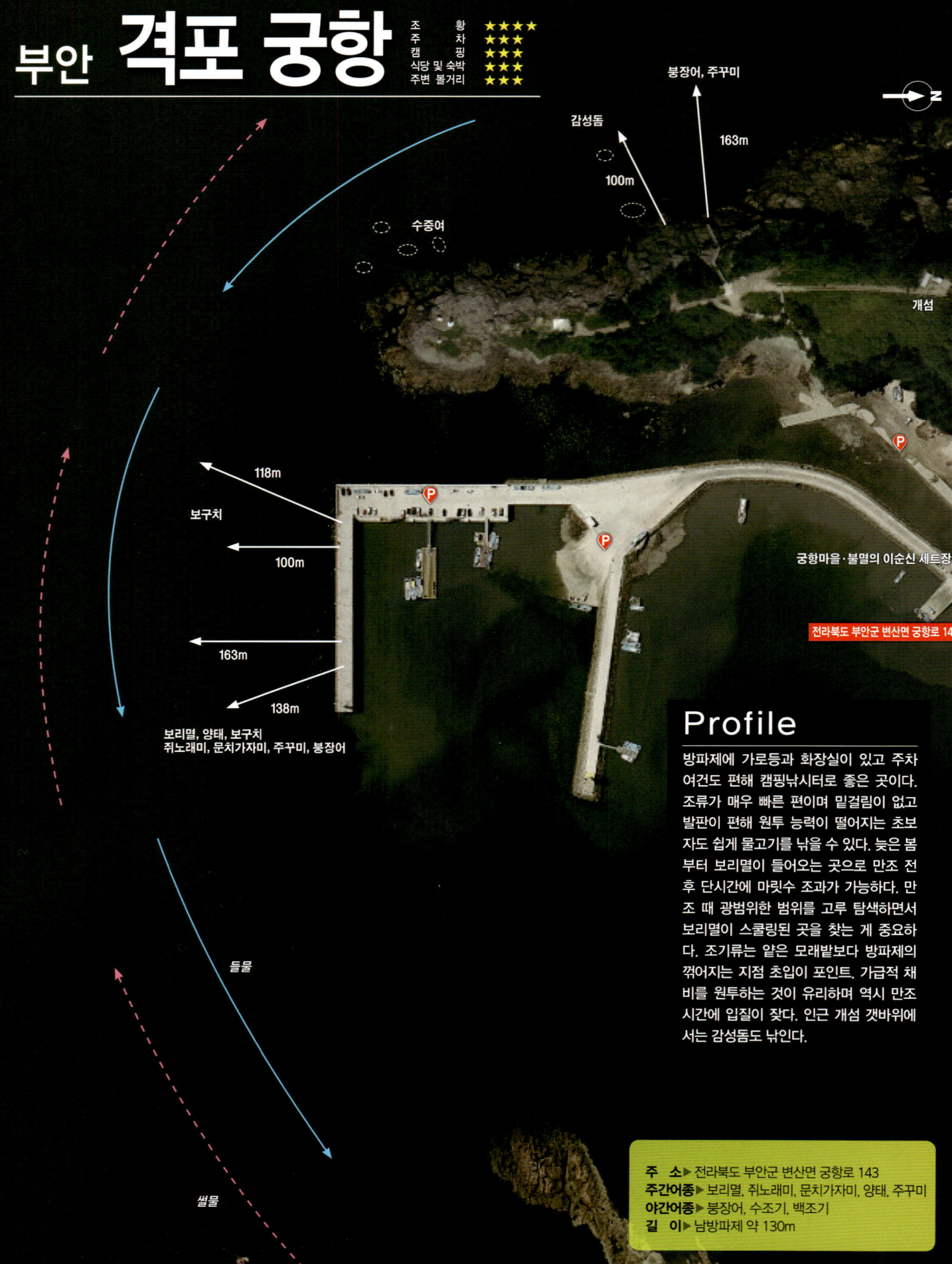

무안 성내리 김대중대교 서쪽

조주 ★★★
황차 ★★★★
캠핑 ★★★★
식당 및 숙박 ★
주변 볼거리 ★★

↑ 성내리마을
↑ 김대중대교

비포장길

넓은 공터

전남 무안군 운남면 성내리 334-5

97m
83m
63m
52m

감성돔, 붕장어
감성돔

썰물
들물

Profile

무안군 운남면과 압해도를 연결하는 김대중대교 밑에 있어 조류가 빠른 곳이다. 바닥이 뻘과 모래로 되어있어 밑걸림은 적다. 들물보다는 날물에 마릿수가 좋으며 포인트가 직벽 형태로 되어있어 고기를 끌어내기에도 편하다. 바다를 보고 우측으로 50m 거리에서 감성돔이 잘 낚이며, 좌측 끝에서는 100m 가까이 장타를 치면 감성돔 입질이 활발하다. 특히 좌측 끝의 경우는 날물 때 유속에 따라 조경지역이 형성되는 거리가 다르므로 육안으로 잘 확인한 뒤 그곳을 집중적으로 노려야 한다. 감성돔철이 되면 낚시인이 많이 몰리므로 100m 이상 너무 멀리 던지면 옆 사람의 채비와 엉켜 낚시가 힘들다.

주 소 ▶ 전남 무안군 운남면 성내리 334-5
주어종 ▶ 감성돔, 붕장어
길 이 ▶ 약 56m

무안 구로리 방파제

조황	★★★★
주차	★★★
캠핑	★★★
식당 및 숙박	★★
주변 볼거리	★★

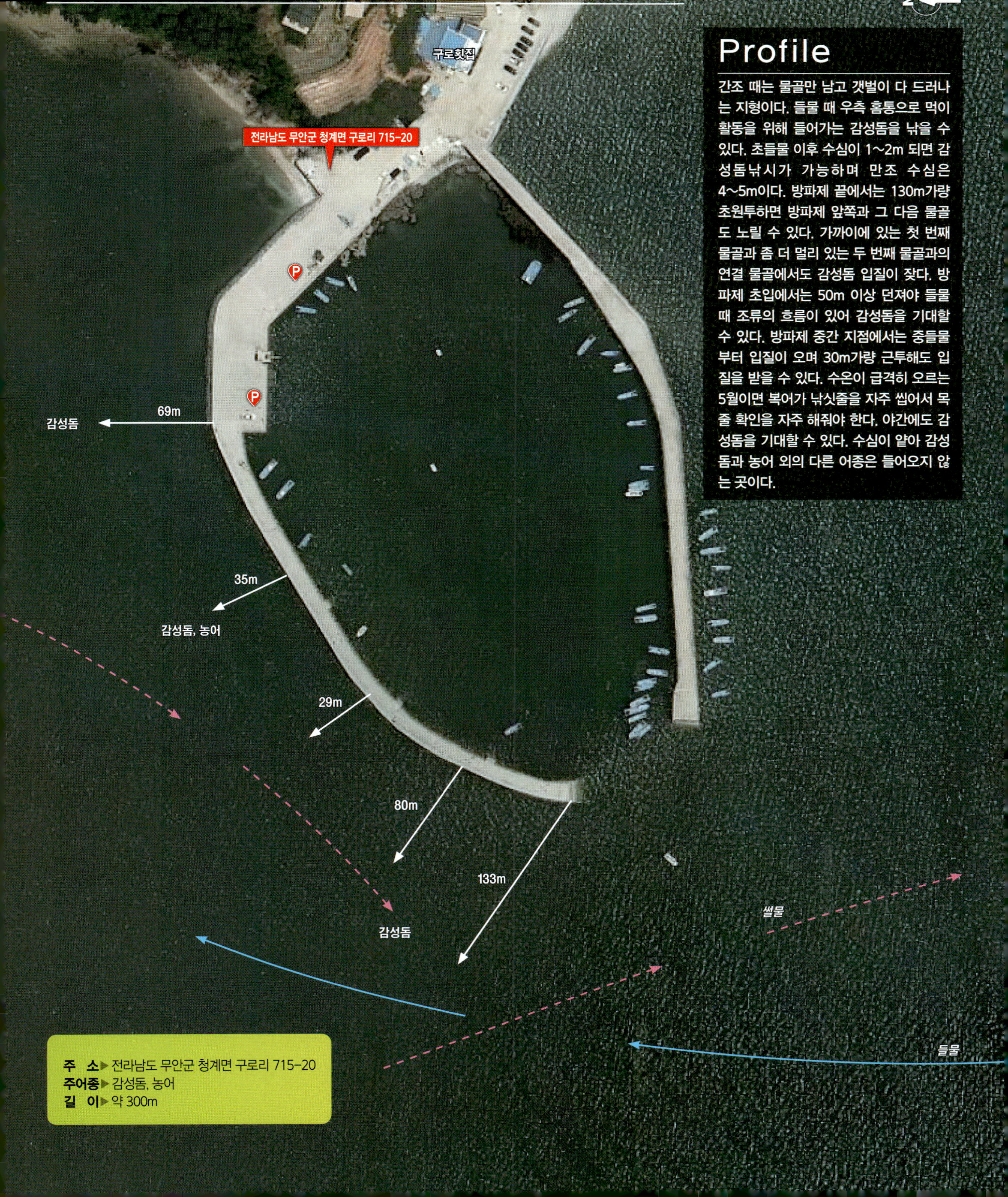

전라남도 무안군 청계면 구로리 715-20

Profile

간조 때는 물골만 남고 갯벌이 다 드러나는 지형이다. 들물 때 우측 홈통으로 먹이 활동을 위해 들어가는 감성돔을 낚을 수 있다. 초들물 이후 수심이 1~2m 되면 감성돔낚시가 가능하며 만조 수심은 4~5m이다. 방파제 끝에서는 130m가량 초원투하면 방파제 앞쪽과 그 다음 물골도 노릴 수 있다. 가까이에 있는 첫 번째 물골과 좀 더 멀리 있는 두 번째 물골과의 연결 물골에서도 감성돔 입질이 잦다. 방파제 초입에서는 50m 이상 던져야 들물 때 조류의 흐름이 있어 감성돔을 기대할 수 있다. 방파제 중간 지점에서는 중들물부터 입질이 오며 30m가량 근투해도 입질을 받을 수 있다. 수온이 급격히 오르는 5월이면 복어가 낚싯줄을 자주 씹어서 목줄 확인을 자주 해줘야 한다. 야간에도 감성돔을 기대할 수 있다. 수심이 얕아 감성돔과 농어 외의 다른 어종은 들어오지 않는 곳이다.

구로횟집

감성돔 ← 69m

감성돔, 농어 ← 35m

29m

80m

133m

감성돔

썰물

들물

주 소 ▶ 전라남도 무안군 청계면 구로리 715-20
주어종 ▶ 감성돔, 농어
길 이 ▶ 약 300m

Chapter 6 원투낚시터 남해

진도 보전리 물양장

조주	★★★
황차	★★★★
캠핑	★★★★
식당 및 숙박	★★
주변 볼거리	★★

보전방조제

보전리 물양장 원투낚시 포인트

보전리 방파제

금노항

Profile

돌출된 지역이라 조류소통이 좋고 어종이 다양한 곳이다. 봄에는 감성돔, 여름에는 조기류, 가을에는 군평선이(딱돔)가 주로 잡힌다. 낚시인이 많이 찾는 편인데, 물양장에 사람이 많을 경우 우측의 해안도로도 좋다. 해안도로는 차량통행이 거의 없는 곳이지만 안전에 유의하며 낚시해야 한다. 조류가 너무 빠른 7~8물은 피하는 것이 좋다. 들물, 썰물 모두 입질이 들어와 심심할 새가 없다. 정조 시에는 최대한 원투하고, 조류가 강한 중들물, 중썰물에는 다소 근투해야 채비 걸림을 피할 수 있다. 특별한 브레이크 라인은 없고 100m 넘어 원투해도 수중여가 산재한다. 가로등이 없어 밤이 되면 칠흑 같은 어둠이 찾아온다. 인근의 종교단체에서 가끔 해안도로를 따라 이동하며 노래를 불러서 깜짝 놀랄 수도 있다.

보전리 물양장 세밀도

들물
썰물
보전방조제
수중여 110m
감성돔, 군평선이, 우럭, 붕장어 100m
감성돔, 군평선이, 우럭, 붕장어
120m 100m
95m
전남 진도군 지산면 보전리 1150-5
보전리 방파제

주 소	전남 진도군 지산면 보전리 1150-5
주어종	감성돔, 군평선이, 우럭, 붕장어
부어종	민어, 수조기
길 이	30m, 폭 : 26m

박광호
시마노 필드스탭,
대물던질낚시카페 매니저

진도 용호항 방파제

조 주	★★★★
황 차	★★★★
캠 핑	★★★★
식당 및 숙박	★★★
주변 볼거리	★★★

Profile

조류소통이 좋고, 접근이 매우 편하며, 계절에 따라 잡히는 어종이 다양한 곳이다. 봄에는 도다리, 여름과 가을에는 보리멸과 조기류, 겨울에는 간재미와 도다리가 잡힌다. 낚시인으로 항상 붐벼 어민들과 마찰도 있으니 낚시 후 주변 정리는 필수. 밤에는 가로등이 켜져 캠핑낚시 하기에도 좋다. 주변에 다시마 양식장이 많아 간혹 떠내려 온 다시마 줄기가 원줄에 걸려 장비가 넘어갈 수 있으므로 주의해야 한다. 7~8물은 피하는 게 좋고 들물에 입질이 집중된다. 정조 시에는 최대한 원투하고, 조류가 강한 중들물, 중썰물에는 근투해야 옆 사람과 줄이 엉키지 않는다. 수중여가 많지 않고 모래와 펄로 형성된 바닥이라 감성돔과 록피시의 입질은 적다. 북측의 좌측 방파제는 조류소통이 좋지 못하고, 우측 방파제 초입과 꺾어지는 부분, 방파제 끝이 좋다. 더 남측의 100m 떨어져 있는 작은 방파제도 3~4명 낚시하기 좋다.

초사리, 초평항

빛나수산

금계리

바다이야기

선창가든

전남 진도군 고군면 금계리 7-12
화장실
정자

용호항

고군면사무소, 지막리

95m
95m
95m

도다리, 붕장어

95m

민어, 보리멸, 양태, 수조기, 도다리, 붕장어

90m
100m 100m
수조기, 민어

썰물
들물

주 소 ▶ 전남 진도군 고군면 금계리 7-12
주어종 ▶ 민어, 수조기, 문치가자미, 돌가자미, 간재미, 보리멸, 양태
부어종 ▶ 붕장어, 감성돔, 성대, 갯장어
길 이 ▶ 300m

해남 어란진항 방파제

조황	★★★
주차	★★★
캠핑	★★★★
식당 및 숙박	★★★
주변 볼거리	★★★

- 80m
- 수조기, 민어, 감성돔
- 들물
- 썰물
- 도다리
- 수중여
- 90~100m
- 붕장어
- 전남 해남군 송지면 어란리 1637-1
- 그린식당
- 어불도
- 수조기, 민어
- 90m
- 90m
- 큰방파제
- 감성돔, 붕장어, 도다리
- 90m
- 흰등대
- 빨간등대
- 작은방파제
- 전남 해남군 송지면 어란리 2099

주 소 ▶ 전남 해남군 송지면 어란리 1637-1(큰방파제)
주어종 ▶ 붕장어, 문치가자미, 감성돔, 민어, 수조기
부어종 ▶ 쥐노래미, 간재미, 농어 새끼
길 이 ▶ 200m

Profile

대형 방파제는 아니지만 어선과 낚싯배가 자주 왕래하는 해남의 주요 항구이다. 앞쪽의 어불도 때문에 방파제에서 조류는 들물, 썰물 같은 쪽으로 흐른다. 배들이 오갈 때는 중투나 근투, 배가 없는 밤에는 원투한다. 펄과 모래 바닥이며 갯바위 쪽 방파제에서 외항 방면으로만 수중여가 산재한다. 빨간등대보다는 흰등대 방파제가 야간에 가로등이 들어오며 낚시여건이 좋다. 갯바위 쪽 방파제는 가로등은 없지만 오가는 배들의 영향을 적게 받는다. 봄에 도다리, 여름밤 붕장어와 조기류가 잘 낚인다. 여름에 작은 감성돔도 낚이며 농어는 씨알이 매우 작다.

고흥 거금도 금진항 방파제

조황	★★★
주차	★★★
캠핑	★★★★
식당 및 숙박	★★★★
주변 볼거리	★★

Profile

한적하면서도 접근하기 쉬운 방파제다. 뻘과 모래 바닥에 수중여도 군데군데 있으며, 해초도 잘 자라있다. 이 근방은 갑오징어와 문어가 많이 잡히기 때문에 어선들이 통발을 많이 설치한다. 따라서 조류가 너무 빠를 때는 채비 손실이 많고 원투낚시가 어렵다. 물색이 흐린 날에는 낮에도 붕장어가 자주 낚여 감성돔낚시에 방해가 될 수 있다. 감성돔은 들물보다는 썰물에 우측 방향에서 입질이 많다. 늦은 봄 조기와 쏨뱅이가 잡히기 시작하면 감성돔 씨알은 잘아진다. 초여름이 되면 고흥 원도권에서 붉바리가 산란을 하러 들어오며 이곳을 포함해 소록대교 아래 등 고흥 내만의 수심이 깊은 곳에서 간간이 잡혀 올라온다. 이곳에서 원투낚시를 한다면 합사원줄이 유리하다.

- **주　소** ▶ 전남 고흥군 금산면 신촌리 350-6
- **주어종** ▶ 붕장어, 감성돔, 수조기, 백조기, 쏨뱅이
- **부어종** ▶ 붉바리, 군평선이, 쥐노래미
- **길　이** ▶ 큰방파제 120m, 작은방파제 70m

고흥 나로1대교 아래 선착장

조황	★★★
주차	★★★
캠핑	★★★★
식당 및 숙박	★
주변 볼거리	★★★

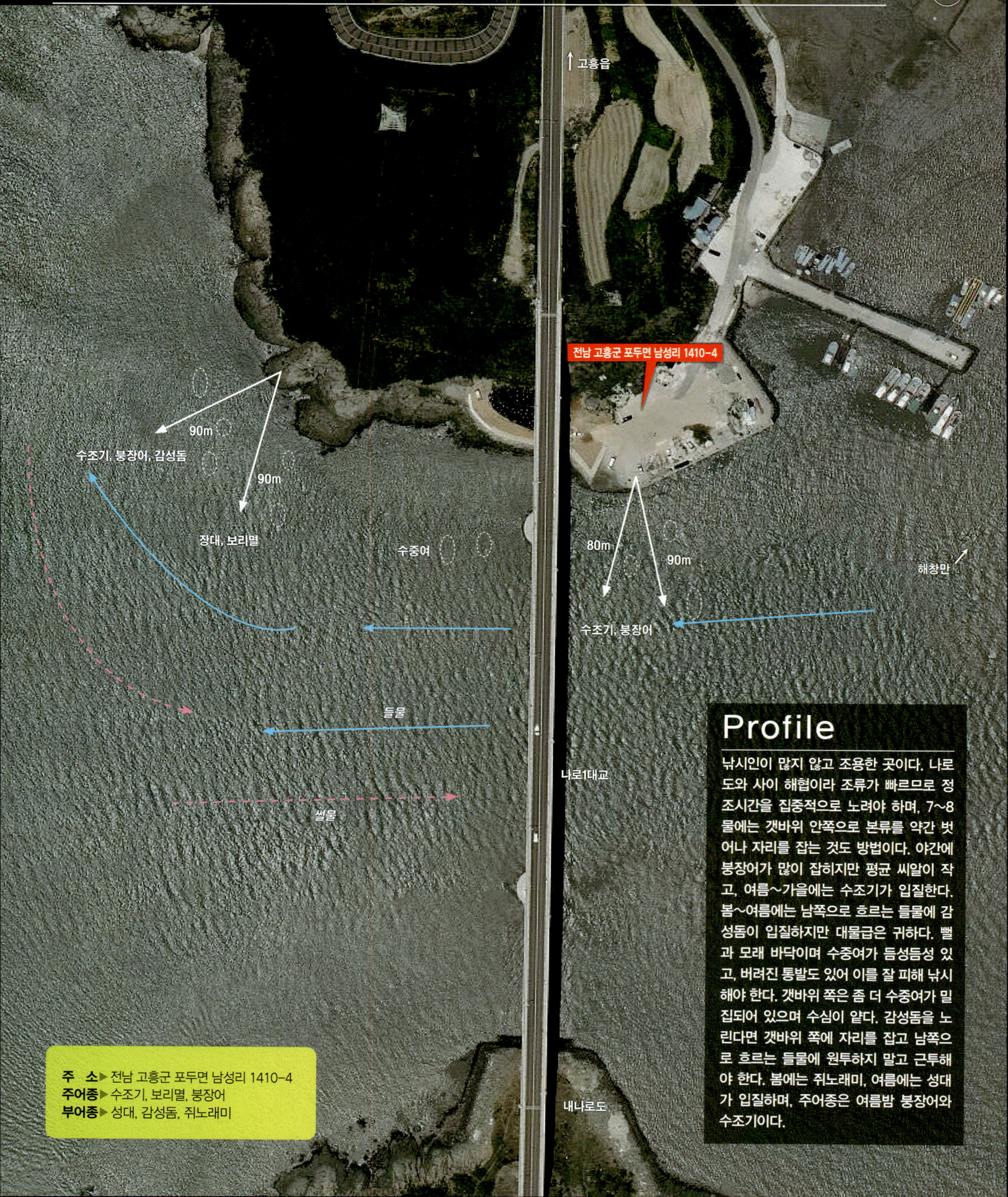

Profile

낚시인이 많지 않고 조용한 곳이다. 나로도와 사이 해협이라 조류가 빠르므로 정조시간을 집중적으로 노려야 하며, 7~8물에는 갯바위 안쪽으로 본류를 약간 벗어나 자리를 잡는 것도 방법이다. 야간에 붕장어가 많이 잡히지만 평균 씨알이 작고, 여름~가을에는 수조기가 입질한다. 봄~여름에는 남쪽으로 흐르는 들물에 감성돔이 입질하지만 대물급은 귀하다. 뻘과 모래 바닥이며 수중여가 듬성듬성 있고, 버려진 통발도 있어 이를 잘 피해 낚시해야 한다. 갯바위 쪽은 좀 더 수중여가 밀집되어 있으며 수심이 얕다. 감성돔을 노린다면 갯바위 쪽에 자리를 잡고 남쪽으로 흐르는 들물에 원투하지 말고 근투해야 한다. 봄에는 쥐노래미, 여름에는 성대가 입질하며, 주어종은 여름밤 붕장어와 수조기이다.

주 소 ▶ 전남 고흥군 포두면 남성리 1410-4
주어종 ▶ 수조기, 보리멸, 붕장어
부어종 ▶ 성대, 감성돔, 쥐노래미

사천 늑도 방파제

조황 ★★★★
주차 ★★★★
캠핑 ★★★★
식당 및 숙박 ★★★
주변 볼거리 ★★★★

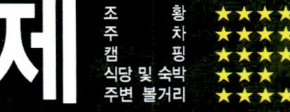

경남 사천시 늑도동 340-1

수중여

80m
100m
썰물
쥐노래미, 감성돔, 붕장어

늑도방파제

90m
쥐노래미, 감성돔, 붕장어
들물

90m
쥐노래미, 감성돔, 붕장어

썰물
들물

Profile

섬과 섬 사이 지역이라 조류가 빠르므로 7~8물에는 자리 선정에 유의해야 한다. 복어와 보리멸이 많아서 감성돔을 낚으려면 보리멸이 입질하기 힘든 큰 사이즈의 바늘에 개불 미끼를 쓰는 것이 효과적이다. 개불에는 중치급 이상의 쥐노래미도 낚인다. 지렁이 미끼엔 주간에는 보리멸과 복어의 입질을 피할 수 없으며, 야간에는 작은 붕장어들이 잘 낚인다. 야간에는 가로등이 켜져서 캠핑낚시를 하기 좋으며, 낚시인이 많이 찾는 곳이므로 조류가 빠른 시간대에는 조류의 방향과 세기를 보고 옆 사람과 투척방향을 맞춰가며 낚시해야 서로가 편하다. 방파제 좌측의 도로는 막다른길로 차량통행이 없는 곳이다. 갯바위와 가까워 수중여가 듬성듬성 분포하며 쥐노래미와 쏨뱅이는 이곳에서 더 잘 낚인다.

주 소 ▶ 경남 사천시 늑도동 340-1
주어종 ▶ 감성돔, 쥐노래미, 보리멸, 붕장어
부어종 ▶ 문치가자미, 성대, 쏨뱅이
길 이 ▶ 120m

통영 연명항 방파제

조황	★★★
주차	★★★★
캠핑	★★★
식당 및 숙박	★★★
주변 볼거리	★★★★

삼덕항
통영해물나라
달아항
경남 통영시 산양읍 연화리 254-3
연명항
90m
쥐노래미, 보리멸, 붕장어
90m
70m
들물
썰물
쥐노래미, 보리멸, 붕장어

Profile

쥐노래미와 도다리가 잘 낚이는 방파제다. 전체적으로 깊은 홈통지형이라서 감성돔이 많이 잡히지 않기 때문에 낚시인이 잘 찾지 않는다. 통영권은 아직 원투낚시를 즐기는 인구가 많지 않기 때문에 한적하게 낚시할 수 있다. 방파제가 꽤 넓고 차량 진입도 가능하며 등대 구조물이 그늘도 만들어 준다. 테트라포드는 작고 촘촘히 쌓여 있어 발판이 안전하다. 수심이 깊어서 붕장어가 많으며 씨알도 굵다. 바닥은 모래이며 수중여는 많지 않아 방파제 전 구간의 여건이 비슷하다. 되도록 외항 방면으로 자리를 잡고, 등대 정면 방향은 배가 자주 왕래하므로 근투하거나 야간에만 노려보자.

주 소 ▶ 경남 통영시 산양읍 연화리 254-3
주어종 ▶ 쥐노래미, 보리멸, 붕장어
부어종 ▶ 성대, 우럭, 감성돔, 간재미
길 이 ▶ 150m

통영 척포 해안도로

조황	★★★★
주차	★★★
캠핑	★★★
식당 및 숙박	★★
주변 볼거리	★★★

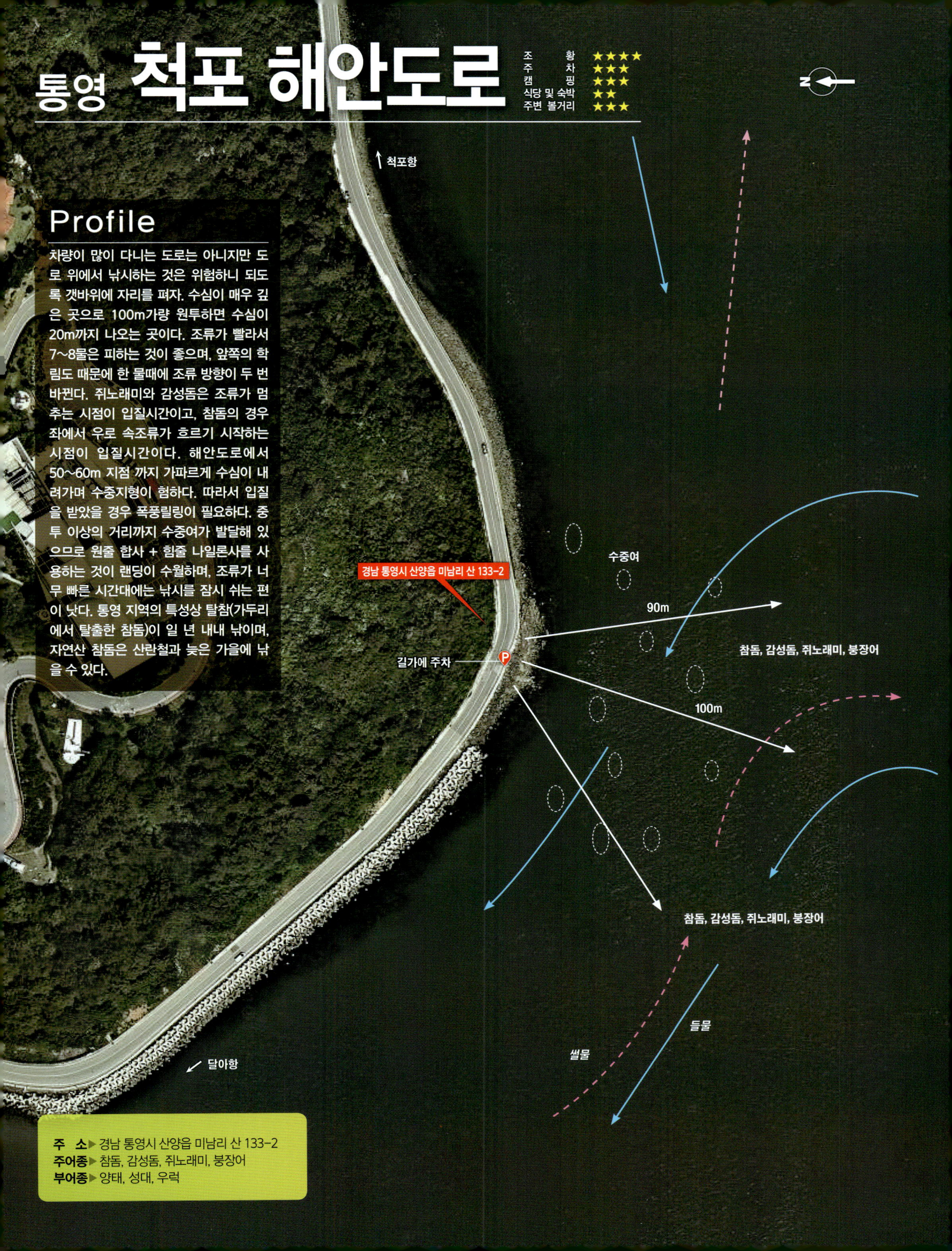

↑ 척포항

Profile

차량이 많이 다니는 도로는 아니지만 도로 위에서 낚시하는 것은 위험하니 되도록 갯바위에 자리를 펴자. 수심이 매우 깊은 곳으로 100m가량 원투하면 수심이 20m까지 나오는 곳이다. 조류가 빨라서 7~8물은 피하는 것이 좋으며, 앞쪽의 학림도 때문에 한 물때에 조류 방향이 두 번 바뀐다. 쥐노래미와 감성돔은 조류가 멈추는 시점이 입질시간이고, 참돔의 경우 좌에서 우로 속조류가 흐르기 시작하는 시점이 입질시간이다. 해안도로에서 50~60m 지점 까지 가파르게 수심이 내려가며 수중지형이 험하다. 따라서 입질을 받았을 경우 폭풍릴링이 필요하다. 중투 이상의 거리까지 수중여가 발달해 있으므로 원줄 합사 + 힘줄 나일론사를 사용하는 것이 랜딩이 수월하며, 조류가 너무 빠른 시간대에는 낚시를 잠시 쉬는 편이 낫다. 통영 지역의 특성상 탈참(가두리에서 탈출한 참돔)이 일 년 내내 낚이며, 자연산 참돔은 산란철과 늦은 가을에 낚을 수 있다.

경남 통영시 산양읍 미남리 산 133-2

길가에 주차 Ⓟ

수중여

90m

참돔, 감성돔, 쥐노래미, 붕장어

100m

참돔, 감성돔, 쥐노래미, 붕장어

썰물 들물

↙ 달아항

주　소 ▶ 경남 통영시 산양읍 미남리 산 133-2
주어종 ▶ 참돔, 감성돔, 쥐노래미, 붕장어
부어종 ▶ 양태, 성대, 우럭

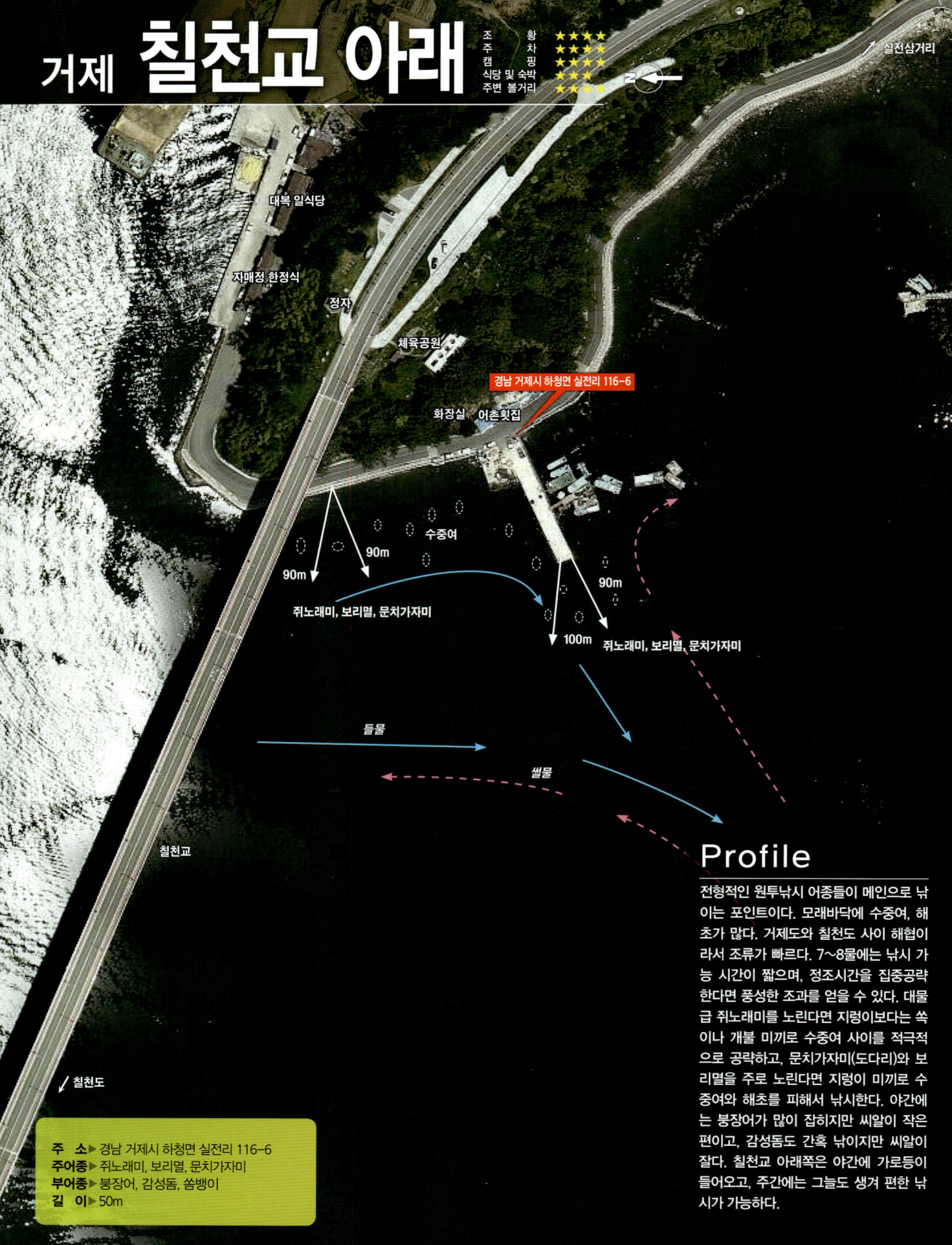

부산 감천항 동방파제

조황	★★★★
주차	★★★★
캠핑	★★★★
식당 및 숙박	★★★
주변 볼거리	★★★

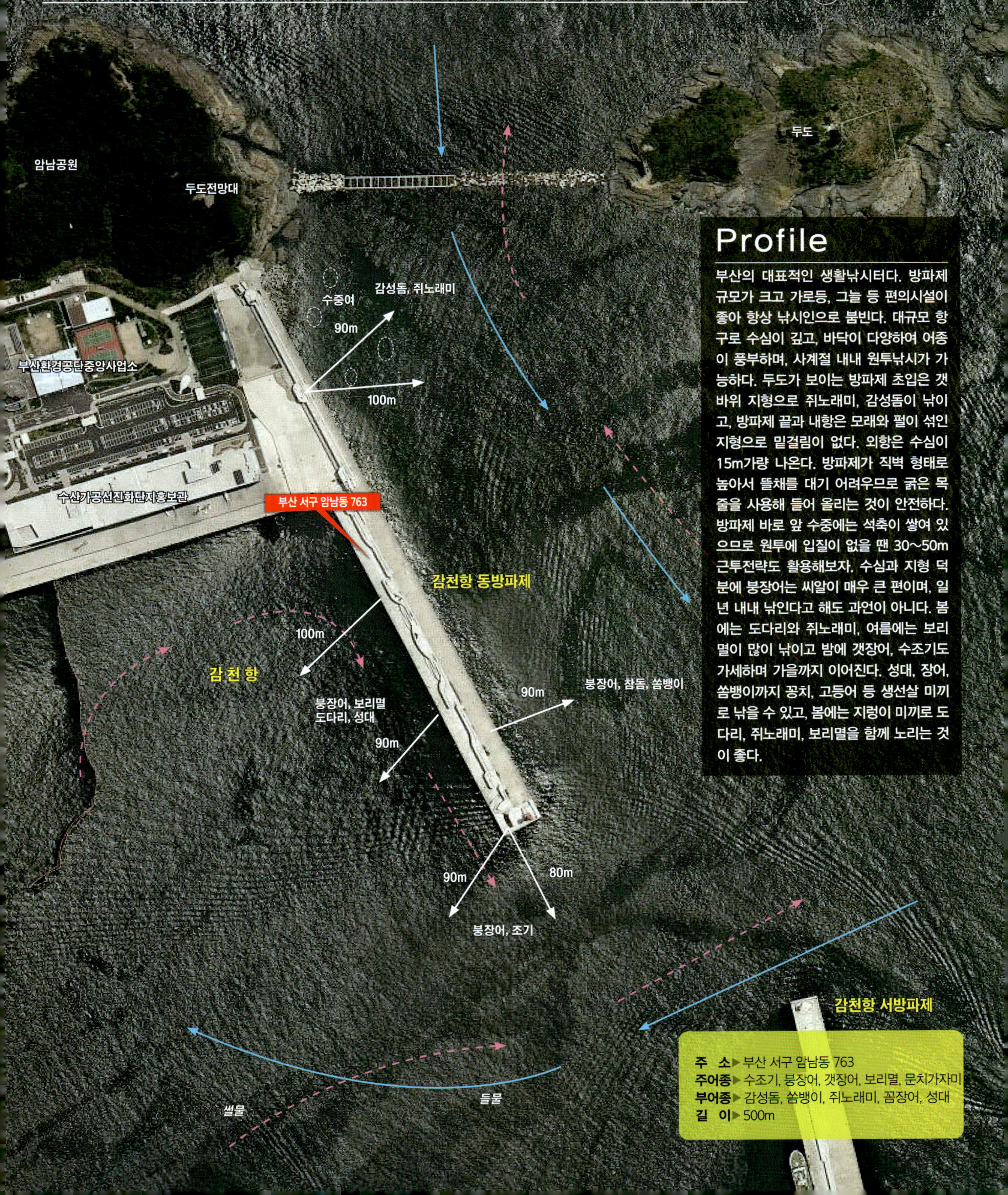

Profile

부산의 대표적인 생활낚시터다. 방파제 규모가 크고 가로등, 그늘 등 편의시설이 좋아 항상 낚시인으로 붐빈다. 대규모 항구로 수심이 깊고, 바닥이 다양하여 어종이 풍부하며, 사계절 내내 원투낚시가 가능하다. 두도가 보이는 방파제 초입은 갯바위 지형으로 쥐노래미, 감성돔이 낚이고, 방파제 끝과 내항은 모래와 펄이 섞인 지형으로 밑걸림이 없다. 외항은 수심이 15m가량 나온다. 방파제가 직벽 형태로 높아서 뜰채를 대기 어려우므로 굵은 목줄을 사용해 들어 올리는 것이 안전하다. 방파제 바로 앞 수중에는 석축이 쌓여 있으므로 원투에 입질이 없을 땐 30~50m 근투전략도 활용해보자. 수심과 지형 덕분에 붕장어는 씨알이 매우 큰 편이며, 일년 내내 낚인다고 해도 과언이 아니다. 봄에는 도다리와 쥐노래미, 여름에는 보리멸이 많이 낚이고 밤에 갯장어, 수조기도 가세하며 가을까지 이어진다. 성대, 장어, 쏨뱅이까지 꽁치, 고등어 등 생선살 미끼로 낚을 수 있고, 봄에는 지렁이 미끼로 도다리, 쥐노래미, 보리멸을 함께 노리는 것이 좋다.

주 소▶ 부산 서구 암남동 763
주어종▶ 수조기, 붕장어, 갯장어, 보리멸, 문치가자미
부어종▶ 감성돔, 쏨뱅이, 쥐노래미, 꼼장어, 성대
길 이▶ 500m

서해 보령 독산해수욕장에서 열린 유정피싱 주최 원투낚시대회 현장. 입추의 여지없이 운집한 인파에서 원투낚시의 인기를 실감할 수 있다.

Chapter 7
Cooking

감성돔 바지락 맑은탕
우럭 커틀릿
참돔 숙회(유비키)
도다리 쑥국
쏨뱅이 된장국
가자미 뼈회 된장무침
붕장어 대나무통찜
성대 고추장 양념꼬치
망둥어 양념 조림
쥐노래미 매운탕
광어 보양탕

Chapter 7 Cooking

감성돔 바지락 맑은탕

감성돔은 육질이 단단하여 회로 먹는 게 가장 맛있으며 구이, 찜, 튀김, 조림, 탕 어떤 요리를 해도 맛있다. 회를 먹고 난 뒤 대가리와 뼈로 끓여낸 국물은 특히 일품인데 매운탕보다 맑은탕이 더 시원하고 개운하다. 작은 감성돔은 통째로 넣고 끓인다.

1 감성돔 비늘을 긁고 내장을 뺀다. 비늘을 긁을 때는 수돗물을 틀어놓고 그 아래에서 긁으면 비늘이 옆으로 튀는 걸 막을 수 있다.
2 냄비에 무와 양파를 얇게 썰어 넣고 물을 부어 강한 불에 끓인다.
3 물이 끓기 시작하면 토막 낸 고기를 넣는다.
4~5 마늘과 소주 1잔을 붓고 다시 끓인다.
6 10~15분 후 고기가 익으면 두부와 고추, 조미료와 다시다, 소금을 적당량 넣고 약불로 5분 정도 더 끓인다. 이때 잡냄새 제거를 위해 냄비 뚜껑은 열어 놓고 조리한다.
7 어느 정도 시간이 지나면 파와 바지락을 넣는다. 바지락이 입을 벌리기 시작하면 쑥갓 등을 넣고 기호에 따라 식초를 조금 넣으면 완성.

감성돔 1마리, 무 1/4쪽, 양파 1/4쪽, 통마늘 5개, 두부 1/4쪽, 바지락 한 접시, 청양고추 1개, 파 1/2쪽, 소주 1잔, 소금 적당량, 식초 적당량

우럭 커틀릿

우럭은 광어와 함께 가장 흔히 볼 수 있는 생선이지만 우리가 시중에서 사먹는 우럭은 대부분 양식산이다. 양식 우럭은 사료를 먹고 자라기 때문에 기름기가 너무 많아서 낚시로 직접 낚아 올린 자연산 우럭의 상쾌한 맛을 따라갈 수 없다. 자연산 우럭은 어떤 요리를 해도 맛있는데, 간단하게 만들 수 있으면서도 맛있는 요리가 커틀릿이다. 싱싱한 선어를 쓰면 더 좋겠지만 냉동시켜둔 우럭으로 만들어도 좋다. 우럭으로 만든 커틀릿의 맛은 일반 생선까스와 동일하리라 상상하면 곤란하다. 부드러우면서도 고소하고 깔끔한 우럭 요리의 새로운 맛을 경험하게 될 것이다.

우럭, 양상추, 토마토, 햄버거빵, 빵가루, 계란, 후추, 소금, 치즈, 소스(머스터드 소스 혹은 토마토 케찹)

1 먼저 우럭의 포를 뜬 후
2 살과 껍질을 분리한다.
3 소금과 후추로 밑간을 하고 냉장실에 30분 정도 보관한다.
4 전분가루나 밀가루를 입힌 후 계란을 바르고
5 빵가루에 골고루 묻도록 꾹꾹 눌러준다.
6 튀김 팬에 넣고 겉이 노릇하게 익을 때까지 튀긴다. 생선살은 금방 익으므로 2~3분이면 충분하다. 적당한 크기로 잘라내면 완성.

참돔 숙회(유비키)

참돔은 여름에 잘 낚이지만 맛은 늦가을부터 봄까지 좋다. 참돔은 적당히 작은 것이 맛있고 60cm를 넘어서면 맛이 떨어진다. 참돔의 살은 약간 물러서 열을 가해야 단단해진다. 그래서 살짝 익힌 숙회로 먹어야 맛있다. 일본 말로는 '유비키'라 한다. 참돔의 껍질을 벗기지 않고 포를 뜬 다음, 포의 껍질 위에 뜨거운 물을 부어서 껍질만 살짝 익힌다. 그리고 곧바로 얼음물에 넣어 식히면 열을 받아 수축된 참돔 살의 힘줄이 더욱 단단하고 쫀득쫀득하다.

1 피를 뺀 참돔의 비늘을 벗긴다.
2~6 아가미에 칼집을 넣은 다음 등을 따라 꼬리까지 칼집을 내어 포를 뜬다.
7~8 석쇠에 포를 올린 다음, 팔팔 끓인 물을 껍질에 끼얹는다. 50cm 이하의 참돔은 뜨거운 물을 4~5초 정도 부어주고, 70cm가 넘는 참돔은 껍질이 두꺼우니 7~10초 정도 부어준다.
9 재빨리 얼음물에 담근다.   **10** 물기를 깨끗이 닦아낸다.   **11** 중간 뼈를 잘라 낸 다음 적당한 크기로 썰어낸다.

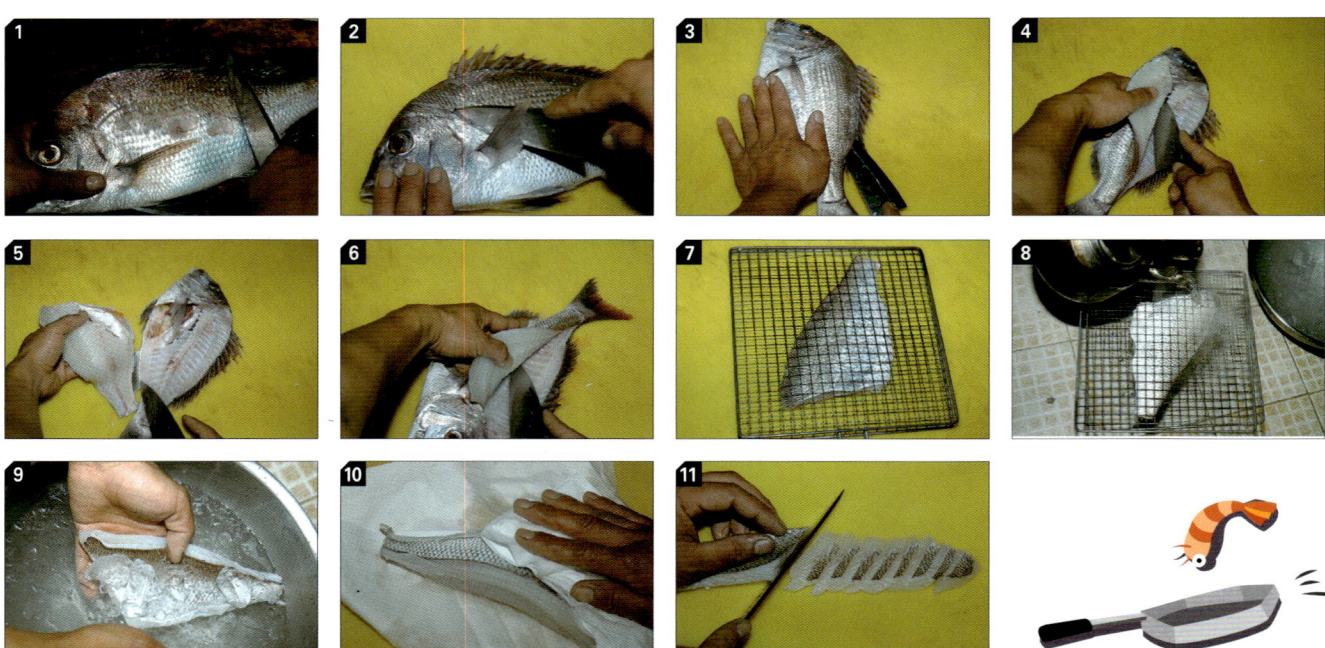

도다리 쑥국

도다리는 사철 맛있지만 '봄 도다리 가을 전어'란 말이 있듯 봄이 제철이다. 도다리로 미역국이나 쑥국을 끓이면 도다리의 담백한 살과 미역이나 쑥의 향이 어울려 아주 맛있고 영양도 만점이다. 일명 '쑥도다리'라고도 불리는 도다리 쑥국은 원래 통영 지방의 전통 음식이었는데 입소문을 타고 지금은 전국으로 퍼졌다.

1 도다리의 내장과 비늘을 깔끔히 제거한다.
2 쌀뜨물에 된장을 약간 풀어 비린내를 깔끔히 제거한다.
3~4 누런 국물이 우러나올 때까지 충분히 끓인 다음 도다리를 넣는다. 오래 끓여도 걸쭉해지는 않는다. 잘게 다진 마늘과 국간장이나 소금으로 간을 맞춘 다음 10분 정도 더 끓인다. 들깨 가루를 넣어주면 더 고소하다.
5 쑥은 많이 자란 것보다 어린 쑥이 향기가 더 좋다.
6 국물이 완전히 우러나온 후 불을 끄고 쑥을 넣는다. 그래야 쑥 향이 강하게 남는다.

도다리, 쌀뜨물, 쑥(어린쑥이 더 좋다), 된장, 소금, 들깨가루, 다진 마늘, 국간장

쏨뱅이 된장국

'죽어도 삼뱅이'란 말이 있다. 그만큼 삼뱅이(쏨뱅이의 사투리)가 맛있다는 말이다. 쏨뱅이목에 속하는 볼락류 중에서 어부들이 최고로 치는 고급 어종이다. 먼 바다에서 드물게 잡히는지라 시장에서 구하기 어렵고 간혹 보이는 건 돔과 비슷한 높은 가격에 거래되고 있다. 쏨뱅이는 회도 맛있지만 '매운탕의 황제'라고 불릴 만큼 국을 끓여 놓으면 정말 시원하다. 소개하는 쏨뱅이 된장국은 전남 여수의 어민들이 즐겨 먹던 요리다.

손질된 쏨뱅이 두 마리, 무 1/3, 다진 마늘 약간, 다시마 약간, 청양고추 2개, 쑥갓이나 파 약간, 빨간고추 1개

1 먼저 냄비에 물을 부은 다음 된장을 푼다.
2~3 무를 2~3cm 크기로 삐져서 넣고, 다시마를 2~3개 넣는다.
4 손질된 쏨뱅이를 넣고 한소끔 끓인다.
5 5분 정도 끓인 뒤 무가 익어갈 무렵 물 위에 뜬 거품을 떠낸 뒤 다진 마늘과 청양고추를 넣는다.
6 중불로 낮추고 3분 더 끓인 다음 기호에 맞춰 미나리나 쑥갓, 파를 넣으면 완성!

가자미 뼈회 된장무침

가자미를 가장 맛있게 먹는 방법은 역시 뼈째 썰어 먹는 뼈회와 회무침이다. 경남지역에서 즐겨 먹던 도다리나 가자미 회무침에는 초고추장 대신 된장이 들어가는데 가자미의 구수한 맛을 더 잘 느낄 수 있다. 만드는 법은 간단하다. 가자미 뼈회에 고추, 마늘, 깻잎 등을 넣고 된장에 버무리면 끝. 숟갈로 떠서 배추나 봄동, 깻잎에 싸먹으면 된다.

가자미로 만든 뼈회, 고추, 마늘, 깻잎, 배추, 된장, 고춧가루

1 가자미 뼈회를 잘게 다진다. 너무 난도질하면 살이 물러지므로 주의.
2~4 깻잎, 고추, 마늘을 잘게 다진다. 취향에 따라 각종 야채를 곁들여도 좋다.
5 된장을 넣는다. 된장만으로 부족하다면 고춧가루를 넣는다.
6 젓가락으로 비빈다. 참기름을 넣으면 고소한 맛을 더할 수 있다. 비빈 후엔 숟갈로 떠서 바로 먹거나 야채에 싸서 먹는다.

붕장어 대나무통찜

흔히 일본명 '아나고'로 불리는 붕장어는 원투낚시의 단골 어종이다. 붕장어는 고급 불포화지방산이 많고 비타민 A, 비타민 B, 비타민 E, 칼슘, 마그네슘 등이 많아 병후 회복, 허약체질 개선, 관절염, 폐렴 등에 보조식품으로 쓰였다. 장어 대나무통찜은 대나무통만 준비하면(인터넷에서 개당 2천원에 살 수 있다.) 누구나 쉽게 집에서 해먹을 수 있다. 가족이 함께 즐길 수 있는 여름 보양식으로 손색없다.

대나무통, 붕장어, 민들조개(혹은 대합), 전복, 인삼, 대파, 밤, 대추, 송이버섯(혹은 새송이버섯)

1 붕장어는 머리와 내장, 뼈를 깨끗이 제거하여 장만한다. 붕장어 껍질에 끈적한 진액이 있는데 이를 없애기 위해 칼로 문질러 흐르는 물에 씻어낸다.
2 대나무통에 준비한 장어살과 전복, 민들조개, 송이버섯, 밤, 대추, 대파를 넣는다.
3 대나무통 입구를 한지나 호일로 막은 다음 찜기에 대나무통을 올리고 강한 불로 약 30분 정도 쪄낸다.
4~5 대나무통 안에서 익은 재료들. 대나무통에서 쪄낸 재료를 꺼내 먹기 좋은 크기로 썰어준다.
6 대나무통 바닥에 생긴 육수는 따로 그릇에 담은 뒤 육수에 파를 얇게 썰어 넣고 소금간을 해서 마시면 몸에 좋다.
7 썰어서 담은 붕장어 대나무통찜. 간장 소스에 찍어 먹는다.

성대 고추장 양념꼬치

붉은 체색에 초록빛 지느러미가 아름다운 성대는 일반인에게는 생소하지만 최근 해수온 상승으로 개체수가 증가하여 우리바다에서 쉽게 낚을 수 있는 생선이 되었다. 흰살 생선으로 선도가 좋을 때 회로 먹으면 육질이나 맛이 광어 못지않고 소금구이나 찜, 맑은탕으로 먹어도 좋다. 성대는 체구에 비해 대가리가 큰데 요리를 할 때에는 대가리를 잘라낸다. 성대 고추장 양념꼬치는 성대의 육질을 살리면서 맵싸한 고추장 양념으로 입맛을 돋우는 요리다. 꼬치로 만들어 다양한 야채와 곁들이면 누구나 잘 먹는다.

성대, 새우, 피망, 청경채, 마늘, 은행, 고추장 양념(고추장+고춧가루+물엿+맛술+설탕)

1 성대는 머리와 내장을 제거하고 1~2일 말린 것을 사용한다.
2 잘 말린 성대를 기름을 넉넉히 두른 프라이팬에 초벌구이를 한다.
3 모양이 흐트러지지 않도록 꼬치에 끼운다. 4 잘 달궈진 기름에 야채꼬치와 함께 살짝 튀긴다.
5 고추장 양념을 넉넉하게 발라준다. 6 석쇠에 성대와 야채꼬치를 함께 올려 다시 한 번 고추장 양념을 바른다.
7 완전히 익을 때까지 오븐이나 가스불을 이용해 굽는다.

망둥어 양념 조림

망둥어는 물기가 많아서 회로 먹는 것보다 말려서 구이, 찜, 조림 등으로 요리하면 아주 맛있는 생선이다. 남해안에서는 문절망둑, 서해안에서는 풀망둑이 낚이는데, 문절망둑은 회로 먹어도 맛있지만 풀망둑은 조려서 먹어야 맛있다. 생망둥어를 해풍에 꾸덕꾸덕 말리면 육질이 쫀득해진다. 조리는 도중에 소주나 청주를 넣어서 망둥어 특유의 흙내를 잡아준다. 이렇게 요리하면 명태 조림만큼이나 맛이 좋다.

망둥어, 쌀뜨물, 밀가루, 설탕, 조선간장(또는 소금), 다진 마늘, 파,

1 바짝 말린 망둥어를 물에 넣어 충분히 불린다. 쌀뜨물이나 밀가루를 푼 물에 담가두면 훨씬 빨리 망둥어가 불어 오른다.
2 먹기 좋은 크기로 자른다. 이때 이빨이 있는 주둥이와 꼬리, 등지느러미, 가슴지느러미 등은 잘라낸다.
3 설탕, 조선간장(또는 소금), 다진 마늘, 파 등을 고루 넣고 양념장을 준비한다. 명태조림 때의 양념장과 동일하다.
4 양념장을 잘라낸 망둥어에 붓고 양념이 잘 스미도록 섞어준다.
5 양념장을 고루 바른 망둥어를 차곡차곡 냄비나 솥에 담는다. 이때 딱딱한 머리 부위를 맨 아래에 깔아주면 눌러 붙는 것을 막을 수 있다.
6 양념장을 담았던 그릇에 물을 담아 수저로 씻어낸 후 그 물을 냄비나 솥의 벽면에 고루 붓는다. 이 물이 끓는 증기로 망둥어가 조려진다.
7 약한 불로 15분가량 조리면 완성.

쥐노래미 매운탕

쥐노래미는 계절을 타지 않는 맛으로 인기가 높고 요즘은 광어, 우럭보다 비싼 값에 팔린다. 흰살 생선으로 맛이 차지고 담백하다. 섬사람들은 등따기를 해 해풍에 꾸덕꾸덕 말려 조림이나 튀김으로 먹었다. 특히 부산 사람들은 '게르치'라고 부르며 오래전부터 쥐노래미회를 즐겨왔고, 뼈와 껍질로는 미역국을 끓여 먹었다. 가을인 10월에 가장 맛있고, 11~12월 두 달은 산란기여서 쥐노래미 금어기로 지정되어 있으며 산란 직후에는 살이 빠지고 푸석해서 맛이 떨어진다. 쥐노래미와 임연수어는 껍질이 맛있으므로 매운탕을 끓일 때 버리지 말고 같이 넣어준다.

20~30cm 쥐노래미 2~3마리, 고춧가루 양념장, 무, 양파, 파, 미나리, 팽이버섯, 홍고추, 마늘 양념

1 머리를 자른 뒤 비늘을 벗겨낸다. 배를 가르고 내장을 제거한 뒤 물로 핏기를 깨끗이 씻어내고 20cm급은 2토막, 30cm급은 3토막을 낸다.
2 냄비에 물을 넣고 센 불로 펄펄 끓인 뒤 무를 집어넣는다. 5분 정도 끓이면 무가 어느 정도 익게 된다.
3 토막 낸 고기를 집어넣고 3분 정도 끓인다.
4 양념장을 넣는다. 양념장은 티스푼으로 소금 1큰술, 큰 수저로 다진 마늘 1큰술, 고춧가루 2~3큰술을 섞어 만든다.
5 다진 마늘 양념장을 넣는다. 6 무, 양파, 미나리, 홍고추, 파를 넣고 1분 정도 끓인 뒤 마지막으로 팽이버섯을 넣는다.
7 완성된 노래미 매운탕.

광어 보양탕

'국민 횟감' 광어는 칼슘과 비타민 B_1이 많이 들어 있다. 간의 피로를 풀어주며 원기 회복에 좋은 생선이다. 지방질과 칼로리가 낮으면서 단백질의 함량이 높아 보양식의 재료로 아주 좋다. 자연산 광어는 계절에 따른 맛이 차이가 큰 편인데 추운 동절기에 잡은 건 맛있지만 더운 하절기에는 맛이 떨어진다. 광어의 영양분을 남김없이 섭취하려면 회보다 탕이 좋다. 광어는 비린내가 적고 지방질이 적어서 오래 끓여도 담백한 맛이 난다.

광어 한 마리, 송이버섯(또는 새송이), 모시조개(또는 바지락), 다진 대파, 대추, 마늘, 후추
※더 시원하고 깊은 맛을 원한다면 낙지를 함께 넣으면 된다.

1 광어는 되도록 큰 것을 준비해 비늘을 치고 3등분한다. 마늘, 대추와 함께 넣고 물을 붓고 끓인다.
2 물이 끓으면 광어가 우러나기 시작하면서 부유물이 뜬다. 그것을 계속 걷어낸다.
3 충분히 끓여 부유물이 더 이상 뜨지 않으면 버섯과 해감을 시킨 조개를 넣는다.
4 광어의 뼈까지 충분히 우러나도록 20~30분 팔팔 끓인 후 국물이 뽀얗게 되면 마지막에 잘게 썬 대파를 넣는다.
5 후추와 소금으로 간을 한다. 6 완성된 광어 보양탕.

바다가 주는 힐링의 시간, 원투낚시에서만 볼 수 있는 낭만 풍경이다.

낚시춘추 무크지 7

원투낚시
낭만과 힐링의 바다낚시

지은이 낚시춘추 편집부
펴낸이 정규도
펴낸곳 황금시간

초판 4쇄 발행 2023년 3월 1일

편집 허만갑 이기선 이영규
디자인 정현석 김광규 김나경 이승현

공급처 (주)다락원 (02)736-2031

주소 경기도 파주시 문발로 211
전화 (02)736-2031(대)
팩스 (031)8035-6907
출판등록 제406-2007-00002호

Copyright ⓒ 2022, 황금시간

저자 및 출판사의 허락 없이 이 책의 일부 또는 전부를
무단 복제·전재·발췌할 수 없습니다.
잘못된 책은 바꿔드립니다.

값 15,000원
ISBN 979-11-87100-61-4 13690

http://www.fishingseasons.co.kr

• 다락원 홈페이지를 통해 인터넷 주문을 하시면 자세한
  정보와 함께 다양한 혜택을 받으실 수 있습니다.